THE INTROVERT ADVANTAGE
How to Thrive in an Extrovert World

內向心理學

享受一個人的空間
安靜地發揮影響力，內向者也能在外向的世界嶄露鋒芒！

By Marti Olsen Laney
瑪蒂·蘭妮——著 楊秀君——譯

25週年
增修新版

給性格內向者：

享受生活。

適當休息。

欣賞你的內心世界。

做一個真實可信的人。

珍視你的好奇心。

享受心境的和諧。

享受獨處。

對生活充滿感激。

做你自己。

——記住，讓你的光芒灑向四方。

目錄

第二章 為什麼性格內向者容易被誤解？

第三章 大腦決定了你天生就是性格內向者

Part II

航行於外向性格的水域

第四章

婚姻關係：和著音樂，翩翩起舞

第五章 為人父母：孩子的教養，你做好準備了嗎？

第六章 社交活動：選擇煞風景，還是筋疲力盡？

Part III 創造「正好合適」的生活

第八章 個人節奏、個人優先考慮事項和個人界線

第九章

發展你的天性

第十章 接納新觀點：將你的光芒灑向四方

推薦序

承認自己的有限，大家就會看見你的無限

文／心理學作家　海苔熊

從小到大，可能已經很多人說過你很內向，不知不覺，你好像也這樣相信：

- 是啊，老師點到我，我都支支吾吾不敢講話
- 沒錯，一群人出去，就我最愛耍孤僻
- 當大家說要續攤，我總是陷入兩難，說了怕大家覺得我不合群，不說又怕被說臉臭
- 我靜靜的只是想要好好消化大家說的話，但沒說話又被說沒參與……

太多太多的愧疚、太多太多的「罪名」，好像都默默的和你的「內向」連結，感覺活在這個世界上就是要好會社交、好會講話，有時候你甚至都會覺得：難道內向錯了嗎？

重新定義內外向

在貼上對錯的標籤之前，我覺得更重要的是問自己：我真的是內向的人嗎？還是說，也有一部分

的自己是外向的，也有一部分的自己是內向的？

例如，以前我一直以為自己是個外向的人，喜歡成為大家的目光焦點，但讀完《內向心理學》之後我發現，其實某個面向看來，我是很內向、不習慣和大家聚會相處的人，聊天的時候看起來很風趣，但實際上是在壓抑自己的焦慮，而且這些焦慮並不會消失，會轉化成某一些成癮行為。

所以，我到底是外向還是內向的人呢？做了書裡面第一章的自我評估問卷，我發現自己介於兩者之間，也就是說我的個性既外向又內向，難怪我很愛講話，但又很害怕跟別人講話（熊按：如果你覺得第48–49頁的測驗實在是難以抉擇，可以用1到6分的方式來填寫，數字越高表示越同意，越小表示越不同意，分數會介於30分到180分之間，數字越高的人越內向）。這也是為什麼，我四處演講，但卻有電話恐懼症；在台上幽默風趣，但如果要聚會，我經常有冷場焦慮。

但如果從書中引用榮格理論的角度來看，不論是內向或是外向，都有它的光明面和黑暗面。而我們要做的事情其實就是接納自己的黑暗面，然後讓光明和黑暗的部分，都有機會可以顯現。

講起來很簡單，但在感情、人際、和同事朋友相處上面，如果你是個內向者，而且呈現了你的「黑暗」，他們可能會覺得你很難搞、什麼事情都不說、不合群等等——這就是為什麼，要學習和七五%的外向的人一起生活的方法。

那，我該怎麼辦？

如同你所看到的，這本書超級厚，會是一個奇幻的、有趣的旅程，不過如果你想要迅速抓到其中的重點，我這裡有一個小整理。這本書一共有十章，結構清楚，分成三個部分：

- **什麼是內向者：**了解自己的第一步，也協助你區分一些他人的標籤、刻板印象與錯誤的認識（更慘的是，你可能還會認同他們對你的標籤）。此外，作者也引用了腦科學的研究探討內向者的乙醯膽鹼路徑，以及外向者的多巴胺路徑，讓你了解自己的一些「反應」，其實是來自於外在環境的刺激所致，不需過度責怪自己。
- **如何與其他人相處：**生活在「外向掛帥」的大海當中，有時候光是聚會要不要去、要留多久，就會讓你糾結很久。作者在這個部分用了很多例子、分析各種抉擇的好壞，也討論了教養的問題。
- **如何找到自己的獨特：**允許、接納、照顧自己獨特的部分，並且讓你的特色，變成你生命中的養分。這話聽起來很像心靈雞湯，不過作者倒是用很實際的方法邀請你去檢視3P（不是你想的那一個，詳見284頁），量身訂作一個適合自己的生活。

我覺得第三個部分是這本書最獨特的地方，由於作者一開始就不把那內向當作一種「病」來看待，所以特別描述了你可以怎麼樣發展自己的長處、並且和這個特色「和平共處」。對我來說，我覺得這本書最棒的地方是，不只用了很多的故事、歷史人物、心理學研究來當佐證，也提供了具體的SOP，例如面對截止期限、辦公室衝突、與伴侶的爭執，你可以採用什麼方法。讀完之後我真的是立刻就衝去雜貨店，買了一個「請勿打擾」的牌子，並且在旁邊畫了一個搞笑的沉思熊。

在有限裡，和自己和好

許多內向者的煩惱，是來自於人際關係的煩惱，但更精確的說，是來自於人際關係所激起的那種**自卑感、罪惡感與格格不入的情緒**。這時候該做的並不是去想著要如何**迎合別人**，而是試著**和自己和好**。

其實，不論你是內向或者是外向的人，都是有限的。硬是逼迫自己塞到形狀不符合的容器裡面，我相信你也做過，那並不是你要的，雖然暫時獲得大家的「接納」，但長期下來，搞得大家都很辛苦。

所以，接受並且允許自己的有限，大家就能夠看見你的無限。

自序
內向其實很正常

幸福快樂的首要之道，在於一個人願意成為他自己。

——伊拉斯謨斯（Erasmus，思想家）

你，也是這麼古怪嗎？

在成長過程中，我常常對自己感到很困惑。我是個古怪的傢伙，總是充滿各式各樣讓人搞不清楚的矛盾。我在一年級和二年級時表現很差，我的老師都希望我留級重讀。但到了三年級，我卻開始表現得很優秀。有時候，我非常活潑健談，言談乾脆俐落且有見地。事實上，如果是我熟悉的話題，我就能夠滔滔不絕說個沒完。而有些時候，我想要講話，但腦袋卻一片空白。或者，當我要在班上發表意見並舉起了自己的小手——我的心怦怦跳，想到這樣就可以提高課堂表現分數（這可占了總成績的二五％）——但等我被老師點到時，我想說的話卻又跑到九霄雲外，我的內心世界陷入一片黑暗，簡直想鑽到座位底下去。後來，我又出現了幾次回答時猶猶豫豫、不清不楚，表現出比我實際差很多的情況。當老師掃視全班，想請一位同學起來回答問題時，我就發展出各式各樣的方法來躲避老師的目光。我無法信賴自己，我不知道自己會有怎樣的反應。

連我也搞不懂我自己

讓我感到更困惑的是，當我確實大聲表達自己的觀點時，人們常常會說我善於表達、言簡意賅。但其他時候，我的同學似乎都將覺得我好像智力有缺陷似的。我認為自己並不笨，但是我也不認為自己非常機敏。

我的大腦的工作方式讓我大為困惑。我不清楚為什麼自己總是在事情發生之後才有那麼多的想法。當我對過去發生的某事發表自己的觀點時，老師和朋友們總會以一種不悅的語調問我為什麼之前不說。他們似乎認為我是故意隱瞞自己的想法和感情。我發現自己的想法就像是遺失的班機行李，總是延遲抵達。

當我長大之後，我開始認為自己是個神祕的人，沉默寡言、深沉、不喜歡拋頭露面。許多次，我準備說點什麼，但是沒有任何人有反應；後來，某人可能說了同樣的事情，而他或她卻會得到大家的回應。我在想，是不是我說話的方式有問題。有些時候，當人們聽我談論或宣讀我所寫的東西時，卻會用震驚的表情看著我。這種情況發生過很多次，我都已經對那種「表情」非常熟悉了。它似乎是在說：「這是你寫的？」一面對這些反應，我的心情很複雜：我喜歡得到別人認可，卻又會因為大家的關注而覺得壓力好大。

社交活動也會讓我感到困擾。我喜歡人們，而且人們似乎也喜歡我，但是我常常害怕外出。對於是否要在某次聚會或公共活動上拋頭露面，我也會猶豫不決。我認定自己是個害怕社交的人。有時候，我感到很尷尬和不舒服；但有的時候，我又感覺很好。即便是我玩得非常開心，我也總是眼睛盯著門口，幻想自己已經穿著睡衣蜷縮在床上的情景。

讓我感到痛苦和挫敗的另一件事，就是我的精力不濟。我非常容易感覺疲憊，似乎不像朋友和家人有那麼多的精力。當我疲倦時，我走路很慢，吃東西很慢，講話很慢，跟人談話時斷時續。但如果我休息夠了，談話時我可以妙語連珠，從一個想法跳到另一個想法，和我談話的人都會感到難以應對。事實上，有些人會認為我是個精力充沛的人。但相信我，我過去不是那樣的人（而且現在也不是）。

別擔心，你只是內向而已

然而，即便我的步調很緩慢，我最終也實現了生活中大多數的夢想。我用了很多年的時間才發現，所有令我感到困惑的矛盾其實都有其意義。我是個正常的性格內向者。這個發現讓我如釋重負！

前言

若沒有具有創造性的少數人的引導，民主不可能存在。

——哈蘭・F・斯通（Harlan F. Stone，美國最高法院大法官）

還記得我們還是孩子的時候，大家互相比較著自己的小肚臍嗎？在那個時候，我們都認為「內」比「外」好。沒有人希望自己的小肚臍向外突出，因此我為自己向內凹陷的小肚臍感到高興。

後來，當「內向」在我的腦中意味著「性格內向」，而「外向」意味著「性格外向」時，情況就相反了：性格外向是「好的」，性格內向是「不好的」。無論我怎麼努力嘗試，都無法具備外向的特質，所以我認為自己是不是什麼地方有問題。我覺得自己很奇怪：為什麼在其他人覺得很興奮的環境中，我卻會感到壓力太大？為什麼我參加外界的活動，回家後卻覺得自己快要被悶死了？為什麼我覺得自己像一條離水之魚？

為什麼我們的社會推崇外向性格？

我們的文化重視並推崇外向的特質。我們重視行動、速度、競爭和魄力。所以，人們會排斥內向的個性並不奇怪。我們生活在一種對反省和獨處持否定態度的文化之中。「走出去」和「做就對了」是人們的理想。在《追尋幸福》（*The Pursuit of Happiness*）中，社會心理學家大衛・邁爾斯（David Myers）博士指出，快樂需要三種特質：自尊、樂觀和外向。邁爾斯博士的結論是建立在那些「證明」性格外向者「比較快樂」的研究之上的。這些研究要求受試者指出自己同意或不同意某些陳述，如「我喜歡與其他人待在一起」和「我喜歡有人跟我在一起」。性格內向者不是以同樣的方式描述自己的快樂，所以他們被認為是不快樂的人。對他們來說，像「我瞭解自己」「我非常喜歡自由的生活」或「我有追尋自己道路的自由」這樣的句子，才是讓自己感覺滿意的標準。但是他們沒有被問及對這類陳述的反應。

當外向被人們理所當然地認為是健康發展的自然結果時，內向的個性就成了「讓人敬而遠之的另類」了。在某種程度上，性格內向者未能實現應有的社會生活。他們命中注定要承受孤獨和不快樂。

內向者：該是時候認識自己的獨特了

歐圖・克羅格（Otto Kroger）和珍納・蘇森（Janet Thuesen）是使用MBTI（Myers-Briggs）人格特質量表（後文將會提到更多）的心理治療師。在《十六種性格透視》（*Type Talk*）中，他們討論了性格內向者的困境：性格內向者與外向者在數量上大約是一比三。結果，他們必須在生活中發展出額外的應對技能，因為他們會承受很大的「改變自己、迎合社會」的壓力、要像這世界上其他人那樣行動。性格內向者每天幾乎是從清醒的那一刻開始，就承受著巨大的壓力，需要對外在世界做出反應，並順從外界的要求。

我認為生命應該更公平一點。性格外向者得到了大多數的讚譽。現在，該是讓性格內向者認識自己是多麼獨特，也是我們的文化該對內向性格加以認可的時機了。**我們應該停止嘗試適應外向的文化，並停止「改變自己」；我們需要欣賞自己與生俱來的個性**。本書的目標就是幫助大家實現這個夢想。在本書中，你將學到三件基本的事情：一、如何判斷自己是否是性格內向者（你會為此而大吃一驚）；二、如何理解並欣賞內向性格的優勢；三、如何運用書中大量有用的提示和工具，來培育你富有價值的天性。

你沒有問題，你只是性格內向而已

原來獨處並不孤單寂寞，這是多麼意外的驚喜啊。

——艾倫・波士汀（Ellen Burstyn，名演員）

在我三十多歲時，我的職業從兒童圖書管理員變成心理治療師。（你可能注意到了，這兩種職業都是內向的，但卻需要社交技能。）儘管我很喜歡當圖書管理員的許多好處，但是我更希望從事更為個人化、更私密地與別人交流的職業。促進個體的成長和發展，幫助他們生活得更為滿意，似乎是令我感到滿足的人生目標。在研究生階段，我再次瞭解到內向是一種顯著的個性或風格。由於課程作業的需要，我做了一些人格測驗，在某幾個測驗中，結果都顯示我是個性格內向者。我非常驚訝。當我的教授與我討論這個結果時，他解釋說內向和外向處於「能量連續體」（energy continuum）相反的兩端。我們落入連續體中的什麼位置，便決定了我們獲得生活精力的方式。處於連續體偏內向那一端的人，傾向於向內以獲得精力；而處於連續體偏外向那一端的人，傾向於向外以獲得精力。我們在生活重心上的基本差異，會表現在日常所做的每一件事上。教授強調每一種個性都有積極的一面，並明確指出每一種個性都很好——只是彼此有些不同而已。

「不同的能量需要」這個觀念，讓我一見如故。我開始理解自己需要獨處以恢復精力。我不再對自己想離開孩子們休息一會兒而感到很有罪惡感。我漸漸明白，自己沒有什麼問題，我只是性格內向而已。

當我開始瞭解內向性格的優勢和缺陷後，我就很少感到羞愧和自卑了。當我知道性格外向者和內向者的比率是三比一時，我認識到自己生活在一個為「性格外向者」所建造的世界之中。難怪我感到自己像是一條離水之魚——我生活在外向的海洋之中！

我也開始理解，當我還是見習治療師時，為什麼會那麼討厭諮商中心每星期三傍晚都要參加的大規模會議。我理解了為什麼自己很少在群體中發言，以及為什麼當我身處人稍微多一點的房間時，我的腦子就會經常堵塞打結。

一個性格內向者生活在一個為性格外向者準備的世界中，生活中的各方面都會受到影響。「精神分析學派創始人」榮格發展了內向和外向的理論，認為我們會受到相反方的吸引，以幫助加強和實現我們每個人所缺少的部分。他認為內向和外向就像是兩種化學物質，當兩者結合在一起時，雙方都會因對方而發生變化。他也將這看作是我們欣賞彼此互補特質的一種自然發展。這個觀念並不一定適合每個人，但在我三十八年的婚姻生活中，的確證明所言不虛。

起初，我的丈夫麥可並不瞭解我內向的個性，而我也不理解他外向的性格。我記得新婚後，我們一起去拉斯維加斯。我在賭場裡搖搖晃晃走著，腦子裡一片麻木：四處都是彩燈閃爍的舞蹈，耀眼的光線刺痛了我的眼睛；吃角子老虎贏家的硬幣翻滾進金屬錢斗時發出的叮噹聲，敲打著我的神經。我不停地問麥可：「到電梯還有多遠？」（拉斯維加斯賭場的設計非常狡猾，讓你非得像通過迷宮般、經過各種閃閃發光的機器、穿過彌漫的香菸煙霧，才能抵達電梯回到自己的房間——那安靜的避難處。）

我的丈夫，那個性格外向者，卻隨時準備著盡情搖滾。他面頰潮紅，眼睛發光——所有噪音和活動都使他處在興奮的狀態。他不懂為什麼我要直奔房間。我臉色蒼白，感覺自己就像是一條我以前在魚市場見過、躺在碎冰上的虹鱒——至少，那條鱒魚是躺著的。

後來，當我從睡夢中醒來，我的周圍已經擺滿了麥可贏來的、銀光閃閃的兩百多枚錢幣。很顯然，性格外向者很有魅力。而且，他們對內向的性格類型來說是很好的平衡。他們幫助我們走出去四處活動，而我們幫助他們減緩匆匆的步伐。

我為什麼寫這本書

融入多姿多彩的生活之中吧，讓天性為你引路。

——威廉・渥茲華斯（William Wordsworth，英國詩人）

某天下午，有位性格內向的個案茱莉亞，和我一起腦力激盪，討論她該怎樣管理即將來臨的訓練營。「我一想起來就害怕。」她告訴我。我們發展了幾個策略，來幫助她克服困難，當她起身要走時，她低頭專注地望著我。「妳知道嗎，我還是討厭夸夸其談。」她說。好像她認為我期望她成為社交高手一樣。「我知道，」我說，「我自己也還是很討厭社交活動。」我們以彼此瞭解的方式一起嘆著氣。

當我關上辦公室的門，我憶起自己在內向性格上打過的戰役。我的腦海中浮現出這些年來我所諮商過的所有性格內向個案的模樣。我在想，一個人一旦形成了某種程度上內向或外向的性格，那麼他生活中的每個面向都會受到影響。我不停聽到個案抱怨自己並不喜歡與生俱來的特質。我也在想：噢，我希望他們能認識到自己其實並沒有什麼問題。他們只是性格內向而已。

我記得當我第一次冒險對一位案主說「我認為你是一位性格內向者」時，她驚訝地瞪大了眼睛，問道：「妳為什麼會這麼想？」然後，我向她解釋內向性格是我們天生就具有的一些特質的組合。它既不是不喜歡與人共處，也不是害羞。她看起來十分寬慰。「妳是說我這樣是**有原因**的？」她說。令人驚訝的是，有那麼多的人性格內向，自己卻不知道。

當我與其他治療師討論自己對於性格內向的觀點時，我很驚訝地發現，許多人並沒有真正理解內向的理論淵源。他們是從病理學的角度而不是個性的角度來看這問題。當我為心理分析專業博士學位提交了我的博士論文後，我為自己所得到的難以置信的迴響而感動得落淚，也為許多同事的評論而激動不已。「我現在是根據性格內向／外向連續體的觀點來看待我的每一位個案了，」一位同事說，「而且這真的能幫助我理解他們，不再用病理學的觀點來看待那些性格內向者。我意識到我是在從外向性格的角度看他們。」

我知道，當身為性格內向者的羞恥感消失後，這對人會有多麼大的影響。停止嘗試去扮演不是自己的角色，那是多麼大的一種解脫啊！一旦我建立了這樣的體認，我就領悟到自己必須寫一本書，來幫助人們認識性格內向這個問題。

我是怎麼寫這本書的

安靜的人們常常具有深刻的洞察力。
淺淺的溪流或河水奔流，較深的水域似乎較為平靜。

——詹姆士・羅傑斯（James Rogers）

許多性格內向者面對問題，非得要等到「追根究柢」弄清楚一切之後，才會認為自己真的瞭解這個問題了，而這也是我接近「內向」這個主題的方式。我寫這本書有三個原因：首先，性格內向者認為所有問題都高深莫測；其次，他們都有大腦一片空白的體驗，所以為了避免那可怕的空白時刻，他們都盡可能多收集各式各樣的資訊，做好充分的準備；第三，因為他們常常不跟人談論自己在想些什麼，所以他們得不到任何回饋來幫助自己瞭解自己究竟知道了多少東西。

儘管我已經與性格內向者共事過許多年，並對性格內向這問題進行了深入的研究，但我仍然很想瞭解在病理學和基因方面對性格內向的大腦有哪些新的研究進展。我的第一步，作為前圖書管理員，就是在加州大學洛杉磯分校（UCLA）「生物—醫學圖書館」檢索圖書資料。當我檢索性格內向這個主題時，我驚訝地發現有兩千多條期刊索引出現在人格、氣質、神經生理學和基因等領域。大多數研究是在歐洲進行的，在那裡，人們比較認可性格內向是天生個性的一種形式。在第三章，我將討論一些根據基因和生理來解釋性格內向的研究結果。

我的第二步是在網際網路上檢索，因為我認為大量「性格內向者」都經常逛網路。我找到了幾百個關於性格內向的網站。許多網站都與一種廣泛使用、基於個性的四個方面進行的人格評估，也就是「MBTI人格特質量表」建立連結。這個量表的第一個方面，也是統計上最有效的面向，就是性格內向／外向連續體。它建立在榮格最初的理論基礎上，由伊莎貝．梅爾（Isabel Myers）和凱薩琳．布里格（Katharine C. Briggs）加以發展。這個量表的主要優點在於，它不認為任何人格類型是反常的。相反地，它關注天生的偏好。性格內向也包括在幾個關於天資的網站裡，因為性格內向和智力成正相關。（另外，如果你感興趣，有個名叫性格內向〔Introverversion〕的搖滾樂隊——他們的演出時間表在網路上就可以查到。）

圖書館和網際網路的研究非常有用，提供我大量的資料，並給了我很好的啟發，但是我在性格內向方面學習最多的，還是來自我自己的經驗和我的那些個案，以及我為寫作本書而採訪過的人們。我採訪過五十多人，他們來自各個領域，例如作家、牧師、臨床醫學家、歷史學家、教師、藝術家、大學生、研究者和電腦專業人員（姓名和一些細節特徵經過修改）。許多受訪者都做過MBTI人格特質量表，所以他們知道自己是「性格內向者」。

雖然我腦中並沒有刻意選定受訪者是哪種具體的職業，但有相當多的人可歸類在伊蓮．艾融（Elaine Aron）博士所定義的「諮詢顧問階層」——他們獨立工作、權衡做出決定、學習如何站在別人的立場看問題，並與別人進行交流。從事這些工作的人，具有較高的創造性、想像力、有智慧，善於體貼他人。他們是觀察者。他們的工作經常影響許多人，他們有說出不尋常事情的勇氣和遠見。艾融博士在《高敏感族自在心法》（*The Highly Sensitive Person*，生命潛能出版）中指出，其他階層是戰鬥的階層，是這個世界上的實幹家。他們需要諮詢顧問，而顧問則需要戰士來採取行動，促進事情發生。許多理論家認為，這就是為什麼只有二五％的人口是性格內向者——我們只需要較少的性格內向者。

在許多訪談中，我聽到不少性格內向者批評自己的內向性格，特別是如果他們還不知道自己屬於性格內向者的情況下，更是如此。對於自己為什麼會感到不受重視和容易被人忽視，他們感到相當困擾。因為我知道性格內向者喜歡有一點時間來思考自己的經驗，我經常在面談後幾個星期打幾個隨訪電話，看看訪談人是否想要補充說明，或做進一步的思考。

我驚訝並倍受鼓勵地發現，在諮商晤談後，許多人對自己是「誰」感覺好多了。「瞭解到我的大腦與別人不同，以及我生活在外向的海洋之中，我就對身為**我自己**感到平靜了很多。」許多人都這麼說。科學研究也證明，與眾不同並沒有問題，這個證據有力地幫助人們減少了罪惡感、羞恥感，以及對自己產生的其他消極想法。這些經驗促使我讓本書出版面世。

我主要是為性格內向者寫作本書。我希望性格內向者能理解，在自己那有時讓人困惑的個性背後，有一些很有價值的原因。我也希望他們能夠知道，自己並不孤單。

然而，也有兩個重要的原因值得性格外向者來讀本書。首先，讀過本書後，他們便能夠理解生活中那些神祕的性格內向者；第二，性格外向者（特別是在步入中年之後）需要暫停腳步，並對自我進行思索反省，來平衡因為年齡因素而產生的身體上的局限。本書可以為性格外向者打開一扇門，提供一種全新的方式來思考內向，並發展自我反省的能力。

用你自己的方式來讀這本書

沒有任何東西像書這麼迷人。

——西德尼・史密斯（Sydney Smith，英國國教牧師）

因為性格內向者經常感到自己似乎有什麼地方不對勁，他們想要找到「正確的方式」來做事。但我們生活在外向的世界之中，所以「正確的方式」並不總是適合性格內向者。閱讀本書，你可以從頭看到尾，也可以只瀏覽你喜歡的任何章節。學會將新的資訊拆解成小部分，這是對付感到刺激太大的一種方式。在此，我指的是生理和心理上那種**太多**的感覺，過分緊張的神經就像是將怠速空轉設定得太高的車子，你沒辦法再感受任何的刺激。

我將本書設計成許多小章節。你可以一章一章閱讀，也可以將書翻開到任何一處，然後就讀那一頁。我個人喜歡從結尾的部分開始看一本書，這是我讓許多朋友相當震驚的習慣。用你感到效果最佳的方式來閱讀本書，記住，本書的目的是要成為你的好幫手。

如果某些章節的資訊與你有關，那很好；如果有些似乎與你的關係不太密切，那也沒有問題。本書是讓你理解自己或其他性格內向者的工具。自由活動，意味著創造一個讓新事物產生的空間。本書——與生活一樣——需要融入一些休閒與娛樂。

當你理解了自己的內向性格（或與你親密的某人的內向性格），這是一種非常大的解脫。那麼，這就是這本書存在的價值！你並不古怪，並不是沒有希望，也並不孤單。在外向的「汪洋大海」中，還有其他性格內向的「魚兒」。

本書將幫助你學習如何使自己充滿活力。你可以制定計畫，讓自己每天幹勁十足地工作——這或許不是性格外向者的方式，但卻是適用於性格內向者的良方。為自己內向性格的優勢而慶賀吧。

本章思考點

- 這個世界上七五%的人都是性格外向者。
- 內向性格會影響你生活中的每個面向。
- 你沒有任何問題。
- 性格內向者容易感到筋疲力竭和刺激太大。

Part I

認識你的性格

我就是我自己。

——大力水手卜派（Popeye）

第一章

什麼是內向性格？你也是性格內向者嗎？

- 性格內向是值得慶賀的事情。
- 內向者跟外向者，好比是充電電池和太陽能板。
- 性格內向或外向，是天生的，還是後天環境可影響的？
- 是佛洛伊德將內向者汙名化的嗎？
- 強迫將一個人拉離天生的性格，反而容易引發精神疾病？
- 雙胞胎心有靈犀的特性給了心理學家哪些啟示？
- 每一種個性的優勢，都正是另一種個性的不足。

例外能反證規律。

俗諺

從本質上來說，內向性格是一種氣質的典型。它與害羞和具有孤僻的性格特徵不同，與疾病無關，也不是你能改變的事物。但是你可以學著**利用**它，而不是**對抗**它。

性格內向者最顯著的特徵是他們精力的來源：他們從自己的**內在世界**（如思想、情緒和觀念中）獲得精力，並善於保存精力，但也容易受到外在世界的刺激影響，並產生「刺激太多」的不適感——這種感覺有點像熱鍋上的螞蟻，或是遲鈍麻木。無論是哪種情況，他們都需要限制自己的社交，以免筋疲力竭。此外，性格內向者需要平衡**獨處**及**在外活動**的時間，否則將失去很多的機會和人際關係。精力平穩的性格內向者具有獨立思考、高度集中注意力、投注創意於工作的毅力和能力。

性格外向者最明顯的特徵是什麼？他們的精力來源來自**外在世界**，如各式各樣的社交活動、形形色色的人們、不同的場合和事物。他們是精力的揮霍者。長時間置身事外、沉思、獨處，或是只與另一個人待在一起，難以使他們感覺興奮。然而，性格外向者需要平衡**做事**及**休息**的時間，否則他們會在各式各樣令人焦急的活動中迷失自我。性格外向者擅長對社會展示——他們很容易表達自己的想法，全神貫注於事物的結果，並且喜歡人群和活動。

性格內向者就像是**充電電池**：他們需要停止耗費精力，停下來休息，以便再次充電。因為善於儲存精力，對性格內向者只需要提供刺激較少的環境。這是他們天生就具有的功能。

性格外向者就像是**太陽能板**。對他們來說，獨處或是沉思，就像是生活在沉重的烏雲之下。太陽能板需要太陽來再次充電——性格外向者向外四處活動，以獲得充沛的精力。像內向一樣，外向也是一種內在的氣質，它無法被改變。但是你可以學著**利用**它，而不是**對抗**它。

1-1 外向和內向的主要差別

欣賞你的獨特性。

——袋鼠船長（Captain Kangaroo）❶

性格內向者和性格外向者最顯著的差別，在於**精力的恢復**。除此之外，還有兩個根本的不同，也就是他們**對刺激的反應**，以及**獲取知識和經驗的方式**。性格外向者因多樣化的刺激獲得成功，而性格內向者卻會覺得那樣的刺激太多了。同樣地，性格外向者在累積知識和經驗時，一般會將網撒得很開；而性格內向者卻喜歡進行窄一點、深入一點的研究。

精力的恢復

讓我們再來談談關於精力的話題。如我前面所說，性格內向者與性格外向者的主要差別在於他們怎樣為自己的「電池」充電。性格外向者從外在世界獲得活力，並且絕大多數喜歡與人交談，熱衷參加外界的活動，享受在人多、活動多、事情也多的環境中工作。然而，與大多數人所知相反的是，性格外向者並不一定就比性格內向者更愛好交際或更活潑，但是他們的注意力總放在外在的自我上。

性格外向者自由揮灑自己的精力，很難使自己慢下來。他們可以輕鬆透過與外在世界的互動讓自己恢復精力，特別是在如今，外界有如此多可供選擇的事物。性格外向者如果沒有與他人或外界聯繫，就可能會產生孤獨和精力耗盡的感覺。他們也有可能是那些在晚會結束**之後**不急著立刻離開的人，甚至會問：「接下來我們可以做什麼？」對他們來說，較為困難的事情是放鬆和讓身體休息一會兒。

而性格內向者，他們是從自己的內在世界——如思想、觀念和情緒中獲得精力。與我們對性格內向者的刻板印象相反，他們並不一定就是安靜或孤僻的，但是他們的注意力總放在自己的頭腦內在。內向者需要一個安靜的、適合思考的地方，在那裡進行全面性的問題思考，並使自己恢復充沛的精力。「喔！遇上比爾真棒，但我很高興晚會終於結束了！」他們會如釋重負般說道。

對性格內向者來說，恢復精力不是件容易的事，特別是在現今這個生活節奏快速的社會裡。內向者需要用比外向者更多的時間來恢復精力，同時精力的消耗卻又比外向者來得快，因此他們應該計算某件事情將消耗多少精力、自己又需要保存多少精力，好相對加以計畫。

以我的個案珊卓為例，她是在家接訂單的業務員。每每她必須出門、開車至洛杉磯地區做多個業務拜訪，在這種忙碌行程**之前**，她總會空出一天處理一些不需與外界交涉的文書事項，給自己留點安靜的空間。她早早便上床睡覺，並且在上路之前好好地吃上一頓早餐。在這一天裡，她也安排了一些休息時間好獨自待上一會兒，以使自己恢復精力。透過這種方式，她計畫好如何使用自己的精力，而不會被弄得筋疲力竭。

❶ 美國CBS電視網於一九五五年十月至一九八四年播出的兒童電視節目名稱，節目主持人即為袋鼠船長。

刺激：是敵是友？

性格內向者和性格外向者的第二個差別，在於他們如何體驗外在的刺激。性格外向者喜歡體驗大量的外在刺激，而性格內向者喜歡深入瞭解自己所體驗的事物。

性格內向者有較多的內心活動，從外在世界進入大腦的任何事物都會使他們的緊張程度迅速變高。這有點像搔癢——一開始感覺美妙並有趣，但很快就變成了「刺激太多」的不適感。

性格內向者通常在尚未意識到原因之前，就試圖從外在刺激中整理出有限的體驗。我的個案凱薩琳想在後院闢出一片花園。她是一名教師，工作占去了她大多數的注意力和精力。為了弄好花園，她坐下閱讀《週末園藝入門》（*Basic Book of Weekend Gardening*）。在閱讀時，她慢慢弄清楚這個計畫需要做的事：她將需要學會為植物遮蔭、測量土壤的酸鹼值、用土保護植物的根部、澆水、控制蟲害，以及日照的安排。她預見了在眩目的陽光下、去苗圃拔起植物有多複雜，以及需要投入的精力——太多需要加以整理的項目；她考慮到了以下事情需要花費的時間：整地、種植、清除雜草、殺滅害蟲、捕捉蝸牛，以及每日澆水等。她的樂趣慢慢減少。在此，有太多需要知道、需要去做的事，她開始感到這些事情似乎將會變得太多。她的頭開始發暈，感到壓力太大。最後她決定只在後院局部小範圍內種一些花。

在沒有壓力且只集中於一兩個問題的時候，性格內向者喜歡複雜的事情。但如果他們有太多的項目時，則容易感到不安。在後面的章節，我將和大家一起討論如何管理刺激過多的體驗。

對性格內向者來說，僅僅是處於人群中就會讓他們覺得刺激太多。在人群中，或是在任何喧鬧、具有攻擊性的環境中，他們的精力很快就會用光。內向者可能很喜歡與人交流，但是與**任何人**交談之後，他們通常都會覺得需要離開、休息一會兒、呼吸一點新鮮空氣。這就是我在前言中提到堵塞打結的原因。當感覺刺激太多的時候，性格內向者的大腦會暫時關閉，彷彿對外宣告，請不要再輸入更多的資訊。它關閉了。

性格外向者也需要休息，但原因不同。

如果他們去圖書館，只會花很短的時間在學習（內在訊息的處理）上，然後他們需要繞書架走幾圈，需要去販賣機買點什麼或是去與管理人員交談一番。他們喜歡活動正進行中的那種活潑的環境。當性格外向者覺得內在接收到的刺激**不夠**時，會渴望「加油」。但是正如「休息」可以增加性格外向者受到的刺激（如本段開頭的例子），休息也可以減少性格內向者受到的刺激。當性格內向者在學習時，他們可能接收很多的資訊而感到壓力太大，正如凱薩琳規畫花園的那個例子。

海洋有多深，天空有多寬？

性格內向者和性格外向者的的第三個差別，與「寬度」和「深度」這兩個概念有關。總的來說，性格外向者喜歡寬度——許多的朋友和經驗，對任何事情都知曉一點，是一個通曉多方面知識的人。當他們處理體驗時，從外在環境接收的訊息並不一定有助擴展其內在世界。外向者隨時都準備做下一件事。正如一位性格外向的朋友告訴我的：「我喜歡在聚會上走來走去，瞭解每一群人談話內容中最重要的部分。」她不想錯過任何事。對性格外向者來說，生活就是累積經驗。他們將這個世界看作是週日的早午餐，可以在宴會上大快朵頤，享用各種美食，並在肚皮快要撐破時才離開。他們想抓住生活中每一點能抓住的刺激。多樣性是刺激和精力的源泉。

性格內向者喜歡深度，他們限制從外在進入的經驗，但對每一經驗的體驗較深，且通常都只有少數幾個朋友，但與這些朋友的關係也都較為密切。內向者喜歡深入鑽研問題，對某一問題做深入探討甚於廣泛追尋——這就是他們之所以要把思考的問題限制在一或兩個、否則會感到壓力太大的原因。內向者一旦從外在世界吸收資訊，便會仔細考慮並發展它，甚至會在獲取這些資訊很久以後，再回過頭去細細咀嚼——有點像牛的反芻。除了性格內向者，誰會有那樣的耐心去研究南非舌蠅（South Africa Tsetse）的配對模式？這也是性格內向者憎恨被打擾的原因。我在後文會對此做討論。要將性格內向者從集中精力的思考中拉出來，是件很困難的事情，想要再次達到那種集中精力的狀態，需要耗費大量額外的精力，而這些額外的精力往往是他們所缺乏的。

青菜蘿蔔，各有所好！

我的丈夫麥可和我對度假決定的歧異，是性格外向和性格內向者差異的絕佳例子。正如我先前提到的，麥可是一個性格外向者，而我是一個性格內向者。我們對有趣、令人滿意的假期看法全然不同。由於我們對怎麼度假最好的看法相當不同，只好輪流選擇度假目的地。某一年由我選擇，隔年由他選擇。有一年，麥可選擇了「九國九日遊」。隔年，我選擇去科羅拉多州萊德維爾（Leadville）歷史採礦區考察。在那兒的第一個下午，我們在旅館裡坐在暖氣爐邊欣賞商會的單頁廣告傳單，看看萊德維爾有哪些景點可以參觀——正當我興奮得五內翻騰，麥可卻在打瞌睡。

自從看過電影《瓊樓飛燕》（*The Unsinkable Molly Brown*）❷後，我一直都很想看到賀瑞斯．泰伯（Horace Tabor）是在哪兒找到銀子的。萊德維爾有泰伯歌劇院、遺產博物館、盛名在外的國家礦業廳，以及獨一無二的礦業博物館，更不用說去萊德維爾鐵路和礦區的實地旅行有多麼精采了。誰還會另作他想？麥可卻說：「看來我們將在萊德維爾待上兩天，接下來要去哪兒呢？」

我計畫每天參觀一處有趣的地方，想感受一下一個世紀前的礦工是如何生活的。麥可卻說：「看，我們距離亞斯本（Aspen）❸只有五十九哩了，我們明天下午可以開車去那裡。」

「不行，」我說，「無論如何，這次度假該聽誰的呢？」

萊德維爾之行確實是我最喜愛的一次旅行。我愉快地忍耐了麥可多年的埋怨，說在科羅拉多州的四天對他來說就像是四年。「喔，你這不是很幸運嗎？」我說，「並不是每一個人都能感受到時間充裕，特別是在旅行時。」

1-2 榮格的內向和外向理論

心智的鐘擺在意識和無意識之間擺動，而不是在正確和錯誤之間擺動。

——榮格

❷一九六四年於美國上映，根據真實故事改編的西部電影，賀瑞斯．泰伯為男主角。

❸距離科羅拉多州首府丹佛市約二二〇哩，是美國冬季滑雪勝地之一，當地的音樂節相當知名。

二十世紀初期，精神分析學者榮格與另外兩位提倡精神分析的理論家佛洛伊德（Sigmund Freud）和阿德勒（Alfred Adler）一起工作，他們注意到一些令人困惑的事情。當佛洛伊德與阿德勒在討論病人的同一份病歷時，卻重視不同的資訊。而且，他們也發展了幾乎完全相反的理論。榮格認為他們**都**抓住了一些有價值的東西，並對此加以思考（猜猜看榮格是內向者，還是外向者？），提出了他自己的理論。

佛洛伊德是性格外向者，阿德勒是性格內向者？

榮格認為，佛洛伊德是性格外向者，他的個人傾向是外在世界的人物、地點和事物。佛洛伊德的許多理論都源自於與許多同事的大量通信和討論，他相信心理發展的目標是在外在世界中發現滿意的事物。榮格認為阿德勒是性格內向者，因為他的理論和研究重點都指向個體內在的思想和情感。阿德勒的理論建立在征服無助感的內心鬥爭之上，這種無助感用他的術語來說叫「自卑情結」（inferiority complex）。他將人們視作規畫自己生活的創造性藝術家。

佛洛伊德與阿德勒、榮格的理論差異以痛苦的分裂告終。他們三人斷絕交往並各立門戶。在佛洛伊德寫作自戀方面的文章時，開始將內向用於消極的概念，意指由內到外、向內遠離外在世界的過程。這使得內向這個概念由健康轉變為不健康，形成了一個錯誤的觀念，並一直延續到今天。

個性與生俱來，自有其適當的位置

榮格繼續發展他的理論，據他推測，透過某些與生俱來的氣質，我們將被擺放在極內向到極外向之間那條「連續體」（continuum）上的某一點上❶。他相信這一傾向有其**生理基礎**。現今的科學研究顯示，他的直覺是正確的！他領悟到，如果我們能在必要時自由移動於內向到外向這條連續體上，將擁有絕佳的社會適應力。與此同時，他也認清人們並非如此表現：我們通常會偏向某一端，而遠離另外一端。據他推斷，我們各自擁有一個「自然的有利位置」，在那裡**能將自己的機能極大化**。榮格也指出，只要遠離任一端，在連續體上的任何一個位置都是健康的。榮格認為，將一個孩子強拉出他（或她）個性的自然範圍是有害的，並認為這會「破壞個體天生的傾向」。事實上，他認為這也正是造成一些精神疾病的原因。

然而，榮格也指出連續體的其他方面對我們也是有價值的。如果我們意識到這個問題，那麼，在連續體上移動的能力就有可能提高。例如，你可以學習保存精力，從而儲備一些能量，讓自己能夠使用較不自然的那一端。試想，用你不常使用的那隻手寫一天的字吧。你的確能夠這麼做，但你得耗費更多的力氣並集中更多的注意力在上面。榮格認為，這就像是在適合你個性的適當位置之外發生作用，你的確可以這麼做，但這對於你而言僅只是精力的消耗，卻無新能量的創造。

❶ 榮格不接受佛洛伊德幼年決定一生的觀點，而主張人格發展是一個連續化、統合化、個別化的成長歷程，是將個體與集體、內向與外向等人格影響因素，逐漸調和的過程。

關於個性，雙胞胎給了我們哪些啟示？

在《雙胞胎的生活》（*Entwined Lives*）中，傑出的雙胞胎研究者南西・席格（Nancy Segal）博士，講述了在明尼蘇達州立大學「雙胞胎和收養研究中心」（Twins and Adoption Research）時所得到令人難以置信的研究結果。幾項有趣的研究比較了同卵雙胞胎和異卵雙胞胎，在分開撫養與共同撫養的情況下，所顯現的個性相似情況。有五十對**重聚**的雙胞胎從頭至尾參與研究，其相似性令人驚訝。

雙胞胎——特別是同卵雙胞胎，即便是分開撫養長大的，也會顯現出令人驚奇的共同特質。有對雙胞胎喜歡談論自己最喜愛的話題：如何飼養馬和狗；有對同卵雙胞胎都是消防隊義消，而且都以無法忍受差勁的廚藝聞名；有對從未碰過面的雙胞胎來團聚時都開著淺藍色雪佛蘭（Chevrolets）；另一對使用的牙膏都是瑞典生產的一種產量很少的牙膏。

這間中心研究了很多重新相聚的雙胞胎，結果發現這些雙胞胎的個性相似度明顯比人們想像中的還要高。席格博士指出：「令人驚奇的是習俗方面的傳統，也就是傳統的家庭及道德價值觀所認可的東西，並沒有表現出共同的家庭效果。換句話說，與某人共同生活並不一定會形成相同的行為標準，或與父母的教養一致的行為習慣。」研究也顯示，共同長大的異卵雙胞胎**遠遠沒有**分開撫養長大的同卵雙胞胎相似。這些研究印證了榮格多年前說過的話：**我們生來就具有某種個性**。席格博士還指出：「研究結果顯示，共同生活並不一定能讓同一個家庭中的人們相似。相似性主要源自共同的基因。」

1-3 你是性格內向者嗎？

前途未卜，需要不斷地努力。

——喬治・歐威爾（George Orwell，作家）

以下是本書中非常有趣的部分。你在生活中「如魚離水」嗎？美國國稅局對納稅人提供各種選擇的機會，作為個人納稅的依據，而我也提供你們同樣的選擇權。你可以做以下的快速測驗，或是後面較長的「性格內向者」自我評估問卷。做哪個測驗，取決於你的喜好；你也可以兩個測驗都做，看看有什麼新發現。

快速測驗

請逐一閱讀以下主要特質列表。感覺A或B哪一個表中所列的特質更像你，或者**大多數**時候更像你？（並不是每一項特質都與你相符。）請根據你的**實際情況**而非想像中的自己來回答，並依據第一印象來作答。

特質A

- 喜歡處於各式各樣的事情之中。

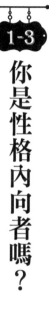

- 喜歡多樣性，討厭千篇一律。
- 認識很多人，並將他們視為朋友。
- 喜歡聊天，即便談話對象是陌生人。
- 活動後覺得精力充沛，並渴望參加更多的活動。
- 說話或做事時不需要先想一想。
- 通常是精神飽滿、勁頭十足的。
- 喜歡說話而不願傾聽。

特質B

- 休息時，喜歡獨自一人或與少數幾個親密的朋友在一起。
- 只將關係較深的人視為朋友。
- 在外出活動（即便是喜歡的活動）之後，需要休息。
- 通常是傾聽者；但在談論對自己來說重要的話題時，能侃侃而談。
- 看起來是平靜、沉默寡言的，並喜歡觀察事物。
- 在說話或做事前傾向先想一想。
- 在群體中或壓力大的時候感到頭腦變得一片空白。
- 不喜歡匆忙行事。

哪一個表中所列的特質更能夠完整地描述你這個人？如果是表A，你是一位性格外向者；如果是表B，你是一位性格內向者。你可能不具備表中的**所有**特質，但其中一個表會比另一個表更適合你。因為我們生活在偏愛外向性格的文化氛圍之中，而且我們的工作、家庭需要……都可能要求我們更像一個性格外向者，所以要確定哪些特質與你相符可能會有一點困難。如果你不確定，問自己這個問題：「我通常是在安靜的時間（性格內向者），還是活躍的時間（性格外向者）之後，覺得精力更為充沛一些？」如果你仍然不能確定，那麼，請做較長的「性格內向者」自我評估問卷。

「性格內向者」自我評估問卷

在你感到放鬆、沒有壓力的一天，來做性格內向者自我評估問卷。選擇一個溫暖舒適且不會受到干擾的地方來回答。判斷敘述內容正確與否時，請根據自己平常的樣子，而非你期望中的自己或受罕見的狀況影響。對每一個句子不要分析或想得太多。第一印象通常是最好的。關於他人對你的看法，請一位夥伴或朋友回答，可能更為準確。將你的結果與你朋友選擇後的分數進行比較，如果分數差別較大，討論一下你們的看法為什麼會不同。

對以下問題，請用「○」（正確）或「X」（錯誤）來回答，將你打圈的題數相加，然後檢視表末的分數解說，看看你是性格內向者，還是性格外向者，或者是介於兩者之間。

正確請填「○」，錯誤請填「X」

（　）當我需要休息時，我寧願獨自一人或只是與一兩位關係親密的朋友在一起，而不願意與太多人在一起。

（　）當我執行一項計畫時，喜歡擁有較長而不受打擾的時間，而非零散瑣碎的片段時間。

（　）講話之前，有時候我需要先複述一遍；偶爾還會為自己寫張便條，以免遺忘。

（　）通常我更喜歡傾聽，而不喜歡談論。

（　）人們有時認為我是安靜、神祕、疏遠或平靜的。

（　）比起開慶祝會，我寧可與一或少數幾個關係親密的朋友分享特別的事情。

（　）我通常需要思考過後再做出反應或講話。

（　）我常常注意到許多人沒注意到的細節。

（　）如果有兩個人剛打完架，我會感到氣氛非常緊張。

（　）如果我說我將做某件事情，我總是會去做。

（　）執行計畫時，如果有截止日期或有壓力，我會感到焦慮。

（　）如果事情太多，我會變得頭昏腦脹。

（　）在決定加入某個活動前，我喜歡先觀察一會兒。

（　）我與朋友具有持久的關係。

（　）我不喜歡打擾別人，也不喜歡被別人打擾。

（　）當我獲得較多的資訊之後，我需要花一些時間來整理。

（　）我不喜歡太刺激的環境。我不理解人們為什麼想去看恐怖電影或是去遊樂場玩雲霄飛車。

（　）我有時對氣味、味道、食物、天氣、雜訊等，有強烈的反應。

（　）我是富於創造性並／或富於想像的人。

（　）即便我玩得很開心，在社交活動後也會覺得筋疲力竭。

（　）我寧願由別人介紹我，而不願由我去介紹別人。

（　）如果我在人群或活動中待的時間太長，我會變得不高興、容易發牢騷。

（　）在新環境中，我常常感到不舒服。

（　）我喜歡人們來我家玩，但我不喜歡他們待的時間過長。

（　）我經常害怕回電話。

（　）當我意外遇見某人或意外被要求發表意見時，我發現我的大腦有時候會變得一片空白。

（　）我說話的速度會變得很慢或不時停頓——特別是在我感到疲倦，或是試圖在思考的同時發言時。

（　）我不會將偶然認識的人視為朋友。

（　）我感到我似乎難以向其他人展示我的工作或我的想法，除非他們已經完全弄明白。

（　）其他人可能會讓我吃驚地發現，他們所認識的我，遠比我認識的自己更聰明。

將你打「○」的題數相加（一個○即得一分），然後閱讀以下的說明，看看你屬於哪一類。

■ 21～30分

你是性格極度內向者。對你來說，瞭解如何保持充沛的精力，以及瞭解自己的大腦如何處理訊息，是非常重要的。你透過自己的思想、印象、希望和價值觀與生活連結。你並非完全任由外在環境的擺布。本書將幫助你運用內在的力量，來創造自己的人生之路。

■ 11～20分

處於外向與內向之間，你就像雙手都可以靈活使用的人，性格既內向又外向。你可能在需要獨處與想要外出之間進行痛苦的抉擇，因此注意一下自己在什麼時間以及怎樣的情況下能保持充沛的精力，是非常有益的。你透過自己的思想、感覺，以及其他人的標準來判斷自己。這給了你廣闊的視野，但有時候你可能為了兼顧問題的兩面而左右為難。重要的是要學會正確評價自己的個性，以便保持精力充沛且平衡。我將在第二章討論這個問題。

■ 1～10分

你是性格較外向者。你根據其他人的價值和現實來判斷自己。在現實允許的狀況下，你力求變化，當人到中年，身體漸漸反應遲緩，你會驚訝地發現自己居然想從社交活動中退出，以便休息一會兒，或感到需要為自己留出一些時間，卻不知道可以做點什麼。你可以找些方法幫助自己釐清：當你需要獨處時，什麼是最值得做的？要做到這一點，得透過學習更多的內省技能，來平衡你對外活動的技能。

如果你仍然不確定自己是性格內向或者外向者，思考一下這個問題：在緊要關頭，你是否傾向暫時不接受來自外界的資訊，並獨立以緩慢的動作來反應？或者是傾向立即做出反應，不經過思考就採取行動？在壓力大的事件中，我們的本性會展露無遺。如果你傾向退縮，沉寂會像迷霧一樣籠罩著你，那麼你是性格較內向者。如果你是性格較為外向者，你的反應是推動自己向前採取行動。任何一種反應都有它的價值。

・・・

1-4 內向和外向都有價值

世界是由多樣性組成的。

——諺語

對榮格來說，幸福人生的目標是達到「完整」（wholeness）。完整並不意味著**擁有**一切，而是指透過瞭解和欣然接納自己的優缺點，達到心境的平和。如我前面所討論的，榮格認為位於內／外向連續體之間的所有位置都是健康和必要的。我們當中的某些人天生性格較為外向，而另一些人天生較為內向，但每個人都有一個天生的休息點，在那裡，他或她可以恢復充沛的精力並盡量減少精力的消耗。當我們年紀漸長，大多數人都更加靠近內／外向連續體的中央，但我們也需要各種類型個性的力量，來實現世界的平衡。

內向性格的優勢

在本書中，我將強調並討論內向性格的優勢及其隱藏的潛力。性格外向者終其一生都得到了大量正面的讚譽。我不會將內向性格的優勢逐一與外向性格加以比較。事實上，我將集中於「如何運用性格內向的優勢來彌補性格外向的局限」。**每一種個性的優勢都正是另一種個性的不足。**

記住，每一個人都是多面的。性格內向和外向就如其他很多品性一樣被分類為好或不好，將我們自己區分為好和不好，是我們人類的缺點。例如，一九九五年丹尼爾．高曼（Daniel Goleman）博士出版了極具創造性的《EQ：決定一生幸福與成就的永恆力量》（*Emotional Intelligence*，時報出版）。直到當時，智力為人所知的部份仍偏向理性思考層面，而情緒則被認為是非理性的、價值較小的東西。人們被區分為理性和感性兩類，但我們也都意識到有些人具有很高的智力，卻對其他人沒有什麼情感上的共鳴或同情心；而另一些人能充分地理解別人，但他們可能欠缺如此高的智力。高曼博士問了這樣一個問題：我們如何將智力引入情緒——並對社區的居民很有禮貌，關心我們共有的生活？我們既需要理智的頭腦，又需要豐富的情感。顯然，我們需要從具有不同才能的人身上學習；我們的社會將從人性的所有面向獲益。

在後面的章節，我將集中於內向性格的優勢。性格內向者將很好的品性帶進了團體：高度集中注意力的能力、對每一個相關人員因變化而受到影響的體會、觀察力、擺脫限制、思考問題的習性、做出不尋常決定的意志力，以及使外界放緩慢腳步的潛力。當然，性格內向者寧可將這些特質留在聚會上，匆匆趕回家！

本章思考點

- 性格內向是獨特的，而且也很好。
- 內向與外向的三個主要差別：
  ①精力的恢復
  ②對刺激的反應
  ③深度v.s.寬度
- 性格內向者的確喜歡與人交往。
- 這個世界需要保有自身特殊、珍貴特質的性格內向者。

第二章

為什麼性格內向者容易被誤解？

- 性格內向者為什麼容易被誤解？他們究竟想要掩飾什麼？
- 義大利的空氣居然讓愛因斯坦成了空前偉大的物理學家？
- 你是鑽牛角尖，還是懂得自我檢視？
- 為什麼內向者容易使外向者感到不安？
- 內向性格為你帶來羞恥感和罪惡感？
- 文化的偏見，竟是造成性格內向者傷痕累累的元凶？

> 如果我們現在不能消除彼此的差異，至少我們有助於實現世界的多樣性。
>
> 約翰．甘迺迪（John F. Kennedy）

在上一章中，我描繪了內向者的樣貌：他們需要私人空間恢復元氣、**不能**從外在活動中獲得主要的精力，並且在講話前需要花點時間思考。在這一章，我將從反方向討論：性格內向者不是易受驚嚇的「貓」，不是非常怕羞的「紫羅蘭」❶，也不是專注於自我的「獨行俠」。他們並不一定就是膽小或不擅長社交的。因為戴著有色眼鏡，大多數人並沒有真正瞭解性格內向者。此外，由於成長中被灌輸了關於內向性格的錯誤觀念，大多數性格內向者也不理解自己的個性。

所以，讓我們來擦拭並調整一下那變形而失真的「有色眼鏡」吧！

---

❶ 編注：shrinking violet，字面的意思是「縮小的紫羅蘭」，意指「害羞靦腆的人」。據說這句話源自英國：英國人認為紫羅蘭是種低調的花，因為它們長在接近地面的地方，經常隱藏在灌木之中，給人謙虛的感覺。

2-1 他們不是壁花

這個世界最不可理解的，就是它竟然是可以理解的。

——愛因斯坦

首先，我想糾正人們認為「性格內向者是具隱居傾向且孤獨緘默的類型」的觀點。與主流的觀念相反，社會上許多公眾人物的個性是內向的，而且這群人顯然不曾被黏在任何一道牆上，成為孤立無伴的「壁花」。

許多公眾人物都是內向者

例如，艾美獎得主黛安．索耶（Diane Sawyer），她是電視節目《早安美國》（*Good Morning America*）和《週四黃金時間》（*Prime Time Thursday*）的名主持人。她被收錄於網路上的內向型名人清單中，以及許多MBTI人格特質量表的相關著作中。在幾次訪談中，她都談及自己安靜的個性：「大家以為你不可能是性格孤獨的人，尤其你常常在電視上露面。」她說，「但他們都錯了。」她在ABC網站上的簡介寫道：她「決定從事傳播業，是因為她對寫作的渴望，以及對進入男性統治領域的挑戰」。簡介中還說她是「以冷靜超然和專業舉止而聞名」。憑藉詳盡的研究，以及採訪政治人物如卡斯楚（Fidel Castro）、海珊（Saddam Hussein）和葉爾欽（Boris Yeltsin）等人所帶來的卓越聲望，索耶成為自己所在領域的領導者。她的採訪主題有時是以令人驚訝的方式得到認同，特別當她以百折不撓、步步逼近的方式拋出棘手的問題時。她的好友歐普拉（Oprah Winfrey）說：「人們以為索耶對人很冷淡，但其實她相當有趣。」朋友說索耶的典型作風就是發電子郵件對他們說：「我想念你們。」

在一張照片中，凱蒂．柯麗克（Katie Couric）與索耶坐在同一張沙發上。柯麗克是一位性格外向的女性新聞記者，曾是電視節目《今日》（*The Today Show*）的名主持人。這兩位讓人印象深刻的女性，清楚證實了性格內向者與性格外向者在精力上的不同。柯麗克精力充沛、率直主動、口齒伶俐，而索耶則拘謹、低調、審慎。但兩人的工作效率都非常高。

按部就班，追求穩定節奏

獲獎的女演員瓊．艾倫（Joan Allen）也是非常典型的內向者。她演技精湛，卻從不故意引人注目。她因在電影《暗潮洶湧》（*The Contender*）中演出副總統的出色表現，獲得奧斯卡最佳女演員提名，還因為《白宮風暴》（*Nixon*）和《激情年代》（*The Crucible*）中的演出，兩次獲得最佳女演員提名。在百老匯，她獲得了東尼獎和奧比獎。被問及得到奧斯卡金像獎提名的心情時，她說：「得到奧斯卡獎並不是我的人生目標，但我知道我媽媽會很高興。」她最關心的是劇本的好壞，因為她發現真正的好劇本可遇不可求。

被問及在演出《暗潮洶湧》時，她將自己的哪些個性帶到了角色之中，她說：「隱私對我來說很重要。我是個非常不喜歡暴露自己隱私的人。」在知道自己的工作所具有的深遠影響之後，她不但沒有離開百老匯，還花了相當長的時間嘗試電影工作。對此她解釋說：「相較於快速，我比較傾向緩慢的生活節奏。」她不僅欣賞自己緩慢但穩定的生活節奏，更將自己的電影製片公司命名為「逐步前進」（Little by Little）。

一些性格內向者被迫成為公眾注目的焦點。讓我們來看一下英國皇室威廉王子的生活。他不喜歡別人對他的事情小題大作，也不喜歡別人拍他的相片，他比皇室的其他成員更注重隱私。他在接受採訪時說：「我覺得被別人注意是件很不舒服的事情。」他的一位朋友說：「他想成為普通人。」並說他是「不願拋頭露面的人」。比起王子的稱號，他更喜歡人們叫他威爾或威廉。以將皇室成員推向飢渴的英國新聞界而聞名的皇家宮廷，正試圖幫助他應對公共生活的壓力。

皇室觀察者曾提到威廉王子的才智、敏感和喜愛深思的天性。據報導，他影響母親黛安娜王妃離婚時放棄「殿下」的頭銜（HRH，Her Royal Highness）。「我不介意人們叫妳什麼，」他告訴她，「妳永遠是我們的母親。」甚至還有報導提及他可能最終會拒絕那頂王冠，因為他不喜歡在工作中受到太多關注。但如果他最終成了國王，他會將內向性格的許多力量帶上王位。

在適合的環境裡才能發揮才能

愛因斯坦的故事

以喜愛獨處而聞名的愛因斯坦就是個好例子，說明了嚴格的環境會對性格內向者造成傷害，也會減低他們的潛力。在布萊恩（Denis Brian）寫的《愛因斯坦》（*Einstein: A Life*）中曾談到，十九世紀後期德國的學校教育，對愛因斯坦來說是何等艱難。「他很安靜且孤僻——是個旁觀者。」因為無法以死記硬背的方式學習，加上他怪異的行徑，從來不像其他同學答出一個**敏捷漂亮**的回答，而總是態度猶豫、吞吞吐吐，導致當時的愛因斯坦竟然被認為有「智力缺陷」或「智力遲鈍」。

事實上，如果愛因斯坦仍然待在德國的學校，他永遠也不會成為顯赫的物理學家。幸運（或諷刺）的是，他的父親因為缺少商業方面的聰明才智，決定舉家移民義大利。愛因斯坦的妹妹瑪雅為哥哥僅僅在六個月內就出現的巨大變化感到震驚：「神經質、退縮的夢想家變成了可愛友善、具有尖刻幽默感、好交際的年輕人。是因為義大利的空氣？熱心的人們？還是他從苦難中脫逃所致？」她覺得有點不可思議。

後來，當愛因斯坦在瑞士上中學時，最初還擔心那裡的環境會像德國一樣令人窒息。但是，「他著迷於新環境悠閒的氛圍。在那裡，老師與學生自由討論爭議性的話題，甚至是政治——這在德國的中學是難以想像的——並鼓勵他們設計、操作自己的化學實驗，也很少會有什麼事故發生。」愛因斯坦在他的生命後期說道：「並不是我有多麼聰明，而是我思考問題的時間更多一點而已。」性格內向者只有在適合的環境中才能發揮自己的才能，如集中注意力和提出疑問的能力。

名氣與精力的消耗

所以說，性格內向者的確不是「壁花」。然而，驅使他們走向「舞臺中央」的原因通常與性格外向者不同。性格內向者走到聚光燈下，成為公眾注目的焦點，是為了探索對他們有著重要意義的工作、自身非比尋常的才能，或者特殊的環境。他們可能喜歡隨著名氣而來的注目，但對他們來說那也是**巨**

大的精力消耗。

茱莉亞・羅勃茲（Julia Robert）是眾所周知活潑的內向者。在接受《時代》週刊（*Time*）採訪時，她提到自己在拍電影時，午餐時間多半都會小睡一會兒：「這能讓我在一天後半段的時間裡精力更充沛。」許多有公眾生活的內向者，都必須安排時間獨處一會兒。

內向性格名人榜

- 美國第十六屆總統亞伯拉罕・林肯（Abraham Lincoln）
- 電影導演希區考克（Alfred Hitchcock）
- 籃球運動員和名人麥可・喬丹（Michael Jordan）
- 發明家愛迪生（Thomas Edison）
- 演員葛麗絲・凱莉（Grace Kelly）
- 演員葛妮絲・派特羅（Gwyneth Paltrow）
- 高爾夫球員大衛・杜瓦（David Duvall）
- 美國前第一夫人蘿拉・布希（Laura Bush）
- 微軟創辦人比爾・蓋茲（Bill Gates）
- 演員甘蒂絲・柏根（Candice Bergen）

- 演員／導演克林・伊斯威特（Clint Eastwood）
- 漫畫家舒茲（Charles Schulz，《史努比》作者）
- 喜劇演員／作家史帝夫・馬丁（Steve Martin）
- 演員哈里遜・福特（Harrison Ford）
- 演員蜜雪兒・菲佛（Michele Pfeiffer）
- 前華盛頓郵報發行人／作家葛蘭姆（Katherine Graham）

一部電影勝過千言萬語

有時候，可以從電影中找到解決某些生活困惑的答案。

——蓋瑞・所羅門（Gary Solomon）

許多電影的主題都與性格的內向和外向有關。擴展你對內向性格瞭解的一種有趣方式，就是欣賞電影。許多性格內向者，對其他人的認識比對自己的認識更為清楚。而且一些性格內向者對自己的行為常常抱持著批評的態度，但在看到其他人做同樣的事情時，卻又不致批評。觀看性格內向的電影人物，可以增加你對自我積極特質的欣賞。

- 《艾蜜莉的異想世界》（*Amélie*）：性格內向的法國少女，安靜並機靈地運用無形的影響力，潛移默化感染她身邊的人，並贏得了一個性格同樣內向的小夥子的愛。

- 《BJ單身日記》（*Bridget Jones's Diary*）：一位性格內向的女子，經常因為說錯話而感到尷尬，最後邂逅了一位性格內向的好人。
- 《濃情巧克力》（*Chocolat*）：性格內向的少女為其他人調配最能滿足他們需求的巧克力，最後找到了屬於她自己的神祕配方。
- 《溫馨接送情》（*Driving Miss Daisy*）：這部電影的主角是性格內向的非裔美國人。
- 《情迷四月天》（*Enchanted April*）：在陽光明媚的義大利，內向性格的主角引起了人們的興趣。
- 《謎霧莊園》（*Gosford Park*）：性格內向的英國少女識破了一場陰謀，並使她的母親免受陷害。
- 《新娘百分百》（*Notting Hill*）：性格內向的書店老闆遇見了性格內向的女演員；故事隨之展開，兩人擦出火花。
- 《親情無價》（*One True Thing*）：在照顧生病的母親之後，性格內向的女兒學會理解自己性格外向的母親。
- 《凡夫俗子》（*Ordinary People*）：性格內向的主角懷著害死兄長的罪惡感，試著正視因為兄長而怨恨自己的母親。
- 《搶救雷恩大兵》（*Saving Private Ryan*）：性格內向的上尉完成了營救任務。
- 《靈異第六感》（*Sixth Sense*）：這部電影的主角是個極度敏感、性格內向的男孩。

2-2 內向，並不是「害羞、精神分裂和高敏感」

也許自我實現總是一種後天培養的體驗。

——派翠西亞・漢普（Patricia Hampl，作家）

害羞、**精神分裂**和**高敏感**這些含糊不清的詞彙，經常被交錯形容性格內向者。這些名詞與內向性格**不**盡然同義，但我認為每一個詞彙都抓住了人類經驗中的一些重點。接下來，我將為每一個詞彙下定義，並舉例加以說明，使它不再那麼模糊。性格內向者和外向者都可能害羞、精神分裂和高敏感。

內向

內向（Introversion）是一種協調你內在世界健康的能力。它是一種具建設性、創造性的特質，許多對這個世界做出重大貢獻的獨立思想家，都具備這種特質。性格內向者具有一定的社交技能，他們喜歡與人交往，喜歡某些類型的社交活動。然而，聚會上的閒談可能會耗盡他們的精力，而幾乎不會帶來什麼回報。除此之外，性格內向者喜歡一對一的交談，群體活動會使他們覺得壓力太大和精力不夠。

害羞

害羞（Shyness）是一種社交焦慮，是當一個人處於人群之中時，最強烈的自我意識體驗。它可能有一些遺傳的根源（表現的形式是對恐懼反應極為強烈），但它通常是從學校裡、和朋友交往的過程，以及在家庭的經驗裡學會的。對某些人來說，害羞會在不同的年齡、在一定的情境下出現和消失。

害羞的人可能在一對一的交談中，或在群體情境中感到不舒服。這不是精力的問題，而是對社交情境缺乏信心；它讓你對別人如何看待自己心生恐懼。它會讓你汗流浹背、全身發抖、面紅耳赤、心跳加快、自我批評，並且相信人們在嘲笑你；它是一種感覺，以為自己是站在強光下的唯一一人，你希望地上能有一道縫，可以一頭鑽進去。害羞並非你的**本質**，而是你認為**旁人**對你的觀感如此所致，因此容易受到行為變化的影響。

如果性格外向者是害羞的，他們需要和其他人作伴，好養精蓄銳，以承受巨大的壓力。好消息是，透過學習策略改變你的行為，能夠明顯降低害羞的情況。

精神分裂

有精神分裂（Schizoid）問題的人們活在左右為難的痛苦境地之中。他們需要與別人建立一定的關係，卻又害怕跟別人的接觸過於密切。在大多數情況下，這些個體在精神受到創傷、以及（或者）受到忽略的家庭中長大。他們採取退縮或獨處的態度，以避免與他人接觸帶來的任何傷害。精神分裂人格障礙是精神健康領域內一種常見的症狀。許多心理治療師將它與性格內向和害羞相混淆，認為似乎全都是一樣的，然而其實並不相同。

高敏感

高敏感（Highly Sensitive）是人們生來就具有的某些特質，通常被描繪成第六感。有這種特質的人反應非常敏銳、直覺強、善於觀察，比大多數人擁有更好的辨別力。他們可能遠離社交活動，因為他們害怕那洪水般令人煩惱的感覺。性格內向者和外向者都可能是高敏感族。

如果你正在接受心理諮商，請注意你的治療師是否瞭解這四個詞彙的差異。

內向性格的特徵

噢，小熊維尼！你認為牠是一……一……一隻大臭鼠（Woozle）嗎？

——小豬（Piglet）

我們最喜愛的一些文藝作品、電影和電視中的人物，都是性格內向的。可能是因為非常多的作者、藝術家的性格都較為內向，所以將內向的性格融入到他們的作品之中。看看以下的列表，想想他們的特質，如智慧、不局限於事情本身、進行思考的能力、注重細節、對團體需要的考慮、做出困難決定的能力。

- 漫畫《小熊維尼》（*The Complete Tales of Winnie-the-Pooh*）中的貓頭鷹博士、小豬

（害羞且性格內向）和男孩羅賓（Christopher Robin）

- 電視影集《風流醫生俏護士》（M*A*S*H）中的「雷達」（Radar，即 Cpl. Walter 'Radar' O'Reilly）
- 漫畫《花生》（*Peanuts*，即後來的卡通《史努比》）中的奈勒斯（Linus Van Pelt）、謝勒德（Schroeder）、富蘭克林（Franklin）和瑪茜（Marcie）
- 電視影集《星艦爭霸戰：銀河飛龍》（*Star Trek, the Next Generation*）中的讓尚路克・畢凱上校（Jean-Luc Picard）和顧問特洛伊（Troi）
- 電視影集《艾莉的異想世界》（*Ally McBeal*）中的艾莉
- 電視影集《白宮風雲》（*The West Wing*）中的總統約書亞・巴特勒（Josiah Bartlet）
- 英國謀殺天后、偵探小說家阿嘉莎・克莉絲蒂（Agatha Christine）塑造的著名偵探人物白羅（Hercule Poirot）
- 雕塑「沉思者」（The Thinker）
- 小說《梅岡城故事》（*To Kill a Mockingbird*）中的阿提克斯・芬奇（Atticus Finch）
- 小說《記憶傳承人》（*The Giver*）中的喬納思（Jonas）

2-3 不要因別人的指責而產生罪惡感

現在讓我們來看看，針對性格內向者最常見的兩種指責——自我中心、孤僻而不愛交際。容易理解的是，內向者之所以容易表現出專注自我或漠不關心的模樣，是因為覺得外在刺激已經足夠，於是將資訊進入的通道關閉所致。而這麼做的原因，是因為這有助於我們將外在經驗與自我內在經驗進行比較，並嘗試在已有的基礎上，理解新的資訊，甚至進一步思考：那些經驗是怎樣影響我們的？

專注內在，反省、同理能力佳

性格內向者不僅不以自我為中心，事實上可能還恰恰相反。我們集中注意內在世界的能力，以及對感覺和體驗進行反省的能力，使我們更加理解外在世界和他人。那些貌似自我中心的特質，事實上正是能夠切身理解他人處境的能力。

性格外向者也將注意力集中於自我，但方式不同。外向者喜歡參加社交活動，需要別人的陪伴，這與他們對刺激的需求一致（讓我參與其中、挑戰我、給我一些刺激來引起我的反應），以便感覺到與周圍事物的連結。外向者不會像內向者那樣產生那麼多的內在刺激，所以他們需要從外在世界尋求刺激，也許這就是他們貶低內向者的原因——因為他們感到我們會限制他們，這使他們覺得很惱怒；因為我們不以他們所需要的方式閒聊或參加社會活動，這使他們覺得受到了威脅。

有限度的社交

這讓我想起對性格內向者另一個較大的誤解──孤僻不愛交際。性格內向者並不是不愛交際，只是以不同的方式進行社會交往而已。性格內向者只需要很少的朋友關係，但喜歡（來自於親密朋友的）較多的聯繫和與朋友親密的相處。與其他人交往會耗費大量的精力，所以我們不願意將太多的精力用於社交活動。這就是為什麼我們不喜歡無所事事閒談的原因。相對於此，性格內向者更喜歡內容豐富、充實的交談，從中可以豐富我們的學識，並使我們充滿活力。這種交談能夠給我們一種被研究快樂的學者稱為「幸運一擊」（Hap Hits）的快樂感。當我們彼此交流內涵豐富的思想時，便能夠獲得滿意和快樂等美好的感覺。交談需要耗費精力，這也是我們即便對其他人很感興趣，但有時候更喜歡觀察他人的談話，而不願加入其中的原因。

只要是處於人群之中，或是坐在看臺上為自己支持的隊伍瘋狂歡呼，性格外向者就會產生快樂感。安靜地坐在邊線外，會使他們因厭倦而頹喪。由於性格外向者是從社會上和活動中獲得精力，他們喜歡在城鎮中，像蜜蜂採蜜般從一朵花飛到另一朵花。他們說，只要給我一些刺激性的驚喜，我就可以離開了。再一次強調，這只是參加社交活動的不同方式而已，並不一定就是更好的方式。不要讓人家指責你的個性，你也不必努力使自己朝外向的性格發展，因為你跟性格外向者是不同的。把對你的那些指責，都拋到一邊去吧。

是自我專注，還是自我反省？

性格內向者被認為是自我專注的，這有一點諷刺的意味，因為心理治療師在接見新的個案時，主要的任務往往就是幫助個案發展自我反省的能力。我們努力使個案從外在世界回歸自我，好讓他們能夠認識自己的思想、感情和行動。如果不進行自我反省，人們很容易在同一件事上周而復始地鑽牛角尖。因為一些奇怪的原因，那些對自我反省較不熟練的性格外向者被認為比性格內向者更為健康，甚至在心理學領域也是這樣。

2-4 不只是為了說話而說話

如果上天要我們說的比聽的多，那麼祂應該給我們兩張嘴和一隻耳朵。

——無名氏

性格外向者作為社會上的大多數，影響了整個文化對性格內向者的看法。性格外向者在言辭上的收放自如對性格內向者造成了威脅，這更容易使性格內向者斷定自己不應該講話。研究害羞這個主題相當領先的博納多．卡度西博士（Bernardo J. Carducci），在《人格心理學：觀點、研究和應用》（*Psychology of Personality: Viewpoints, Research, and Applications*）中寫道：「我們的創立者因為宗教信仰的原因而被排斥，所以承受了巨大的痛苦，以保證我們所有人都具有言論自由。今天，我們重視勇敢和個性。『善於講話者』被認為是有影響力的，並成為我們仿效的人物。我們重視言語表達能力、勇氣和直爽的個性。」有趣的是，在這裡，「個性」指的是外向的個性。演說在大多數西方社會受到重視，想想現今流行的電視節目，如《麥克勞夫林專題討論》（*McLaughlin Group*）、《交火》（*Crossfire*），或各種辯論賽。言辭上的競爭與這些節目可說是畫上等號。

性格內向者不會只是為了說話而說話。當他們講話時，是要講出自己的想法。有時候，他們甚至還限制這種發言。有一天，我和學院的幾個朋友一起去喝下午茶。聰明、性格溫和的女孩潔咪說道：「在每一次研討會上，我只允許自己發言兩次。」「請不要這樣，」每一個人聽到後都說，「我們很喜歡妳的發言。」潔咪感到詫異極了。如果她沒有提起自己在研討會上的做法，她不會得到那些回饋。和許多性格內向者一樣，她害怕自己會占用大家太多的時間。我們提醒她：我們都很想聽到她發表的、具有價值的觀點。

我們的國家將那些看起來自信而果斷的雄辯家放在很重要的位置，性格內向者與我們所尊重的「管理類型」經常展現出截然相反的個性，這就在性格內向者和外向者之間形成了一道充滿誤解和挑剔的鴻溝。

2-5 為什麼內向者讓外向者感到猜疑？

在美國，最必不可少的就是在孤獨世界中有所創造。

——卡爾・桑柏格（Carl Sandburg，美國詩人）

為什麼性格內向者有時候感到自己是如此的格格不入（像是太空船降落在錯誤的星球一樣），並且總是受到誤解？以下是一些原因：**性格內向者較少展示自己，以及自己的行為，他們看起來較為疏遠冷淡和神祕費解**。而且，正如我們所看到的，許多社會都讚美外向性格的優點，在此同時，許多性**格外向者以懷疑的目光看待內向者帶到這個世界上的才能**。讓人感到悲哀的是，甚至連**性格內向者自己都經常不能理解自己的貢獻**。

讓我們來看看可能使性格外向者產生猜疑、與內向性格相關的一些特質。當你查看以下列表，請記住：性格內向者本身可能更讓人糊塗；當他們筋疲力竭，可能前後表現得很不一致：某天精力充沛時，又變得非常健談和喜愛交際；另一天筋疲力竭像剛拉了四輪馬車一樣時，他們便幾乎一句話也說不出來。這可能使認識他們的人感到大惑不解。

讓外向者產生猜疑的內向特質

- 將精力保存於內在世界，導致其他人難以理解他們。

- 專注於思考問題。
- 在談話前會猶豫半天。
- 避開擁擠的人群，尋找靜謐。
- 忽視其他人在做什麼。
- 小心謹慎地與人交往，只參加經過選擇的一些活動。
- 不會隨意發表意見，需要別人問才講出自己的看法。
- 如果沒有足夠的時間獨處或沒有足夠的時間不受干擾，就會變得焦慮不安。
- 以小心仔細的方式思考或行動。
- 不會表現太多的面部表情或反應。

看看以上所列的條目，便很容易理解為什麼性格外向者會認為我們有點神祕。以下三個主要差異導致了性格內向者和外向者之間的不和，並加深了兩者之間的誤會。

特質①：內向者思考問題和談話方式的不同

性格外向者邊思考問題邊講話，這對他們來說是很容易的事情。事實上，當他們大聲講話時，他們思考的問題會變得越來越清晰。而對性格內向者來說，他們需要一些時間來考慮問題，並且不會自發性地講話，除非那是自己非常熟悉的話題。在性格外向者看來，性格內向者表現得非常小心謹慎和消極被動。性格外向者是如此習慣即席談話，他們可能不相信那些較為沉默含蓄的性格內向者。

當性格內向者講話時支吾其詞，性格外向者可能會感到不耐煩。「痛痛快快地說出來吧！」他們可能會這麼想。「為什麼他們對自己的觀點那麼沒自信？他們想要掩飾什麼？」性格外向者可能會覺得性格內向者是要保留一些消息或想法。例如，在會議結束後，幾個性格外向並且相識的人問我：為什麼我不發表意見並告訴他們我的腦袋裡在想些什麼？為什麼我不加入討論並說出我的觀點？

我永遠也不會理解，為什麼這世界上會有人認為我想要隱瞞些什麼。但正如我所提及的，別人說我有點「神祕兮兮的」。從我的立場看，當我的確想要講點什麼時，我說的是正經的事情（我可不是在開玩笑），同時展現自己的思想和觀點。但很顯然，在性格外向者看來，我用如此冗長的時間來談論我的想法，他們也會認為我是有意在隱瞞些什麼。

性格外向者得理解，性格內向者需要時間來形成和整理自己的觀點。然而性格外向者也應該意識到，如果性格內向者對某個主題的觀點經過仔細的思考，或是對某話題的瞭解較多，那麼，請小心——原來安靜的內向者將變得口若懸河。

特質②：內向者容易被人忽視

當性格內向者似乎不願意說話或講話慢吞吞時，他們通常沒有全心全意投入到外向者的談話之中。性格外向者可能認為（性格內向者也可能這麼認為），性格內向者不能提供任何有價值的東西。

性格內向者不喜歡干擾別人，所以他們可能只是委婉或不帶強調性地發表意見。某些時候，性格內向者發表的意見就算比一般水準的談話更有深度，但因為這可能使人們感到不舒服，因此人們便忽略這些觀點。過一會兒，另外有人可能又說了同樣的事情，卻得到熱烈的回應，這讓性格內向者感到自己被人忽視。對他們來說，這真是令人沮喪又費解的事情。

許多性格內向者無法透過外在表現向人們暗示他們腦中的「齒輪」是如何運作的。在社交場合中，他們臉上不是毫無表情、就是表現出一副不感興趣的樣子。事實上，除非他們覺得壓力太大或真的不感興趣（例如話題太無足輕重），否則他們通常都思考著人們正在談論的事情。如果問到他們，他們便會與大家分享自己的想法。

這些年來，我都在學習詢問性格內向的個案正在想什麼和當時的感覺如何。幾乎每一次，他們的意見都擴展了我們正在討論的問題，但他們卻是如此的面無表情，我不能確定他們的思緒是否已經飛到九霄雲外去了。在小組情境中，如果性格內向者沒有跟別人保持眼神交流，並給予一些線索表明他們還在傾聽，其他人就可能開始排斥他們了。

特質③：內向者迫使外向者停下來思考一番

外向者猜疑內向者的第三個原因是，我們做的許多事都讓外向者感到不悅——我們膽敢建議性格外向者停止做出反應，在講話前先思考一下。當性格內向者建議外向者做事慢一點，制定計畫、考慮後果，行動前將眼光放遠時，都讓性格外向者感到相當掃興。性格外向者已經能預見事情的結果，就像是後院裡剛種下去的花——他們有備而去，趕到苗圃，立刻買下五顏六色的花苗。他們就像是賽馬，如果你想要約束牠，牠們就會嘶叫著力圖掙脫限制自己的韁繩。

與此相反的是，步調緩慢的性格內向者喜歡停下來並聞一聞玫瑰的花香：「讓我們坐下來看看這院子，並考慮一下先種點什麼。」他們會這麼說。試圖讓他們「快一點」，就像是催促一隻烏龜。即便你在他的身下點一把火，他也不會加快一點速度。況且這樣的行為，無疑會讓內向者與外向者相互激怒。

籠罩在語言影響下的內向者

提出批評要比糾正問題容易許多。

——班傑明．迪斯雷利（Benjamin Disraeli）

在文化生活中，當人們持有某種根深柢固的觀念時，這種觀念便會在語言中表現出來。我們的語言反映了我們所具備的價值和信仰，這會對我們產生深遠的影響。我查閱了幾本辭典和一本百科全書中對「內向」（introversion）一詞的解釋——在《心理學辭典》（*Dictionary of Psychology*）中，內向被定義為：「……向內指向自我。性格內向者專注於自己的思想，迴避社會交往，傾向逃離現實世界。」《心理學國際辭典》（*The International Dictionary of Psychology*）寫道，內向是：「……一種主要的人格特質，特徵是專注於自我，缺少社交能力，以及較為消極被動。」在《新韋伯斯特大學辭典》（*Webster's New Collegiate Dictionary*），內向被描繪成：「……完全或明顯地關心和注意自己精神生活的一種狀態和傾向。」現在，請坐下來看《新韋伯斯特世界百科全書》（*Webster's New World Thesaurus*），在其中，內向被說成是：「……一位沉思者、自我觀察者、利己主義者、自我陶醉者、獨居者、形單影隻者和性格孤僻者。」當我讀到這裡，我的腦海中浮現出在森林裡，反對核武轟炸機的人住在他那貧瘠的小木屋裡的景象。

當我在同樣的這幾本參考書中查閱「外向」(extroversion)一詞時，很快就明白為什麼大多數人會有點羞於承認自己是性格內向者。在《心理學辭典》中，寫道：「……指導人格指向外界的一種傾向，性格外向者是愛交際、喜愛活動的人(我相信他們也指女性)，其動機受外在事件的影響。」在《心理學國際辭典》中：「……性格外向的特點是對外在世界感興趣，具有高度的自信、社交能力強、敢說敢做、追求感覺和崇尚權威。」在《新韋伯斯特大學辭典》，寫道：「……其特點是從自我的外在獲得滿足，是友好的、無拘無束的。」最後，《新韋伯斯特世界百科全書》將性格外向定義為：「……與性格內向剛好相反的人，愛交際，是社交場合的鋒頭人物，喜歡賣弄自己。」對性格外向的最糟糕評價也不過如此。

你開始抓住問題的根本了嗎？在本書中，我似乎是在為性格內向者搖旗吶喊，那的確是我的本意。我只是想要使這個「遊戲圈子」多一些平衡。畢竟長久以來，它都有失公允。

2-6 責備和誹謗

犯錯乃人之常情；而將過失歸咎於他人，更是人類常做的事。

——鮑伯・顧達德（Bob Goddard，美國物理學家）

對性格內向的孩子來說，在成長過程中不停地被拿去跟性格外向者進行比較，傷害非常大。大多數性格內向的孩子在成長過程中，都曾公開或隱晦地接收到直指他哪裡出了問題的訊息。他們感受到別人的責備——為什麼不能快一點回答問題？也會感受到別人的誹謗——他們也許不夠聰明。我面談過的五十位性格內向者中，有四十九位都曾因為自己的行動方式而感受到責備和誹謗。然而，第五十位受訪者牧師葛雷，卻沒有這種感覺。

接納內向性格的教養環境

我曾聽過葛雷的一次談話，當時他不經意提到自己是一位性格內向者。之後，我馬上問他，我是否可以採訪他，我想知道為什麼他對自己的內向是如此地不在意。結果是，他來自於一個性格內向的家庭，所以他從來沒有體驗過那種如魚離水的恐懼感。早期教養過程中對自我的接納，使葛雷創造了一種和諧的內向性格生活。

這個例子說明，教養環境對我們的個性是何等的重要。遺憾的是，大多數的內向者並不是在接納並培育內向性格的家庭中長大的。

性格內向的孩子總是被大聲、清楚地告知自己這裡或那裡有毛病。在一項重複三次都得到相同結果的研究中，內向及外向的受訪者被問到：理想的自我性格是內向的還是外向的？理想的領導性格是內向的還是外向的？研究結果反映了我們文化中的偏見，即受訪者性格無論內向或外向，都選擇外向作為他們理想的自我及領導者性格。我們生活在迎合、讚美外向性格的文化之中，並且明確知道外向性格是我們理所當然的選擇。

責備導致罪惡感和羞恥感

我接待過許多性格內向且聰明的個案。他們都認為自己有本質上的缺陷，即大腦中缺少了什麼東西。更糟的是，他們經常有罪惡感和羞恥感。人們常常交替使用罪惡感和羞恥感這兩個詞彙，但其實兩者是不同的情感，雖然有時候區分起來有點困難。

羞恥感：對自己不滿意

羞恥感是一種強烈的羞恥和痛苦的情感，它依附於你的身體，就像是黏在羽毛上又熱又濕的焦油。排遣這種討厭的情感是件很困難的事。當你正體驗到羞恥感時，可能包括：

- 一種退縮或逃避的衝動。
- 希望自己消失。

• 整個身體都在萎縮的感覺。
• 說話比平常困難的感覺。

羞恥感與存在有關。當我們認為自己沒有價值或天生有缺陷時，便會感到羞恥。羞恥感使人感到無助和絕望，並迫使我們退縮和隱藏。許多俗諺反映了羞恥感：「我想爬到石頭下去躲起來」「真丟臉」「我希望地上有道縫能讓我鑽進去」。羞恥感是一種對自己不滿意的情感，會壓制我們與周遭分享內心世界所能得到的快樂；羞恥感不是讓我們感到受傷而難以興奮起來或表現自己，而是讓我們感到需要將自己藏起來。

羞恥感是一種複雜又讓人困惑的情感，需要條件剛好合適才會產生這種情感。這有一點像需要具有一定的大氣條件，才會有閃電劃破夜空，接著響起隆隆的雷聲一樣。如果某人體驗到羞恥感，前提是他或她必須想要向其他人展示自己內心深處的什麼東西。想想你向朋友展示自己引以為豪的什麼東西吧，這是引發羞恥感的「大氣條件」——你想要使自己被別人關注。如果你得到的不是欣賞，而是對方的鬼臉，或是厭惡、憤怒、不以為然，或蔑視的一瞥，它可能引發一種強烈的想要藏起來的情感。換句話說，這就是羞恥感。

儘管羞恥感會影響到每一個人，但對性格內向者來說卻是「屋漏偏逢連夜雨」，具有雙重不利的影響。如果我們感到羞恥，我們幾乎就沒有為自己留下什麼資源來使自己平靜下來。我們可能變得退縮，並且在很長時間內都不再敢向別人展示自我。這對我們每一個人來說都是一種損失。

罪惡感：覺得自己做錯了什麼

罪惡感卻沒有這麼複雜，它與我們的行動有關，是一種因為做錯了什麼事而感到不舒服、令人不得安寧的情感，就像是手在餅乾盒裡被別人抓住一樣。

當我們傷害到某人時，我們會有罪惡感；或是當我們違反了某條規則或制度，並且擔心被逮到時，會有罪惡感。罪惡感驅使我們承認自己做錯了什麼，並做出賠償的行為。

過多的罪惡感會讓性格內向者產生退縮的行為。有很多因素導致性格內向者產生罪惡感。許多性格內向者能夠從更高的角度看清人們是如何共生共存的，所以他們擔心自己的行為會影響到其他人。內向者同時可能認為那些讓自己心煩的事情（例如，思路被打斷），也會讓其他人感到心煩。由於他們總是非常善於觀察，因此即便對非常微小的言語失誤也會產生罪惡感。

許多時候，他們都在擔心自己對別人不夠友善，但情況其實並不是他們所想像的那樣。而且，為了避免做事情時傷害到其他人，性格內向者有時候甚至會閃躲人群，從而降低對生活的滿意度，在此同時，整個社會則榨取了內向者付出的貢獻。

化解罪惡感和羞恥感的辦法

學習控制羞恥感和罪惡感，對於性格內向者來說非常重要，否則我們就會將很多時間浪費在面對糟糕和卑鄙的體驗上。透過以下這些方法，使自己回復到正常的生活軌道上吧。

弄清楚自己是否真的傷害到別人

有時候，我們以為自己得罪了別人，事實上並沒有。例如，性格內向者不喜歡打斷別人的談話。如果他們真的加入了別人的談話，並打斷了某人，他們會有罪惡感。但是很多人實際上並不介意講話被打斷。所以當你以為自己該對某人的煩亂負責時，先看看那人是否真的是處於煩亂的狀態。也許他或她並沒有像你想像的那樣做出反應。對自己說：「加入這個談話讓我有點焦慮，我打斷了珍的談話；但她看起來並沒有煩躁不安。情況還好。」

誠懇地道歉

如果你傷害了某人，請走上前去：「噢，珍，對不起。我沒有讓妳講完。妳本來要說些什麼呢？」面對罪惡感的主要解決辦法就是道歉。每個人都會犯錯。請原諒自己。

弄清楚是什麼引發了羞恥感

例如，一位同事在會議上問你問題，你想回答，一時卻又找不到什麼可說，這可能引發你的羞恥感──你感到自己想要躲起來，自己一無是處，自己一點也不聰明──你這麼想。別這樣。請對自己說：「那只是我大腦工作的方式而已。我通常不會很快就回答別人的提問，愛因斯坦也不會。我可以跟同事說：『我需要仔細思考一下再告訴你。』」讓這種羞恥感見鬼去吧。面對羞恥感的主要解決辦法是自尊。告訴自己你並沒有缺陷，你一切正常，你的大腦是以另外一種方式在工作。深思熟慮非常有用。**你就是你**，這樣很好。

2-7 瞭解你的個性狀態

保持宏偉的抱負、適度的期望和少量的需求。

——史坦恩（H. Stein）

你的性格越內向，就越有可能因為自己是誰，而體驗到羞恥感和罪惡感，而且也越可能覺得受到誤解——甚至是受到自己的誤解。這些體驗可能會驅使你退縮。本節有兩個辦法可以幫助你不要過度退縮：（一）學習使用上述化解罪惡感和羞恥感的辦法；（二）學著瞭解自己的個性狀態。就像觀察溫度計上的體溫一樣，你可以變得非常瞭解自己的精力狀況。

學習評估自己的狀況

你可以每天估計一下自己的精力狀況，然後調整自己的每一天、每一週或一生，以便保持體能供需的平衡。這麼做，你將成為一名自信的性格內向者，不至於經常受到身體疲倦的影響、不再容易感到羞恥或受到他人責備，腦子也不會經常一片空白。讓我們來試一試。

薇拉阿姨來訪了嗎？她整個星期都跟著你，在房子裡一路囉嗦不停？注意一下你的感覺如何。手臂沉重？腦袋嗡嗡作響？身體疲憊？感到雙腳好像被裝進水泥做的靴子裡一樣沉重？如果是這樣，這個星期你需要安排大量的時間來休息，以便恢復體力。

接下來是另一種情況：你是否已經在安靜的家裡待了一個週末？你的身體感到活力十足，你想做的各種事情在你腦中盤旋。你急切地想要出去走走。這是個很好的時機，你可以著手那些擱置已久的事情。

顯然，在大多數時間裡你的精力狀況不會如此清晰易辨，來看看以下這些問題：

- 我的大腦現在的狀況如何？機敏？呆滯？一片空白？
- 我的身體狀況如何？筋疲力竭？活潑？精神飽滿、衝勁十足？
- 我是感到興奮過度，還是不夠興奮？
- 我今天得做些什麼？還有什麼其他選擇？
- 如果我的精力更好一點，我還可以再做點什麼？
- 如果我體力不濟，可不可以暫時不做某些事？
- 我可以安排額外的休息時間嗎？
- 我需要安排時間獨處嗎？
- 我需要何種獨處的時間（例如：閱讀、小睡、盯著窗外、安靜坐一會兒、聽聽音樂、看看電視）？
- 我可以從一些額外的刺激（如探望朋友、參觀博物館）中受益嗎？
- 我今天需要的是什麼？

如果你練習審視自己的身體狀況，並檢查你的精神狀態，你就能學會瞭解自己的個性狀態。如果某人邀請你出去吃頓中國菜，而你的精力也很充沛，你將更有自信地接受邀約；如果你的精力不足，你大可拒絕而不會感到有罪惡感或羞恥感，也不會擔心自己從此失去受邀的機會。你知道等到下一次精力充沛時，自己可以接受這樣的邀請。

本章思考點

- 就算是公眾人物，也有可能是性格內向者。
- 性格內向者不一定就是害羞、精神分裂或高敏感的。
- 大多數性格內向者受過責備、羞辱和誹謗。學習解決辦法。
- 學習瞭解自己的個性狀態。

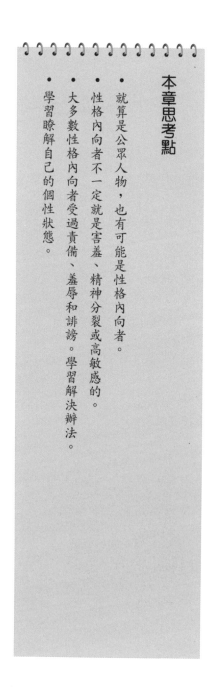

第三章

大腦決定了你天生就是性格內向者

- 有科學證據能證明個性是與生俱來的嗎？
- 黑猩猩和人類的基因有九八％相同，兩者卻如此不同！
- 為什麼古柯鹼和安非他命如此容易讓人上癮？
- 研究結果顯示，性格內向者的大腦有較高水準的內在活動和思考。
- 為什麼性格內向者常常會忘記自己本來很擅長的事？
- 左腦占優勢還是右腦占優勢的性格內向者，適應社會的能力較好？

在你的內心深處，有一處安靜的避難所。

赫曼・赫塞（Hermann Hesse，名作家）

我們是怎麼形成較內向或較外向的個性呢？人類揭示大腦的祕密總是那麼緩慢。直到最近，我們也只是透過對行為的觀察，瞭解我們的大腦中發生了什麼，並推斷**可能**發生什麼。榮格曾做出很有見識的「猜想」，即性格內向和外向都有其生理基礎；在二十世紀早期，他還沒有辦法加以確認。現在，隨著大腦掃描和影像傳輸技術的發展，我們更清楚地瞭解了大腦內的溝通傳遞路徑及其反應在人類行為中的表現。例如，我們可以畫出我們的大腦心智圖，精確地將大腦中的腦區的活化與特定的行為與經驗做連結。大腦與心智的對應腦圖也說明並證實了哪些大腦機能對個性產生了影響。

目前科學家仍然還處於對大腦功能的探索階段，但它似乎是一幅令人難以置信的複雜風景畫，從某些事實中可見一斑：幾乎每一位研究者對大腦的工作機能都有一些不同的理論。在這一章裡，我所呈現的一些觀點仍然還只是推測性的，要獲得更加確定的結論還需要多年的努力。我們依然還在努力揭開大腦奇妙而神祕的面紗。

每一個人天生就具有某些基本的要素或天生的特質來組成我們的個性。在《情緒的成分》（*Molecules of Emotion*）中，佩特博士試圖將個性與其他人類特質區別開來：「研究專家們也在對情緒、心境和個性加以區分。其中，情緒是最短暫的，可以根據導致它產生的原因加以確認；心境一般會持續幾小時或幾天，而較不容易找到產生的原因；而個性是基因決定的，所以我們的整個一生都會帶有它的色彩（只是在以前的基礎上有所增減而已）。公認的事實是，個性在我們的一生裡都相當穩定，並會受到遺傳因素的影響，除此之外，研究者一致認為個性還有另外兩個基本特點，即個性是因人而異，並在生命早期就表現出來。

對於組成個性的基本特質，至今仍然沒有一致的結論。雖然如此，內向／外向一直都包括在每一個人格理論家的特質列表之中，並且被認為是個性中最可靠的成分。

3-1 個性的差異

宇宙中最不可思議的事情，就是宇宙是能夠被瞭解的。

——愛因斯坦

當前，對基因和大腦心智圖的探索，為人類天性的祕密打開了一道科學的天窗。達爾文的一些理論被納入心理學中，形成了一種新的觀點，稱為「演化心理學」。這個領域的研究者想要弄清楚是否因某些行為策略而增加了我們生存和繁衍的機會。達爾文在加拉巴哥群島（Galapagos）上研究鳥類，他發現，為了因應環境的要求，鳥兒演化出專門的鳥喙。不同的鳥喙，能讓不同的鳥兒在不同的環境中覓食。鳥類在那兒不只是吃昆蟲，還可以吃各式各樣的東西，如昆蟲、漿果、種子和堅果仁等。這增加了整個物種存活的機會。

內向和外向

大自然保存多樣化物種的方式

當達爾文的仰慕者榮格首次在文章中提到性格內向和外向時，他顯然是以演化的觀點來思考個性的。他將個性的每一點變異都視作個體對最佳環境。讓人們在不同卻適當的環境中繁衍興旺，便增加了全人類生存的機會。這是大自然保存多樣化物種的方式。

榮格寫道：性格內向者保存他們的精力，生較少的孩子，有較多自我保護的方式，因此壽命更長一些。他們欣賞較簡單的生活方式，有親密的依戀關係，以新的方式來計畫和思考如何做事，所以他們也鼓勵別人小心謹慎，自我反省，並且在行動前認真思考。

相反的，榮格認為性格外向者揮霍自己的精力，生較多的孩子，較少有保護自己的方式，因此壽命更短一些。性格外向者在危險面前反應迅速，並且有能力在很大的團體中融洽相處。因為他們需要到更遠的地方去探險，以尋找新的領地、食物和其他文明，所以他們鼓勵廣泛的探索。

相反力量之間的制約和平衡

自然界的穩定通常是基於相反力量之間的制約和平衡。移動快速的野兔和移動緩慢的烏龜；性格內向者和性格外向者；男人和女人；理智和情感。人類有天生的適應力，但我們在先天上也被限制了無法達到完全的平衡和滿足，這使我們得以保持生理上的韌性和對變化的渴望。因而，我們具備適應不同環境的能力。

人類身體的穩定性主要是基於穩定中求變化的適應能力。身體中具有相反的機制，可以保持一種流動的**平衡**。就像是蹺蹺板，所有的身體系統都有一個興奮（或「調高」）終端，和一個抑制（或「調低」）終端。如果發生什麼問題，身體中的各種裝置點就發出信號。信號在相互聯繫的回饋迴圈中移動，使系統變高或變低，直到身體恢復體內平衡。

個性是與生俱來的

在文明發展初期，人類就開始試著解釋人們之間明顯的差異，且常常是從平衡的視角去審視這些差異。在西元前四、五世紀，體液理論非常流行。為了實現個性的平衡，研究者認為，身體需要四種等量的體液：黃膽汁、黑膽汁、血液和黏液。在中國，這種平衡是基於五種力量——金、木、水、火和土。好幾世紀以來，出現了許多不同的理論，但很快又銷聲匿跡。納粹分子濫用這個觀念，使用種族刻板印象作為謀殺猶太人、吉普賽人、同性戀者和其他團體成員的藉口。之後數十年裡，「個性是與生俱來的」這個觀念被迫轉入地下。直到最近，隨著技術的發展得以在心理生物學、同卵雙胞胎研究、動物研究，以及腦損傷病人研究等領域上有所突破，個性的觀念才重新受到重視。

很久以來，我們就已經認識到我們每一個人天生就喜歡某一種個性氛圍，在那種氛圍下，我們會感到更舒服，生理、心理機能發揮得最好，並為我們的物種維持一種重要的平衡。在此，研究的新進展在於：我們開始理解「大腦機制」對個性會產生怎樣的影響。

3-2 你的組成成分

天性經常是內隱的，有時候會對我們產生強烈的影響，且幾乎沒有不起作用的時候。

——法蘭西斯・培根（Francis Bacon，哲學家）

我們的個性來自何方？源自我們的基因。我們的成長受到基因的影響。基因是遺傳的化學成分，決定了每個人的組成成分：細胞、組織、器官和系統，從而創造了我們的身體和大腦的精巧連結網絡。人類有九九·九%的基因都是相同的，而我們的個性差異只來自於那〇·一%的不同。黑猩猩和人類的基因有九八%是相同的，極少部分的基因差異，就導致我們如此的不同！

基因是如何影響我們的個性的？個性差異似乎主要是源自我們的神經化學成分。我們的基因遺傳包括大約一百五十種不同的大腦化學物質和成分，從而形成我們的神經傳導物質。神經傳導物質在細胞與細胞之間傳遞資訊，指導所有的大腦機能。目前，大約已經發現了六十種神經傳導物質，主要有多巴胺、血清素、正腎上腺素、乙醯膽鹼和腦內啡。這些神經傳導物質在大腦中都有確定的神經傳導路徑。它們隨著這些神經傳導路徑移動，引導著血液的流向，並調節了流到不同的大腦中樞的血液流量。血液的流向和流量對「接通」大腦和神經中樞的哪些部位產生影響，我們對世界的反應和我們如何行動，取決於系統的哪些部分受到刺激。

3-3 你的基因

影響個性的神祕基因

讓我們來認識一下對個性產生影響的一個基因：D4DR，及其作用。請記住，並不是某種基因就會導致某種特定的個性。然而，D4DR（又名「尋求新奇的基因」）受到廣泛研究，結果令人吃驚。它存在於第十一對染色體中，因為第十一對染色體對行為的影響，馬特·瑞德利（Matt Ridley）在《23對染色體：解讀創生奧祕的生命之書》（*Genome, the Autobiography of a Species in 23 Chapters*，商周出版）中，稱之為「人格染色體」。對D4DR的研究讓人們開始瞭解，相信平凡愛情的維多利亞女王和尋求興奮的詩人勞倫斯（Lawrence）之間的個性差異。

高新奇探求者

D4DR基因主要對神經傳導物質「多巴胺」產生影響，而多巴胺控制了一個人的興奮程度，並且對身體活動和動機有重大的影響。美國馬里蘭州貝什斯達國家癌症研究所、基因結構及調控機制部門主任狄恩·漢默（Dean Hamer），透過研究喜愛高空彈跳、花式跳傘和攀登冰山的家庭成員，來研究D4DR基因。這些人酷愛體驗新鮮事物，喜愛遠離常規的特別音樂、奇特而動人的旅行，以及任何新穎的事物。他們不能忍受重複的經驗、常規的工作和令人厭煩的人。他們容易衝動、易敏感生氣，而且在少年時代還可能沉溺於吸毒，或由於過度耗損精力、體力而有健康衰退、身體衰竭的狀況。他們非常健談、擅長說服他人，也願意冒險去獲得獎勵。他們傾向讓生活多彩多姿、挑戰最高極限。這些「高新奇的探求者」被發現有較長的D4DR基因，而且他們對神經傳導物質多巴胺較不敏感。因此，他們需要體驗生活中的興奮和刺激，以產出較高水準的多巴胺。

低新奇探求者

之後，漢默研究了那些他認定為「低新奇探求」的人，並指出這些人的D4DR基因較短，且對多巴胺高度敏感。因為他們在安靜的活動中也有足夠的多巴胺，在生活中便不需要太多的「吵鬧聲」。他們也從其他神經傳導物質體驗到與此不同的美妙情感。對此，我將在後文加以討論。

低新奇探求者傾向喜愛反省思索，滿足於較慢的生活節奏。在興奮和冒險中，他們更常會感到不舒服，而不是享受。他們是有秩序和小心謹慎的，他們喜歡常規帶來的舒適和熟悉事物；因此，他們不會有太多的冒險。低新奇探求者在開始從事某事之前，喜歡在腦海中思考較長遠的景象，因此他們在長期的事業中會做得很好。他們性情平和，善於傾聽，對人忠誠。

正如漢默在《與我們的基因共存》（*Living with Our Genes*）中所說：「在追求感覺良好這一點上，高新奇探求者和低新奇探求者沒有什麼不同——每個人都喜歡感覺良好。但是，這兩種人對於什麼可使他們感覺良好卻差異頗大。高新奇探求者需要獲得興奮以使大腦感覺良好；同樣程度的刺激卻會使低新奇探求者感到焦慮。穩定而較為確定的情境使高新奇探求者感到厭倦，卻使低新奇探求者感到很舒適。」

低新奇探求者和高新奇探求者，聽起來不就像是性格內向者和性格外向者嗎？儘管研究者並沒有詳細描述這些概念，我卻認為它們非常適切地表現了個性的兩個極端。在性格內向者和外向者所使用的大腦神經傳導路徑及其對個性和行為的影響上，多巴胺似乎扮演了重要的角色。

內在世界的生活

想像一下，除了眼球轉動和眨眼，一顆活躍的大腦受限於完全喪失活動能力的身體。有些人就生活在這種可怕的經驗中，名為「閉鎖症候群」（locked-in syndrome）。閉鎖症候群（有意識）和昏迷（無意識）之間只有非常微小的差異。

這兩種情況都是因腦幹（位於頸的底部，影響身體基本機能的調整）的創傷而引起的。若創傷位於腦幹的前側，運動神經被破壞，但受試者會是清醒的，因為眨眼和眼球轉動的神經位於腦幹的後側，因此仍然能夠轉動他們的眼球。這種悲慘的情況，為我們提供了關於乙醯膽鹼和性格內向者從內省所獲得的樂趣之間的線索。

儘管閉鎖症候群的人們似乎應該感到幽閉恐懼和害怕，研究者卻非常驚訝地發現到，受試者並沒有感到恐懼。儘管他們對自己所處的情境感到悲哀，但這些受試者都表示：對喪失身體的自由，感到平靜和不害怕。這些受試者的乙醯膽鹼被阻擋在肌肉之中，沒有進入大腦的神經傳導路徑，所以他們對內在世界（從思考和情感獲得的樂趣）感覺良好的性能並未受到損害。

3-4

大腦的神經傳導路徑研究

在你的想法還沒孵育成熟前，先別急著曝光！

——美國俗諺

大腦方面的研究尚未揭示大腦對不同神經傳導物質具有不同神經傳導路徑的原因。許多研究探索了與人格的內向／外向有關的大腦神經傳導路徑。然而，在我們能夠精確看見大腦中血流量及流向之前，嚴格來說我們仍然處於推測階段。

重現「內向／外向」的經典研究

黛博拉．詹森（Debra Johnson）博士在《美國精神病學期刊》（*American Journal of Psychiatry*）中報告了首次使用「正子斷層掃描技術」（positron emission tomography，PET）重做早期對性格內向／外向者進行過的腦功能研究。詹森博士要求一組性格內向者和一組性格外向者（依據對問卷的反應而確認）躺下並放鬆。將微劑量的放射性物質注入他們的血液，接著掃描他們大腦中最活化的部位在哪裡。在掃描過程中，紅、藍和其他鮮亮的顏色可以顯示出大腦中血流的位置及流量。

研究者發現，有兩個研究結果與以前的實驗研究結果一致（以往的儀器沒這麼精準）。第一，性格內向者比性格外向者有**較多**的血液流向大腦——較多的血液流量顯示有較多的內在刺激。任何時候，血液流向你身體的任何地方時，那個地方就會變得較敏感，就像是割到手指一樣。第二，性格內向者和外向者，兩者血液流動的路徑是不同的。詹森博士發現，性格內向者的血流路徑更為錯綜複雜，並更集中於內在。性格內向者的血液流向大腦的那些部位與其內在的體驗，如回憶、問題解決和計畫等有關。這些血流的路徑既長又複雜。性格內向者專注於內在的思想和情感。

詹森博士研究了性格外向者快速反應的大腦神經傳導路徑，觀察這些外向者處理訊息的方式，以及這種處理方式如何影響他們的行為和動機。性格外向者的血液流到大腦的視覺、聽覺、觸覺及味覺（除了不可聞的）區域，而這些性格外向者的主要神經傳導路徑都較短又不複雜。性格外向者傾向關注外在的訊息，就像是關注實驗室發生了什麼事。他們也聚焦於感覺的輸入。該研究證實了內向／外向個性這一難題中的一個核心概念。詹森博士認為性格內向者和外向者行為上的差異，是因為使用了**不同的大腦神經傳導路徑**，從而影響了我們的專注傾向——即個體內在或外在。

實境模擬

黛娜是一名性格外向者，正興高采烈觀看一場熱血沸騰的足球賽，在激烈的賽事和沸騰的觀眾吶喊聲中飲酒。她興奮極了，在中場休息時用她的短期記憶與同伴娜森聊剛才的比賽，以及之前所有的比賽。她感到自己精力十足，就像要飛到體育場的天上去了一樣。

彼得是一位性格內向者，打算去博物館欣賞他最喜愛的莫內畫作。當他進入博物館，那裡並不算擁擠，但他感到壓力太大；甚至在他自己都還沒有意識到的時候，他就立刻減少了他的注意力範圍，直接走向陳列莫內畫作的展覽室。他思考著莫內，以及自己對這些畫的反應，回到了他的長期記憶之中，將這次的體驗和上次觀看這幅圖畫時的體驗加以比較。他設想著將來的再次來訪，心裡既有對下次來訪的渴望，又有對這次參觀的興奮和激動。彼得沉思著畫中精巧的筆觸，心滿意足地離開了博物館。

．．．

透過對於性格內向者和外向者各自大腦中的神經傳導路徑的瞭解，我們對自己行為模式的原因有了一些認識。但是，最有價值的線索還有待學者專家進一步的研究。

字詞回憶

性格內向者在**向外大聲**講話時，常常難以想起他想要表達的合適詞彙。人類大腦在說、寫、讀時，使用的是許多不同的區域；因此，資訊需要在不同區域間自由流動。因為資訊流動的緩慢，字詞回憶對性格內向者來說可能是一個問題。其中一個原因是內向者使用長期記憶中的資訊，要花較長的時間來提取，並需要恰當的聯繫（提醒這個單詞的一些事物）來到達長期記憶，以尋找到需要的合適字詞；如果性格內向者變得焦慮，可能會更難找到並說出字詞。而寫出字詞，在大腦中使用的是不同的神經傳導路徑，對許多性格內向者來說，似乎較為順暢些。

3-5 神經傳導物質研究

多巴胺：性格外向者使用

性格內向者和外向者不僅血液流動的路徑不同，而且每一條傳導路徑也需要不同的神經傳導物質。正如前文提過的，漢默主任發現高新奇探求者基於其基因構成，需要尋求興奮和刺激，以滿足他們對多巴胺的較高需求。我認為他們就像是典型的性格外向者。而且，研究顯示性格外向者所使用的神經傳導路徑是受多巴胺的刺激。多巴胺是一種強而有力的神經傳導物質，與運動、注意、警覺狀態和學習最為相關。在《大腦的祕密檔案》（*Mapping the Mind*，遠流出版）中，麗塔・卡特（Rita Carter）認為：「過多的多巴胺似乎會導致幻覺和妄想。太少的多巴胺則會導致驚恐和啟動隨意動作（即受意志控制的動作）的無能為力，並且與無意義感、昏睡無力和疼痛等有關。低多巴胺也會導致注意力缺失和退縮。」擁有適量的多巴胺對你的身體非常重要，而且，它還有其他重要的作用。在《大腦的狀態》（*States of Mind*）中，史帝芬・海曼（Steven Hyman）指出：「多巴胺產生作用的最顯著特點，就是它是一個回饋系統。也就是說，從結果上看，『那很好，讓我再做一次，並讓我回憶一下我們究竟是怎樣做的。』」這就是為什麼古柯鹼和安非他命如此容易讓人上癮的原因——它們增加了多巴胺。

性格外向者對多巴胺較不敏感，卻需要大量的多巴胺，那麼他們要怎樣獲得足夠的多巴胺呢？大腦的某些部位會釋放一些多巴胺。但是，性格外向者需要多巴胺的夥伴——腎上腺素，它會從交感神經系統的活動中釋放出來，使大腦中具有更多的多巴胺。所以，性格外向者越活躍，就會激發越多的快樂感，使多巴胺增加。當有地方去、有朋友一起玩時，性格外向者會感覺很棒。

乙醯膽鹼：性格內向者使用

另一方面，性格內向者對多巴胺卻是高度地敏感。太多的多巴胺使他們感到刺激太多。性格內向者在他們較占優勢的神經傳導路徑上，使用的是一種完全不同的神經傳導物質：乙醯膽鹼。在《潮濕的大腦》（*Wet Mind*）中，史蒂芬・考斯林（Stephen Kosslyn）和奧立佛・柯寧（Oliver Koenig）研究了乙醯膽鹼在大腦中的神經傳導路徑，你猜情況如何？結果與詹森博士所設想的性格內向者的神經傳導路徑是相同的。乙醯膽鹼是與大腦和身體中許多重要的機能相關的另一種神經傳導物質，會影響我們的注意力和學習（特別是感性知識的學習），也會影響我們維持一種平靜、活潑的情感，以及利用長期記憶、發動有意動作等。當我們在思考和體驗時，它會刺激我們產生一種美好的情感。當前許多關於乙醯膽鹼的研究，加強了我們對性格內向者的大腦和身體的一些情況的理解。

乙醯膽鹼是人類發現的第一種神經傳導物質，但當其他的神經傳導物質陸續被發現後，研究重點就轉到新的發現去了。近期，人們發現阿茲海默症（即老年癡呆症）與乙醯膽鹼的缺乏有關，促使研究人員進行更多的乙醯膽鹼研究，以及去研究乙醯膽鹼與記憶和夢的進程之間的關係。乙醯膽鹼在睡眠和夢的狀態方面，似乎都扮演了重要的角色。當我們在REM睡眠階段（快速眼動階段），我們會做夢。乙醯膽鹼在REM睡眠階段釋放，使我們做夢，然後讓我們處於麻痺的狀態（無隨意動作），如此一來，我們做夢時不會「雙手比劃著表達」我們正在做的夢。研究者發現我們需要睡眠來整理記憶，在REM睡眠時使它們從短期記憶進入長期記憶。正如隆納德·柯圖拉克（Ronald Kotulak）在《腦力大躍進》（*Inside the Brain*）中所說，「乙醯膽鹼是使我們的記憶機器性能良好的潤滑油。當它用乾後，機器就會變得不靈活。」另一個有趣的發現是，雌激素可以預防乙醯膽鹼的減少。這就是在更年期隨著雌激素的下降，婦女會感到記憶力衰退的原因之一。所以，性格內向者需要一定的多巴胺（不需太多，也不能太少），以及一定程度的乙醯膽鹼，這可以使他們感到平靜，免於憂鬱和焦慮。這是個讓人感到很舒適，但卻太小的區域。

對性格內向者和外向者使用何種神經傳導物質的研究發現，是一個非常關鍵的問題，因為當神經傳導物質在大腦中釋放，它們也會進入自主神經系統。這一系統將我們的大腦和身體聯繫起來，並對我們在如何行動和反應方面產生巨大的影響。我認為瞭解哪些神經傳導物質走的是哪些神經傳導路徑，以及它們如何聯繫不同部分的自主神經中樞，是解開個性之謎的重要因素。性格外向者與多巴胺／腎上腺素、精力消耗、交感神經系統相聯繫，性格內向者與乙醯膽鹼、精力儲備和副交感神經系統相聯繫。

尼古丁

為什麼性格內向和外向者在想和做上的感受不同？有助於解釋這個問題的線索，來自於一個令人意外的領域——為什麼人們會對吸菸上癮的研究。在研究中，吸菸者表示他們吸菸是因為覺得吸菸更能集中精力，學習、回憶也都變得更容易，而且還有「精神為之一振」的感覺。大腦中尼古丁的感受器與乙醯膽鹼的作用很相似，乙醯膽鹼可以增加注意力、記憶力和幸福感。使用乙醯膽鹼的神經傳導路徑支配著性格內向者。

尼古丁也會使身體釋放多巴胺，它影響血清素和正腎上腺素的分解，也對性格外向者處於活躍狀態時的體內所有活動的神經傳導物質產生影響。香菸能使性格內／外向的人都產生幸福感，所以即使如此多的人知道吸菸的危害卻還要吸菸，也就不足為奇了。

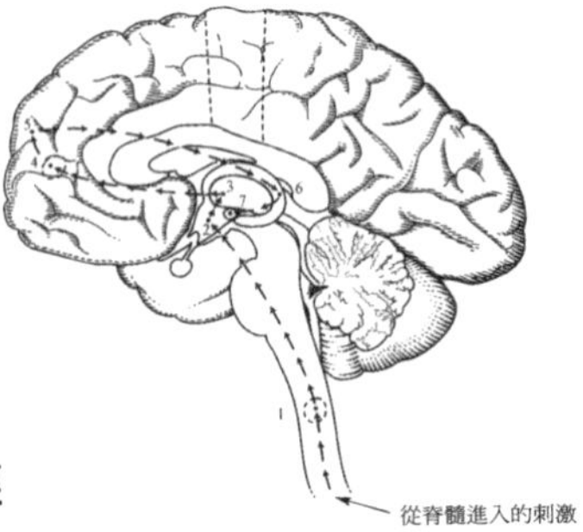

性格內向者

較長的乙醯膽鹼神經傳導路徑

1. 網狀激發系統：刺激從這裡進入，感受刺激的程度得到調整。
   性格內向者受到的刺激開始減少。
2. 下視丘：調節乾渴、體溫和食欲。啟用性格內向者的閥門關閉系統。
3. 前視丘：接力站。傳送刺激到額葉，在性格內向者中減少刺激。
4. 布洛卡區：演說區。內部言語處於活躍狀態。
5. 額葉：參與思考、計畫、學習和推理。
6. 海馬迴：適應環境，將資訊傳到長期記憶。
7. 杏仁核：情緒中心。性格內向者的情緒在此與思維相聯繫。

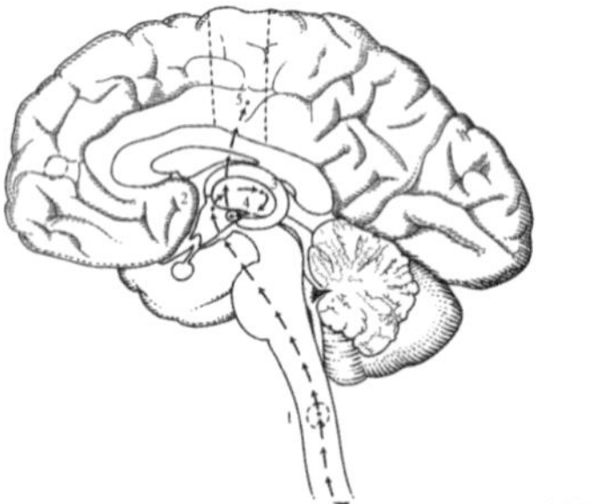

性格外向者

較短的多巴胺神經傳導路徑

1. 網狀激發系統：刺激從這裡進入，感受刺激的程度得到調整。
   性格外向者受到的刺激開始增加。
2. 下視丘：調節乾渴、體溫和食欲。啟用性格外向者的閥門全開系統。
3. 後丘腦：接力站。將增加的刺激送到杏仁核。
4. 杏仁核：情緒中心。性格外向者在此將情緒與運動神經區活動相聯繫。
5. 顳葉和運動神經區：動作與工作記憶（短期記憶）相聯繫。
   也是學習、感覺處理和情緒刺激中心。

3-6 閥門全開或關閉

生活產生能量——能量創造能量。只要明智地安排時間，人生就會變得富有。

——伊蓮諾・羅斯福（Eleanor Roosevelt，美國羅斯福總統夫人）

性格內向和外向的根本原因

下視丘位於大腦底部，只有豌豆大小，負責調節身體的溫度、情緒、飢餓、乾渴和自主神經系統。這一系統被稱為**自主的**，字源來自希臘單字「autonomic」，意思是「自我控制」。自主神經系統有兩個分支，即交感神經系統和副交感神經系統。兩者的作用彼此相反，就像汽車的油門和剎車，各自控制不隨意、無意識的機能，如心跳、呼吸、血流等，最直接地與維持我們的體液平衡有關。它們在一個回饋迴圈中起作用，透過各自釋放的神經傳導物質將資訊送回大腦，調節精力、心境和健康。

需要行動時，交感神經系統（通常稱為「鬥爭、驚嚇、逃跑」系統）開始起作用，我稱之為「閥門全開系統」，由大腦中能引起興奮的神經傳導物質多巴胺刺激，引起活動。需要退縮時，副交感神經系統，我稱之為「閥門關閉系統」，使我們的身體放鬆、平靜下來，由大腦中抑制性神經傳導物質乙醯膽鹼啟動。

我認為這兩種有力的主要系統，也就是閥門全開系統（交感神經系統）和閥門關閉系統（副交感神經系統），是性格內向和外向的根本原因。亞倫．蕭爾（Allan Schore）博士在《情感控制和自我的起源》（*Affect Regulation and the Origin of the Self*）中指出，每個人在這些系統的兩端之間都有一個休息點。在這個休息點，我們能夠獲得最多的精力和感覺最好。在我們的一生中，我們都在這個休息點周圍擺動。在與蕭爾博士的談話中，他指出「個性是問題的關鍵」；如果我們知道自己的休息點，就可以調節自己的精力以實現目標。

與我的觀點一致的是，研究者大衛．李斯特（David Lester）和黛安．貝瑞（Diane Berry）透過問卷篩選出性格內向和外向的受試者，並測量他們的身體反應，如血壓的高低、身體活動程度、口腔的濕潤或乾渴、飢餓的頻率等。在《感知覺和運動技能》雜誌（*Perceptual and Motor Skills*）中提到：自主神經系統的副交感分支，在性格內向者中具有支配作用。

閥門全開系統

讓我們來設想一下：當你晚上九點鐘繞著街區散步，突然衝出一匹飢餓的狼圍著你打轉，牠的頭低垂，眼睛打量著你，想要把你當成牠美味的晚餐。你的身體便進入閥門全開系統：你的瞳孔放大，讓更多的光線進入；你的心臟在胸腔裡撲通撲通跳著；你的血壓升高，為你的器官和肌肉供給額外的氧氣；你的血管收縮，以便受傷時減少出血量；你的大腦進入高度警戒狀態；你的血糖和游離脂肪酸升高，給你更多的能量；你的消化、唾液、排出程式減慢。這一鬥爭、驚嚇、逃跑系統在無論是真實還是想像的緊急狀態下被啟動，是我們主動的外在應對系統，它讓我們迅速做出決定，在需要的情況下勇於鬥爭或迎難而上。思考減少了，重心轉到行動之上。在這種情境中，我們需要這個系統來使我們揮動手臂、對著狼大聲喊叫，或如果所有這些行動都失敗的情況下，趕緊開溜。

兩歲前，我們的身體主要是受閥門全開系統（交感神經系統）的支配。這給了我們精力和熱情來探索外在的世界——發展心理學家稱之為「實踐階段」。作為成人，交感神經系統使我們探索新的事物——食物、新的「領地」、友誼等生存所需要的一切。當我們是主動、好奇、大膽的時候，我們在使用交感神經系統。如果我們坐在位子上為自己最喜愛的棒球隊歡呼喝彩時，交感神經系統透過將能促使我們感覺良好的神經傳導物質傳送到大腦而釋放精力，同時也釋放了肝糖和氧氣，為身體帶來精力。

正如我們所看到的，性格外向者透過活躍的行為而感到精力更加充沛。閥門全開系統是消耗取向的，不會儲存體能。然而，如果性格外向者不學習使用閥門關閉系統，便會筋疲力竭，損害健康。他們會有睡眠和消化問題、心臟病，免疫系統也會出現問題。閥門關閉系統不會為性格外向者帶來精力或快樂感（我在第二章提過），閥門全開系統卻可以。透過學習使用閥門關閉系統，專注於思考、情感、身體感覺和身體資訊，性格外向者可以發展內在的能力，來平衡天生的外在力量。

閥門關閉系統

想像你漫步在人跡罕至的小路上。你靠在岩石上觀看奔流而下的瀑布。突然間，你聽到一陣嘎嘎聲，這聲音聽起來離你非常近，你慢慢轉頭，看見一條有菱紋背花紋的響尾蛇盤成一圈，正搖動尾巴上的響環，用牠那如珠的眼睛瞪著你。你被嚇得呆若木雞，周圍的一切都停滯下來。你的大腦中閃過一道電光：你應該做什麼呢？這就得由負責保存和儲備能量的副交感神經系統來反應。這一系統發信

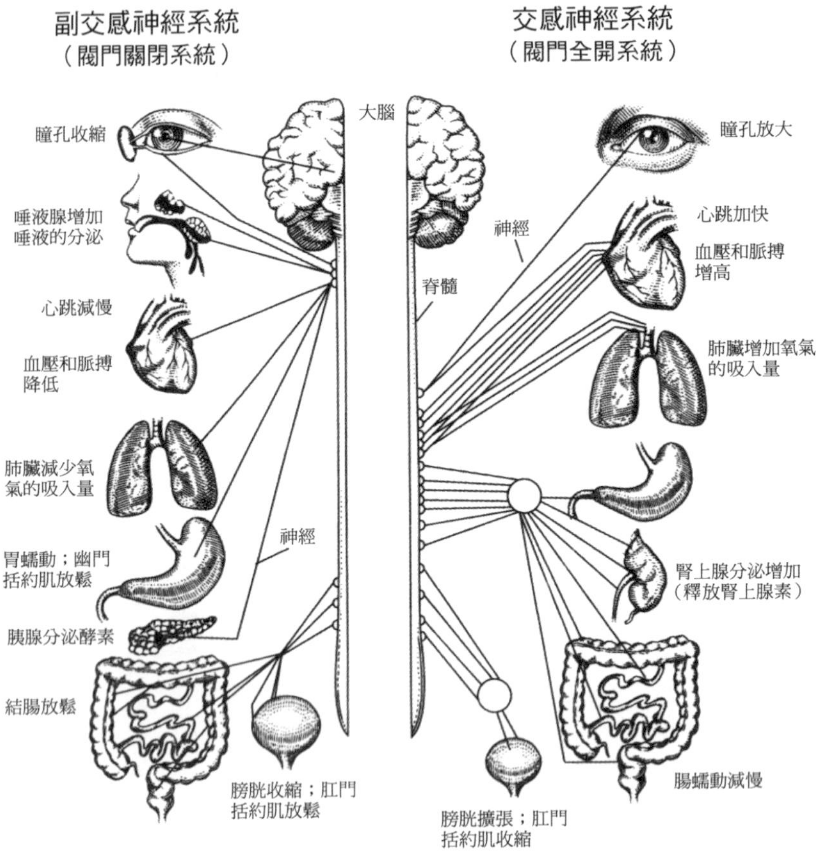
副交感神經系統
（閥門關閉系統）
交感神經系統
（閥門全開系統）
大腦
脊髓
神經
瞳孔收縮
唾液腺增加
唾液的分泌
心跳減慢
血壓和脈搏
降低
肺臟減少氧
氣的吸入量
胃蠕動；幽門
括約肌放鬆
胰腺分泌酵素
結腸放鬆
膀胱收縮；肛門
括約肌放鬆
瞳孔放大
心跳加快
血壓和脈搏
增高
肺臟增加氧氣
的吸入量
腎上腺分泌增加
（釋放腎上腺素）
腸蠕動減慢
膀胱擴張；肛門
括約肌收縮

號告知身體要保存精力和退縮。你的瞳孔收縮，以減少光線的進入；你的心率和血壓減慢，以減少氧氣的消耗；你的肌肉處於放鬆狀態。消化、分泌、排出增加，這就是為什麼有時它被稱為休息和消化系統。向外的注意力減少，向內的注意力增加。大腦能夠思考和反應。你決定躡手躡腳離開岩石和那危險的毒蛇。

當兒童成長到十八個月至兩歲時，閥門關閉系統（副交感神經系統）變得更加活躍。我們學會讓自己平靜下來，以便進行一些繁瑣的訓練和語言學習。當你躺在吊床上欣賞天上的雲彩時，就是由這系統在起作用。你的身體正在儲備、而不是消耗精力。性格內向者在沉思、休息時，讓他們「感覺良好」的神經傳導物質在「燃燒」。這一系統有助於恢復精力，為我們做好準備，以便在需要時使用閥門全開系統。不像性格外向者那樣，閥門全開系統不會為性格內向者帶來精力或快樂感。對性格內向者來說，多巴胺和腎上腺素常常會使他們感到刺激太多。不過，若只是偶爾產生多巴胺和腎上腺素，將會是有趣的。

性格內向者如果處於閥門關閉系統中的時間太長，會變得抑鬱、失去動力，或因無法達到想要的目標而心情沮喪。他們需要進入系統的閥門全開的那一端，好讓自己興奮起來並到外在世界去走動走動。這需要我們學會調節焦慮和壓力。對此，我將在後面加以討論。

占優勢的系統會自然啟動

很顯然，我們在不同的時間需要分別使用交感神經系統和副交感神經系統。但是，在有壓力的情況下，我們占優勢的系統會自然啟動。例如，幾年前麥可和我捲入一場車禍。那天晚上，我們的車行駛在一條只有雙線道的狹窄高速公路上，突然，有個巨大的不知名物體朝我們的擋風玻璃筆直飛來。麥可迅速閃過了路中央的雙黃線，幸運的是，對向車道沒有車經過。那巨大的飛行物掠過我們，擊中了跟在我們後面的一輛旅行車。麥可將車停到路邊。我沒有動；我的身體麻木，呼吸減慢。我希望麥可別下車。在我的腦海中，我似乎能看見他被迎面而來的車撞倒。而麥可，他的心激烈跳動著，只想著要採取行動。他打開車門，跳下去查看是否有人受傷。

我進入我的支配性系統——閥門關閉系統（停下來檢查）；而麥可是跳到他的支配性系統——閥門全開系統（跳出去，**做點什麼**）。

結果是：一頭騾子逃離了圈地，跑到馬路上。牠先被一輛小貨卡的擋風玻璃撞飛，然後那隻倒楣的傢伙飛過我們車旁（因為麥可迅速閃開，展現了很好的閥門全開反應），摔到了我們後面那輛車的引擎蓋上。我的閥門關閉系統所反應出不願下車的感覺非常明顯。那是一個漆黑的夜晚，在雙線道高速公路上停滿了各式各樣的車輛，非常危險。我想全面考慮一下這個情境，這個想法沒有什麼不對。而麥可的閥門全開系統的反應是立即檢查受傷的人，這在當時非常有用。結果是，沒有人受到嚴重的傷害，我們很幸運，悲哀的是，那頭騾子就沒這麼幸運了。幾個男人將騾子的屍體拖離公路，以免其他毫無戒心的車輛又撞上牠。

概括地說，儘管我們都需要這**兩種**系統以維持平衡，但我們會受遺傳或環境的影響而較常使用其中一種系統，而不用另一種系統，特別是在有壓力的情境下。我相信，兩種自主神經系統為性格內向／外向連續體提供了必需的支援。儘管我們的兩種神經系統都在發揮作用，但我們的大腦和神經傳導物質讓其中一種神經系統更占優勢。

打開長期記憶之門的鑰匙

人類的記憶非常複雜，而且涉及大腦中許多不同的區域。大腦在許多部位儲存記憶，並在這些部位之間創造一個個的連結，即聯想。如果性格內向者認為我們的頭腦裡沒有任何相關的東西，通常是因為我們沒有觸發長期記憶中的聯想，讓我們的大腦彷彿一片空白。這就是性格內向者為什麼甚至會遺忘自己喜歡或擅長的事情的原因。我們需要尋找一個連結點，以從記憶中拉出一些相關的經驗。長期記憶裡的資訊可謂井然有序——大多數的資訊都與幾個點或關鍵的事物（聯想）儲存在一起，以便在需要時打開。即使我們只發現一個關鍵事物，也能夠恢復整個的記憶。

譬如你喜歡在花叢遍布的湖邊畫畫、釣魚或散步，但那些資訊被鎖在你的長期記憶之中。你有一些空閒，但你不能回憶起自己喜愛做些什麼。對性格外向者來說，這聽起來似乎有點奇怪，但這對性格內向者來說卻是很普遍的問題。記住，你只需要一個聯想，如相關的想法、情緒或感覺，就能打開整個記憶。

坐下、放鬆，讓你的大腦隨意漫遊，與可能的感覺，如氣味、視覺的畫面、聲音、身體的感覺，或令人愉快的味道等建立聯想。或想起一件情緒方面的事情，如你上次做有趣事情時的感覺。讓你的思緒飄到任何想去的地方，就可以從一個聯想跳到另一個聯想。

或許，在陽光下坐在公園裡的安靜感覺回到了你的腦海：我喜歡有很多櫟木的公園；我喜歡去那兒。那麼，現在你就可以去公園遊玩了，或是繼續放鬆並尋找其他記憶。將你尋回的記憶寫下來，以便當你又想不起來自己喜歡的是什麼的某一天來使用。使用這些關鍵事物打開你的記憶之門，並回憶你還擅長什麼。

3-7 內向／外向的處理歷程

如果我們將遺傳的成分、神經傳導物質帶來的資訊、大腦神經傳導路徑，以及自主神經中樞的機能等結合起來，會是怎樣的一種景象？它會是包括在性格兩端：內向／外向的完整處理歷程，以及回饋迴圈。儘管我將予以簡化，但它們仍是基本的組成成分。當然，我們同時都具備這兩個系統，其中一個集中於回應外在世界，另一個集中於內在世界；然而，因為我們的大腦對神經傳導物質做出的反應不同，個體的精力恢復便有所不同。

內向的處理過程

性格內向者的腦袋裡有很多的想法和情感。他們再三思索——將新的經驗與舊的經驗反覆進行比較。他們通常會與自己不停地對話，這對他們來說是非常熟悉的事情，所以他們可能沒有意識到**其他人**的大腦是以不同的方式在運作。一些性格內向者甚至沒意識到自己思考得太多，也沒有意識到自己需要時間來使一些想法或解決辦法「突然出現」在腦海之中。他們需要回到長期記憶中尋找資訊。這需要在沒有壓力下，有一定的思考時間。他們也需要給自己一些空間，使情感和印象翻騰起來。在快速眼動睡眠階段或做夢時，神經傳導路徑會整合日常的經驗，並將它們像文件一樣放在大腦的許多區域，儲存在長期記憶之中。性格內向者處於一種不斷的濃縮精煉過程，需要大量的「內在精力」。

乙醯膽鹼也會啟動下視丘，發送訊息到副交感神經系統，以儲存精力。這一系統使身體反應慢下來，使性格內向者得以仔細考慮並對情境加以審視。如果做出的決定是採取行動，它將需要有意識地思考並需要一定的精力來使身體運動。這就是許多性格內向者需要坐下來一段比較長的時間集中精力思考問題的原因。乙醯膽鹼也透過提供快樂感來給予獎賞，但它並不對身體補充葡萄糖和氧氣（精力）。這種向內的處理過程，對性格內向者的生活各方面都產生了影響。

外向的處理過程

性格外向者對感覺和情緒的輸入非常機警。當他們受到刺激時，能迅速做出回答，因為他們的神經傳導路徑既迅速又容易產生反應。他們的短期記憶的內容就在舌尖，所以當性格內向者還在為一個字詞苦苦思索時，性格外向者早已經妙語如珠了。性格外向者需要更多的資訊輸入，以維持回饋迴圈的工作。他們的系統發警報給不需要太多思考就可以採取行動的交感神經系統，它釋放腎上腺素、血液（氧氣）及葡萄糖，使身體保持充沛的精力。從不同器官釋放的神經傳導物質進入回饋迴圈，發送一些成分回到大腦以產生更多的多巴胺。多巴胺和腎上腺素從「感覺良好」中心產生快樂感。所以，為什麼性格外向者不想慢下來，一點都不奇怪。

對性格內向者來說，那些腎上腺素和葡萄糖很快就會使他們感到筋疲力竭。刺激太多，消耗太多的精力，會使他們疲憊不堪。由於不能從多巴胺和腎上腺素獲得許多的快樂感，而且回饋迴圈裡的乙醯膽鹼也不會增加，他們無法從交感神經系統中得到像性格外向者所得到的美好體驗。

性格內向者／外向者的「大腦——身體迴路」

透過觀察，你可以發現很多。

——洋基隊貝拉（Yogi Berra）

性格內向和性格外向這兩個詞彙用於描繪人的特徵，已經有將近一百年的歷史。為什麼？部分原因是從我們的許多行為中，都十分容易看到性格內向和性格外向的表現。而且，這些行為源自我們的身體。讓我們來看一下。

性格內向者的大腦——身體迴路

正如我們所看到的，與性格外向者相比，性格內向者的大腦有較高程度的內在活動和思考。它主要被既長又慢的乙醯膽鹼神經傳導路徑所支配。乙醯膽鹼引發閥門關閉（副交感神經）系統，控制某些身體機能，從而對性格內向者的行為產生影響。

性格內向者的大腦在思索著，他們很可能會：

- 說話時減少眼神交流，而專注於搜尋字詞和想法；聽講時增加眼神交流，以吸收資訊。
- 使其他人驚訝於他們資訊的豐富。
- 因為他人太多的關注而害羞地離開。
- 在有壓力、感覺疲倦或處於群體之中時，表現得呆滯、暈眩、心神不寧。

長長的乙醯膽鹼神經傳導路徑占優勢，使性格內向者：

- 可能需要思考後才開始發言，這會使其他人感到迷惑。
- 記憶力很好，但要用很長的時間來恢復記憶。
- 會忘記他們非常瞭解的事情——例如解釋工作時可能結結巴巴，或暫時遺忘想要表達的字詞。
- 當他們明明才剛想到什麼事情，就可能以為已經告訴過別人了。
- 在徹夜思考後，對睡覺前所思考的觀點、想法和情感比較清楚。
- 可能要透過書寫或談論，才能夠清楚意識到自己的想法。

副交感神經系統的啟動，使性格內向者：

- 可能較難有行為的動機或行動，可能表現得很懶散。
- 在壓力下可能反應很慢。
- 可能舉止平靜、謹慎；走路、談話、吃飯都慢吞吞的。
- 可能需要調整蛋白質攝取量和調節體溫。
- 必須有休息的機會以恢復精力。

■性格外向者的大腦——身體迴路

與性格內向者相比，性格外向者大腦的內在活動較少。它審視外在世界，收集資訊，為較短而迅速的多巴胺神經傳導路徑提供能量。大腦發出的信號傳到閥門全開（交感神經）系統，控制某些身體機能，對性格外向者的行為產生影響。

性格外向者的大腦不斷尋找新的資訊輸入，他們很可能會：

- 渴望得到外在的刺激；不喜歡獨處太久。
- 說話時增加眼神的交流，以瞭解其他人的反應；聽講時減少眼神交流，注意環境中發生的事情。
- 喜歡交談，且很擅長；被別人關注，成為公眾注目焦點時感到精力十足。

短的多巴胺神經傳導路徑占優勢，使性格外向者：

- 妙語如珠，講話的時候比聽講的時候多。
- 有很好的短期記憶，可以迅速思考問題。
- 在定期考試或有壓力的情境下做得很出色。
- 在參與討論、體驗新穎的事物和經驗時感到活力十足。
- 非常容易並流暢地進行社交聊天。

交感神經系統的啟動，使性格外向者：

- 在壓力下行動迅速。
- 喜歡運動和鍛鍊身體。
- 精力充沛，不需要經常吃東西。
- 如果無事可做就覺得不舒服。
- 在中年時期活動減速，或因為之前過度消耗精力而使健康衰退。

3-8 大腦兩半球

最聰明的人也有失誤的時候。

——亞里斯多德

大自然使我們大腦的兩個半球合而為一。大腦分為右半球和左半球。大腦兩半球在某些程度上像是兩個獨立的大腦那樣在發揮作用，矛盾的是，它們也作為一個整體發揮著作用。大腦兩半球被「胼胝體」約束在一起，穩定地來回傳遞對話，但是每一個腦半球似乎各自主掌某些機能和行為。研究發現，有些人平等地使用大腦兩半球（稱為對等支配），但是因為自主神經系統的作用，大多數人常常更依賴其中一個腦半球。「右腦占優勢」和「左腦占優勢」的性格內向者會表現出不同的才能、行為和局限性。

在生命的頭兩年，我們主要使用符號指向的右腦。這就是嬰兒在九或十個月大時就可以學習手語的原因：他們的右腦半球可以將符號和意義相聯繫。揮手表示再見；將手指放在嘴唇上表示飢餓。左腦半球則大約在我們十八個月到兩歲時變得活躍起來，語言也開始出現。記住：這時候閥門關閉系統也開始發揮作用。我們的「實踐階段」慢下來了，所以我們可以學習思考和說話。

右腦

每一半成熟的大腦都有它的優勢和不足，也有它處理訊息的風格和獨特的技能。右腦占優勢的天才將其才能、創造性和無窮的天資帶到這個世界。右腦有時候指不受意志控制的大腦。它沒有什麼語言能力，無法用言語表達他們的思維過程。相反地，它的思維由迅速、複雜和與空間有關的方式組成。右腦占優勢的人在同一時間可以做幾件事情。他們容易受感情影響，並可能比較有趣、善於娛樂。

右腦的機能難以解釋，因為它天生就是非言語、抽象、整體性、自發性和無窮的。右腦就像是變化無窮、五顏六色的萬花筒，在其中，彩色的玻璃片翻滾、移動成各式各樣的模式。右腦用身體語言、行動、自由流動的舞蹈和各種藝術形式加以表達。它負責人類生活中創造性的面向，如律動、白日夢、想像、色彩、臉部辨識和模式改進等。

如果你的右腦占優勢

你可能傾向：

- 在解決問題時愛打趣。
- 容易受感情的影響做出決定。
- 容易解釋身體語言。
- 有很好的幽默感。
- 主觀地處理訊息。
- 即席表演。

- 在描述事情時使用比喻和類比。
- 在同一時間處理幾個問題。
- 談話時使用大量手勢。
- 注意模式，用圖像的方式進行思考。
- 以近似的和發展變化的觀點看待解決問題的辦法。
- 沒有意識到自己所知道的全部。

左腦

左腦是人類成為成功物種的主要原因，它能夠協助實現複雜的計畫。如果你的左腦占優勢，你處理訊息的方式與右腦占優勢的人非常不同。左腦占優勢的人在同一時間只能處理一件事，如果有一連串的事情要做，他們喜歡做完一件事後再做另一件事。他們經常為自己開列清單，也更依賴短期記憶、重複和言辭技能。你可能已經猜測到男性比女性更常是左腦占優勢。左腦占優勢的人傾向整潔、有秩序和守時。他們重視書面和文字的資訊。他們傾向以具體的方式來思考，就像是在處理資料一樣。他們喜歡將資訊簡化為邏輯、形式的部分。在做出決定時，他們不太會受情緒的影響。如果他們有幽默感，那很可能是詼諧、譏諷的。他們可能表現得有點自我克制、冷靜和獨立。

左腦占優勢的性格內向者，更接近大多數人心目中的性格內向者。他們可能只有少許的社交需求，並經常將注意力集中於某一職業或愛好。他們可能使用否定或強迫性的思維方式，作為保護自己免於焦慮的方法。

如果你的左腦占優勢

你可能傾向：

- 在採取行動前分析正反兩方面的問題。
- 愛好整潔。
- 會基於事實而不是感情因素來做出決定。
- 常用具體的例子描述事情。
- 考慮問題時，從正確和錯誤、好和壞兩方面來看。
- 客觀地處理經驗。
- 對時間有敏銳的知覺。
- 同一時間只做一件事。
- 不容易捕捉社交暗示。
- 喜歡分類。
- 是觀點導向的。
- 對字詞和數字感覺舒服而不焦慮。
- 尋求解決問題的確切方法。

右腦占優勢，還是左腦？

性格內向者的思考方式並不全都很相似。右腦占優勢的性格內向者在處理訊息、使用語言和憑直覺獲知等方面，都與左腦占優勢的性格內向者大不相同。當你閱讀這本書時，如果你發現我所說的內容無法引起你的共鳴，這可能是因為這個話題受到大腦某個腦半球占優勢的影響。例如，比起右半球占優勢的性格內向者，大腦左半球占優勢的性格內向者當眾講話時感覺較舒服，也較不慌張。所以，如果我們說性格內向者有時難以憶起自己想要表達的字詞，這個經驗也許根本就不會引起你的共鳴。當你閱讀到這部分時，請看看你認為自己是右腦占優勢，還是左腦占優勢。

延伸思考

以下是科學領域中與內向和外向性格相關的一些研究：

- 性格外向者在法律方面有較多的問題，在離婚、更換工作、交朋友或失去朋友、產生衝突

（續124頁）

大腦的左右兩半球

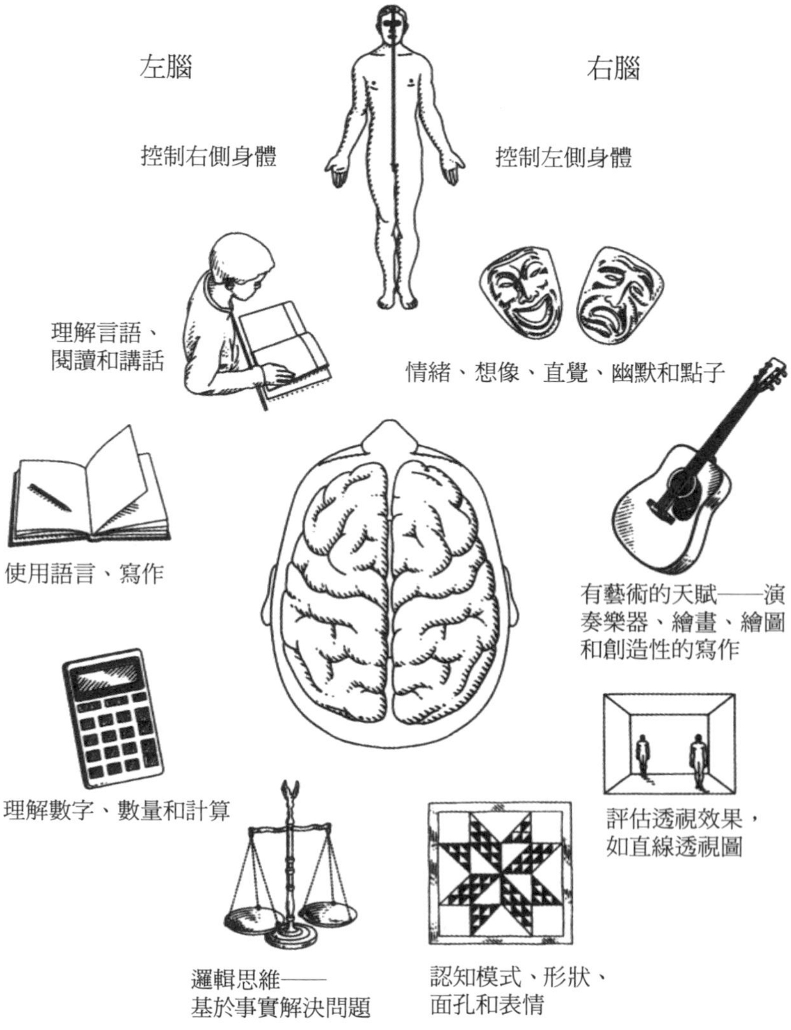
左腦
右腦
控制右側身體
控制左側身體
理解言語、
閱讀和講話
情緒、想像、直覺、幽默和點子
使用語言、寫作
有藝術的天賦——演
奏樂器、繪畫、繪圖
和創造性的寫作
理解數字、數量和計算
評估透視效果，
如直線透視圖
邏輯思維——
基於事實解決問題
認知模式、形狀、
面孔和表情

等方面，一般都比性格內向者要多。

- 性格內向者在要求認真仔細、高度集中注意力的任務（例如航空調度），會完成得較好。而性格外向者可能會厭倦地看著螢幕說：「噢，另一架747。」
- 性格外向者在初等教育和考試上表現得較好，而性格內向者在大學和研究所階段表現優異。
- 在一項有關疼痛的研究中，與性格內向者相比，性格外向者對疼痛的抱怨較多，但在對疼痛的忍耐度上似乎也較高。
- 在一項記憶的研究中，如果不考慮受試者是接受積極回饋、消極回饋，還是沒有回饋，性格內向者表現得比性格外向者好。性格外向者在接受積極的回饋後，成績提高。
- 性格內向者可能有較多睡眠方面的問題。
- 一項針對兩百五十八名大學生進行的研究發現，性格外向者比性格內向者有較高的自尊。
- 性格內向和外向的中學生討論的話題較不相同。性格外向的中學生傾向反駁和提出相反的例子；而性格內向的中學生則合作發展出解決問題的創造性辦法。
- 性格外向者比性格內向者更快適應時區的變化。
- 性格外向者喜歡沒有意義的幽默，而性格內向者較喜歡那些能解決不一致問題的幽默。

（上接122頁）

3-9 發揮你的優勢

專業人士：左腦占優勢的內向者

對性格內向者來說，知道自己大腦的哪一半球占優勢，對於更加理解自己很重要。我認為，左腦占優勢對性格內向者較為有利。他們可能只有較少的社交需求，所以可能對過長的獨處時間沒有太多的衝突。他們在語言和邏輯方面的能力，通常比右腦占優勢的性格內向者更好，所以他們在學校、工作和會議中都更為成功。許多工程師、會計師和電腦操作員就屬於這類人。由於這些個體可能較不受感情因素的干擾且更關注細節，他們可能對自己感覺很滿意，甚至沒有意識到自己與別人不同。

藝術家：右腦占優勢的內向者

右腦占優勢的性格內向者有很多才能，但大部分都難以轉化成傳統的工作技能。他們很有創造性，但在其他人看來，他們似乎有點古怪和奇特。飢餓的藝術家（starving artists）便是為這群人創造的辭彙。第二章提到性格內向的名人中，有許多正是藝術家，大多數可能都是右腦占優勢的。由於右腦占優勢的性格內向者有更多的情緒體驗，並且能看到問題的全貌，他們可能對自己與別人的不同相當敏感。

教育系統是為左腦占優勢的人設立的，它要求邏輯、語言的能力、分析性的詢問、快速反應（有時間限制的測試）和快速的記憶。右腦占優勢的兒童常常處於不利的地位，得不到別人的欣賞。丹尼爾．高曼的《ＥＱ》為什麼如此受歡迎的原因之一，就是它成為了右腦占優勢的人們極具戰力的支持者。右腦占優勢的人們常常為被人誤解和感覺抑鬱而搏鬥。

左右腦，不同的學習途徑

右腦還是左腦占優勢，會影響到我們如何學習。如果你是右腦占優勢，在學習新材料時最好透過**想像整個模式**來學習，認識這一點很重要。如果你能在腦中想像一個新概念，將會更容易促進理解，所以透過插圖和例子，你的學習效果會最好。理論和分析可能不會讓右腦占優勢的人留下深刻印象；他們透過實做和提問來學習會比較好。右腦占優勢的人對比喻和類比的反應，比對說明或敘述的反應來得好。

左腦占優勢的人**按順序**學習新的材料。他們透過重複理解原理、重點和理論來學習。在練習一種新技能前，他們需要先弄清楚「為什麼」。他們重視書面的資訊或權威出處的資訊。他們需要資料來印證他人的說法，以確認資訊的正確度。

瞭解內向者大腦的工作方式

總之，在這一章，我討論了內向個性的一些成分。我們的大腦令人驚奇。基因創造了我們的神經傳導物質，使我們總希望在嘗試和發現真理中感到歡樂和滿足。神經傳導物質分配較多的血液到我們思考的大腦中樞，使我們能在日常生活中時時搜索自己的經驗。在有壓力的時候，我們的身體使我們傾向使用闕門關閉系統，所以我們會傾向後退和評估，而不是貿然採取行動。決定我們看法的最後一個重要因素，是哪一個大腦半球占優勢：我們主要是用右腦還是左腦處理外界的資訊？

透過瞭解你的大腦工作的方式，你可以減少羞恥感和罪惡感。你可以為自己創造最美好的環境，更加欣賞自己獨特的內向性格優勢。

本章思考點

- 每個人天生就有個性傾向。
- 不同的個性增加了人類存活的機會。
- 基因為我們的神經傳導物質提供了基本配方。
- 神經傳導物質指導我們使用大腦和神經系統的哪些部位。
- 右腦占優勢或左腦占優勢，將影響我們處理資訊和對外界做出反應的方式。

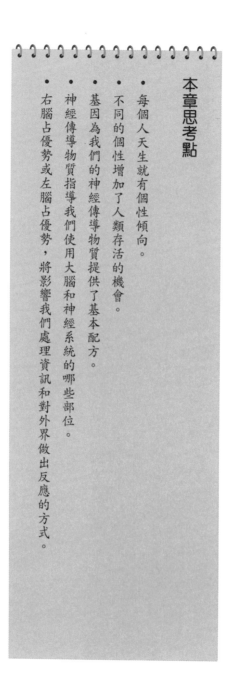

Part II

航行於外向性格的水域

如果你的船沒有駛進來，那就游過來吧。

——喬納森・溫特斯（Jonathan Winters）

第四章

婚姻關係：和著音樂，翩翩起舞

- 性格內向者要怎麼選擇最佳的約會時機和地點？
- 性格內向者約會時要說些什麼才不會冷場或尷尬？
- 哪兩種性格的夫妻在一起，挑戰性最大？
- 夫妻都是性格內向者，為什麼婚姻生活反而經不起重大事件考驗？
- 夫妻的個性真的要彼此互補才好嗎？
- 夫妻之間該如何解決個性不同造成的誤解與衝突？

人類最古老的需要就是在夜深未歸時，有人擔心你身在何方。

瑪格利特．米德（Margaret Mead，美國人類學家）

婚姻關係就像跳舞。一、二、三，一、二、三，糟糕——「我的腳趾！」你的舞伴大叫，然後你們又慢慢跳了一會兒。他跌宕起伏，舞姿翩翩，進入高潮，他放開了你！他一下旋轉到一邊，然後又跳回來再次握住你的手。跳舞就是如此。總會有這種時候：當一個舞伴跳著迪斯可時，另一個舞伴卻在跳恰恰。

沒有任何關係是容易的。每一種關係都會有一些過失，會不止一次踩到腳趾。無論你是處於內向／內向的關係，還是內向／外向的聯合，都需要學習複雜微妙的舞步。學著認識一些個性喜好會影響彼此關係的情況或方式，可以幫助你提高舞技，跳得更好，減少踩傷彼此的腳趾。瞭解每一個人的個性，可以減少責備、批評、防禦和限制對方等在相處上常犯的錯誤。

4-1

準備出門約會

戀愛就像魔法師，能讓人改頭換面。

——班．海契（Ben Hecht）

準備踏入約會的世界

雖然有些性格內向者比較喜歡沒有任何約束的關係，但大多數人更喜歡與別人有親密關係。這通常意味著在某個時刻或其他時間，他們必須進入約會的世界。

這通常是讓人氣餒的任務，許多性格內向者在接近人時心中充滿了恐懼，就像是要他踏入滿是隨著爵士樂狂舞的人群的房間。約會需要耗費巨大的精力，同時也增加了活動的時間，而減少了恢復精力的時間。你得計畫外出、與不熟的人談話、思考正在進行的事情、整理被鼓動起來的情緒等。

由於不喜歡主動邁出第一步，性格內向者通常是透過預先約好的男女聯誼活動，或是透過朋友、同事、家庭成員的介紹來尋找伴侶。可是有些時候性格內向者仍然得主動跨出第一步。約會就像學習一種新的舞步，這是一種陌生的經驗，舞步感覺有點笨拙，但結果——在變幻的燈光下輕快地跳舞——就讓人覺得值得這麼做。

內向與外向相互吸引

我們看到許多性格內向者與性格外向者結婚，或是有夥伴關係。為何兩者會結合？以下列舉幾個原因。

第一，性格外向者較多（性格外向者和內向者的比例是三比一），所以他們更容易與人相遇。當性格內向者可能在飆網、獨自騎著自行車，或是在家裡蜷縮著閱讀的時候，性格外向者則在**外面**（在社交聚會上、在健身俱樂部或在職業性的組織中）與人交往。那麼，就有一個「差別性」的問題了。榮格認為，作為人類的我們不停地尋覓，想要成為一個完整的人。所以，他相信我們會被與自己相反的人所吸引，並選擇他們作為自己的伴侶。

性格內向者會被性格外向者吸引的另一個原因是：性格外向者在相處中經常承擔了談話和「做事」的責任，這意味著性格內向者可以放鬆、壓力較小。

在性格內向者看來，性格外向者似乎只要輕輕一跳，就能躍過高高的建築。看！在高空中，那是超級的性格外向者，我還記得我第一次遇到麥可時的感觸。好傢伙！他真的做了很多，他家中所有的人都那麼忙碌，就像是忙忙碌碌的小蜜蜂。那個時候，我總以為自己有什麼**問題**（就像我先前提到的，許多性格內向者可能都會這樣覺得），所以我認為他們所做的是「正確的」。很久之後，我才認識到那不是正確或錯誤的問題，而是人與人之間的不同而已。

認識新朋友

約會是一個**過程**，可以讓你整理自己對某人的反應和他或她對你的反應。你得安排自己慢慢地，但不斷地去約會。

首先，說出來，告訴你的朋友和家人，你準備好要約會了。告訴他們你對哪類型的人比較感興趣，以及相關的客觀要求，比如說年齡範圍、性格類型（如內向或外向）、職業、興趣、教育程度和愛好等。不要忘記你最重視的個人特質——幽默感、忠誠、有見識或坦率。製作一張**你自己**的優良特質清單，貼在浴室的鏡子上，每天早晨反覆閱讀。請相信它。

剛開始，如果你感到有點害怕，請記住你是要去邂逅一段奇遇，也是去認識一位新朋友，逐漸發掘對方對世界的見解是非常有吸引力的事。祝賀自己取得的每一分進步。

以下方法有助於你採取行動，增強你的活力，實踐證明這些方法非常有效。選擇適合自己的策略，以下只是一些小建議，約會並沒有正確的模式，玩得開心點：

- 考慮能製造短時間碰面機會的地點（電梯、洗衣店、遛狗的公園），在那裡你可以向人們微笑和問好。
- 向性格內向的朋友取經，請教他們用過的約會策略：他們是怎樣遇上自己的配偶或夥伴的。
- 仔細閱讀一兩本關於約會的書，每個星期從書中選出幾件事來嘗試。
- 練習說出對自己的評價，在遇見新朋友時可以運用。
- 報名參加你感興趣參加的活動或社團，如山岳協會或民族舞社團，參加系列講座或音樂班。
- 參加某個你敬重的團體並做志工，比如「仁人家園」（Habitat for Humanity）或「喜願基金會」（Make-a-Wish Foundation）。

• 製作清單，寫上你約會時可能喜歡做的內省方面的活動。

約會之路

大自然為什麼要創造「約會」呢？約會是一個重要的經歷，可以幫助我們以親密的方式瞭解他人，瞭解他們對生活事件會有怎樣的反應。如果他們感到不舒服會退縮嗎？他們容易生氣嗎？他們會責備其他人嗎？他們會給你反應的空間嗎？他們對老人、寵物和兒童友善嗎？他們需要持續的關心嗎？他們如何度過空閒的時光？你可以體會隨著時間推移，自己對可能的伴侶感覺如何？你們之間的交流很愉快嗎？兩人之間的沉默也讓你感到舒服嗎？你感到充滿活力，還是疲憊不堪？是受重視，還是被忽視？讓這些經歷顯露出來非常重要。

不要倉促選擇與你約會的第一個人作為「自己的另一半」——這是因為精力的消耗和不舒服的感覺，使得性格內向者有時候會想將約會的經歷縮短一點。想想看，當你最後可以幾乎沒有憂慮就度過一次約會，那種感覺是何等美妙，這是你的閥門關閉系統發揮作用的原因。請慢下來，給自己一點時間考慮約會的事情，看看有什麼想法來到你的腦中，堅持自己的步調，給自己一點時間來經歷約會的過程。

約會的策略

帶著期待（有時還有點焦慮）迎向約會，試圖勝任你們所玩的遊戲，並接受認識新朋友帶來的刺激感。約會可能會讓人筋疲力竭，以下有些方法可以讓約會更為順利：

- 第一次見面的時間短一點，如喝杯咖啡或飲料。建議一個具體的開始和結束的時間。
- 選擇適合的地點見面，以便在想要離開的時候就可以離開。
- 利用你優秀的觀察技巧，獲取約會對象的資訊。
- 在理性的範圍內，像其他人那樣展示一定的個人資訊。
- 如果你感到焦慮或太興奮，可以到洗手間去休息一兩次。
- 不要試著像性格外向者那樣表現自己！
- 不要依賴酒和香菸來放鬆。
- 不要過度放縱自己，注意自己的精力狀況。
- 注意自己是否開始變得敏感，並想一想為什麼。
- 不要強迫自己與對方有肢體接觸，你需要一定的時間來使自己感覺放鬆。
- 注意一些危險信號，如對方是如何應對衝突的；注意你是否認為對方太消極或太好勝。
- 注意自己任何不舒服的感覺，如憤怒、恐懼或厭倦，思考這些感覺向你傳遞了哪些資訊。

第一次約會

重要的約會馬上就要到了，你可能既緊張又興奮，那很好，處於一種好奇的狀態，思考今晚的約會可能會怎樣？對你的約會保持一種好奇，你就不會過於緊張不安。想想自己，你的身體可能感到有點興奮，可能一點也不害怕，並記得經常深呼吸。

在約會時注意你的精力狀況。在他或她身邊，你是感到充滿活力，還是疲憊不堪？你是否玩得很開心，但已經筋疲力竭了？如果是這樣的話，向你的約會對象解釋說自己玩得很開心但有點累了，所以你再過一會兒就得結束這次約會。注意對方對你所說的話的理解程度。

讓約會順利進行的方法

- 記得安排休息和採取一些小步驟來調整精力消耗。提醒自己：約會並不是故意要消耗你的精力——在大多數社交活動後你都會感到筋疲力竭。
- 避免對性格外向的約會者節奏和反應快速的風格持有批判的態度。
- 詢問約會對象如何度過空閒時間。
- 注意約會對象問你的任何問題。大多數時候是否是他或她在說話？判斷你是否正與一位好的傾聽者一起出門。
- 你的約會對象是否只是傾聽而不談論自己？
- 多一點幽默感，約會並不一定要那麼嚴肅認真。

4-2 當人格類型相衝突

婚姻的目標並不是兩人都想得一樣，而是共同思考。

——羅伯特．陶德（Robert Dodds）

在內心深處，我們都是社會的動物。儘管我們想要獨立，但也渴望成為伴侶中的一員；即使離婚率徘徊在五〇％上下，大多數離婚的人也都在尋找新的伴侶，並在幾年後再次步入婚姻殿堂。伴侶們都想要實現某種婚姻關係，只是「實現」對每一個人來說含義不同。以下的資訊或許能幫助你弄清楚，對你來說什麼是「實現」。

個性差異

維持婚姻並不容易，即便是非常和諧的夫妻也會有出錯的時候，個性差異當然又增加了犯錯的可能。誤會可能因各式各樣的原因而引起，重要的是要認清差異並不是致命的，**差異是中立的**。在婚姻關係中，差異的確會反映在具體的行為和觀點上。一個人動作慢，另一個人動做快；妻子想要睡覺，丈夫卻想起床外出；丈夫不想參加社交活動，而妻子希望全家都去。這些差異既不好也不壞，只看你如何**看待**它，差異可以為婚姻增加趣味，也能將夫妻倆拉遠。

差異，是強化夫妻關係的機會

所以，是什麼使婚姻之樹常青？有二十五年以上婚姻關係研究經驗的約翰．高特曼（John Gottman）博士說，夫婦倆**處理**因差異引起的衝突的方式，決定了婚姻持續的時間和對婚姻的滿意程度。事實上，將差異視為「強化夫妻關係的一種機會」，是很有用的。如果夫妻將對方的行為視為拒絕或阻撓，而非對方的特點和人格類型的表現時，在婚姻中事情很快就會往不好的方向發展。「妳知道我不喜歡妳打斷我，妳完全不想聽我的意見！」一位性格內向的丈夫可能會對他性格外向的妻子這麼說。就個人而言，我們不能夠改變這種差異，但我們可以創造新的「舞步」，來解決這類衝突。我們需要學習如何進入和走出伴侶的私人空間，知道什麼時候領導、什麼時候順從，以及如何適應不斷變化的婚姻關係的步伐。

在下一節，我想描繪三種性格類型相結合的婚姻關係：性格內向的男性與性格外向的女性、性格內向的女性與性格外向的男性，以及性格內向的男性與性格內向的女性。每一種結合都有各自的挑戰和優勢，且這三種結合都能透過生活中悉心的體諒而增進夫妻感情。

以下例子涉及異性戀。如果你是同性戀者，請觀察這三種夫妻關係，找到最適合你們的一種。這些年來，我曾為許多同性戀伴侶做諮商，我發現同樣的優勢和挑戰也適用於同性的關係中。

4-3 挑戰型夫妻：性格內向的男性＋性格外向的女性

文化環境會對夫妻關係發展過程產生很大的影響。例如，當男性性格外向，而女性性格內向時，衝突常常就會發生。然而研究顯示，大多數嚴重的衝突卻發生在剛好相反的情況：也就是男性性格內向，而女性性格外向。這種結合與我們的社會環境恰好相反。性格內向的男人會覺得性格外向的女人讓自己壓力太大、受到威脅和意見不被接納；而性格外向的女人可能認定性格內向的男人安靜的個性意味著他軟弱、順從或欠缺保護力。他們也可能在婚姻關係中感到孤獨和沒有活力。這些夫妻能解決他們之間的問題，但是不能改變彼此固有的個性。

強勢的妻子／窩囊的丈夫

不久前，安德魯和布魯克來找我，因為他們的關係有點緊張，而且有許多的問題。幾分鐘後，我認定他們是內向與外向相結合的夫妻——安德魯是性格內向的丈夫，而布魯克是性格外向的妻子。

我問安德魯，他認為夫妻關係中最讓他失望的地方是什麼。他說：「我只是不明白為什麼我們不能相互體諒，喜歡我們的家，放鬆地……」「你只是想逃避所有的事情。」布魯克打斷他的話。然後她又加了一句：「你真是窩囊。」安德魯低頭看著地板，變得沉默起來。「布魯克，」我說，「我想聽聽安德魯在這個問題上的觀點；然後我再來聽妳的想法。」時鐘滴答滴答走了好幾分鐘，安德魯最後才又說話：「我只是想多放鬆一點，而少一點『做——做——做』。」他低聲說道，眼睛沒有看布魯克。「布魯克，」我說：「妳能夠談談為什麼放鬆對妳這麼難嗎？」她盯著安德魯說：「對我來說，這聽起來就像是在棺材裡打盹。」安德魯回道：「我覺得自己就像是活在颶風裡。」

對安德魯和布魯克來說，真正的問題是，在這場戰爭中他們都察覺感情出現了裂縫。安德魯認為自己應該把生活的節奏加快些；另一方面，布魯克害怕在任何一個休息點將車駕駛到路邊。他們以退縮和抱怨的行為，表達了對自己的個性所感到的羞愧。他們並不認為自己是可愛且魅力十足的人。

你可以看到婚姻關係中的這種模式是怎麼導致嚴重的問題。那麼，這樣的一對夫妻要如何撫平彼此之間的差異，而不會「跳舞時踩到對方的腳趾」呢？這需要一些很好的「舞步」和相當程度的誠實。

敞開心扉，開誠布公

布魯克和安德魯需要就各自對婚姻的期望，以及在婚姻中所體驗到的失望和沮喪，進行一次開誠布公的對談。誠實討論自己困窘和羞恥的感情，的確會令人痛苦。安德魯可能會體驗到焦慮和恐懼的自我意識，布魯克可能會感到非常不舒服：因為安德魯缺少傳統的男性特質，而使她受到限制。但只有透過彼此敞開心扉，討論自己基於傳統文化對男性和女性的期望，他們才能夠開始鎖定自己在**他們的**婚姻關係中的角色，並採取必要的措施來維護。在平等的婚姻關係中，夫妻倆都試圖適應對方的需要，並盡力滿足；兩個人都感覺得到對方的認可和關心。以下的建議是一些思考的出發點，你可以加以修改，以符合自己的特定情境。

應對新模式帶來的挑戰

開始安排一系列的談話（注意不要打斷對方的發言），談談你們的婚姻關係。約定開始和結束的時間，例如連續四個星期的週三晚上八點，可以從下星期就開始。透過分享餐後甜點或是去看場電影來慰勞自己，但注意**總要適可而止**。堅持這個約定會比口頭上說說困難很多。如果你們有困難，討論一下可能的原因。有時候，這可能只是因為害怕談及感情和感覺問題。面對這個問題，然後重新開始。

第一階段

- 談論你們對「雙方在婚姻中應扮演什麼樣的角色」的看法，每個人談十五分鐘左右。
- 討論在你們父母的婚姻裡，夫妻的角色又是如何。
- 只談論自己的觀點；讓你的伴侶談談自己的看法。
- 重述伴侶所說的話，每個人大約五分鐘。
- 和伴侶討論一下，你對他或她的觀點的最後總結是較為準確，還是不太準確？
- 有矛盾的地方就重新討論。
- 感謝伴侶的參與。

第二階段

- 談論你們所看到自己的角色的長處和短處，每個人講大約十五分鐘。例如，丈夫可以講他是怎樣將他的思想和觀察帶到婚姻中，但因為雙方沒有討論他的感受而使交流較為有限。妻子可以談論她為家庭所做出的貢獻，但是因為沒有放慢生活的節奏而減少了親密的機會。

- 重新陳述你們聽到對方說了些什麼，澄清任何可能的誤會。
- 討論你們現在的感受，大約五分鐘；如果你不能確信自己現在的感受，停一會兒，稍做自我調整。
- 重新陳述你猜想伴侶會有怎樣的感受：害怕、失望、興奮、筋疲力竭等。

第三階段

- 夫妻雙方都可以從兩個方面來改變**自己在婚姻關係中的角色**。例如，妻子可以在總是要求正確、吹毛求疵的方面有所改進，並提高傾聽的技巧，練習放鬆，或讓丈夫來領導一會兒。丈夫可以稍微放開一些，想想為什麼自己總是覺得不爽，偶爾當一下領導，正視妻子的批評，當感到壓力太大時讓自己平靜下來。
- 同意在下次會議上討論自己在行為改進上做得如何。
- 如果你注意到你的配偶倒退回以前的行為時，**不要**譴責對方。
- 讚賞自己是多麼勇於改變！善待自己。

第四階段

- 報告你的行為有了什麼改變。
- 談談你最喜歡配偶的哪些行為，各談十五分鐘。例如：我喜歡你傾聽的方式；我喜歡你跟我說你正在看的書；我喜歡你對去哪兒玩的提議。

- 重述配偶的話，澄清可能的誤會。
- 腦力激盪十分鐘。談談對約會的想法，這可以反映出你們雙方的個性。例如，到歷史性的教區去旅行，去電腦賣場試試新的電玩遊戲，在開滿玫瑰花的花園散步，光顧新的夜總會。
- 討論你對參加配偶選擇的活動的想法和感受。約定一個日子，在下個月就去實現其中一個想法。
- 在日曆上寫下你們出遊的日子。
- 主動安排約會。
- 祝賀自己。這也是一件有趣但很困難的事情。

保持討論與溝通

既然你們已經有了一些嘗試，請保持討論你們的婚姻關係。交流是一個圈圈——你們是平等地來回討論，還是只有一個人單獨講話（當然，這有時候會發生，但大多數時候是怎樣的呢）？如果主要是其中一人在講話，討論一下有什麼方式可以讓另一個人更能參與交流。例如，性格內向的丈夫可能會告訴妻子，他希望她講話慢一點，留給他反應的時間；性格外向的妻子可能會談到，如果不能聽到丈夫的想法，會感到跟丈夫沒有連結。她可以描述自己聽丈夫講話時的感受：憂慮、散亂不連貫、心情沮喪、似乎浪費時間、有興趣……丈夫則可以描述自己講話時的感受：緊張不安、暴露、愉快。

我想提供一個奇妙的練習：某一天，嘗試一下對方的生活節奏。如果你確實這麼做了，注意以配偶的節奏來做，會有怎樣的感受：不舒服、倉促、讓人厭倦、放鬆或心情沮喪？安排另外一系列的談話，選擇你們喜歡的主題，例如處理衝突，或者協調你們精力落差的問題。別忘了談論你們婚姻關係中的積極面向。記住，你們的結合模式有它的優勢，好好欣賞吧。

機會和挑戰

對男內向／女外向的夫婦來說，機會在於：

- 女性可能比在傳統婚姻關係中有更多的權力。
- 男性聽女性的話，並重視她的觀點。
- 男性在領導家庭方面的壓力較小。
- 夫妻倆有自己的個人空間，可以平衡彼此的活動水準。

對男內向／女外向的夫婦來說，挑戰在於：

- 男性會覺得女性讓自己壓力較大或覺得窒息。
- 女性的感情需求可能沒有得到滿足；她可能變得苛求。
- 她可能會以自己的伴侶為恥；她可能將他看作軟弱、被動或者逃避。
- 男性的自尊可能會下降。

4-4 相反的人互相吸引：性格內向的女性＋性格外向的男性

生活就是這樣，相反的事物在平衡中心的周圍左右搖擺。

——勞倫斯

當性格移動到非優勢的那一端

說到混合個性的夫妻，最普遍的類型就是性格內向的女性和性格外向的男性結合。這種結合可能非常棘手。記住，內向／外向連續體存在於我們每一個人之中，如果我們整天都是占優勢的那一端在起作用，當環境條件合適的時候，我們就可能會移動到較不占優勢的那一端——這種移動在此類夫妻結合類型中表現得最為明顯。

性格外向的丈夫，在工作中就已讓自己大多數外向的需求得到了滿足，所以回到家之後就想休息，親密的談話會讓他覺得**不舒服**。另一方面，他那性格內向的妻子盼望他來滿足她外向的需求，因為她和他在一起時感覺很舒服。她**想要**親密的交談。從外表上來看，丈夫看起來似乎是內向性格，而妻子是外向性格。她想要交談，而他想要安靜。不管在人前表現如何，恢復精力的基本方法表明了誰內向而誰外向。

人生階段變化的考驗

剛有了第二個孩子的傑克和麗莎，因為長期衝突不斷而來找我。他們兩個都是精力充沛、健談和有創造性的類型，還都很有幽默感。他們共同經營一家裝飾品經銷公司，正處在業務擴展期。他們對彼此感覺失望、不堪忍受。沉重的壓力降落在他們的生活之中。

在這個例子中，普遍的人類動力問題得到充分的呈現，壓力或危機揭示了每個人的應對風格。這就是為什麼在一些重大事件（好或不好的）發生時，會有如此多對夫妻離婚，例如某人的死亡、一次婚禮、房屋重建、一場疾病、一次晉升，或孩子的離家出走。如果夫妻倆不能適應這些變化（壓力），夫妻關係就開始惡化了。

在第二個孩尚未出生和商務上的事情還沒有那麼多之前，傑克和麗莎會透過一些方法來彌補彼此相反的風格，**卻沒有意識到個性方面的差異**。傑克的性格較外向，他負責銷售、商業會議，以及跟客戶喋喋不休地討論。麗莎的性格較內向，她負責管理員工和安排傑克的時間表，她主要在家裡工作，一個星期去辦公室幾天。到目前為止，麗莎的情感需求主要來自於女性朋友和創造性的工作，她從傑克那兒要求得不多。傑克在世界各地奔波，在他的情緒舒適圈裡活動；他有大量的自由去會見客戶、打高爾夫、參加商務旅行，而且還是麗莎眼中的寶貝。

過去的關係很適合他們，但現在不行了。即便有專門帶孩子的保母，麗莎也需要減少去辦公室，延長在家的時間。她渴望傑克情感上的支持。傑克覺得來自家庭和工作不斷增加的壓力，令自己陷於困境。他認為麗莎不關心他，因為她不想幫他分擔辦公室的工作，反而將精力集中在孩子身上。他知道自己不擅長組織和管理，他害怕承擔麗莎的職責。而麗莎奔波於工作和家庭之間，覺得疲憊不堪。

傑克覺得很憂慮，且無法停止這種擔心。他們急需解決辦法。

危機就是成長的機會

首先，麗莎和傑克不該因為目前婚姻裡的狀況而責備自己或對方。改變模式很困難，但是機會與挑戰並存：新的環境給了他們成長的機會。傑克有機會提升自己處理人際關係和組織管理的技能，以及學會在不安時幫助自己擺脫焦慮。麗莎可以提升自己尋求幫助的能力，談論她心理需求的不滿足，以及停止愧疚。

改變相處的舞步

以下是給傑克和麗莎的一些建議。記住：人們的改變總是前進兩步又後退一步，然後又前進兩步。

要意識到，你們倆都需要做出一些改變：

- 討論你們的個性差異，以及你們各自因為某種變化而產生的影響。例如，性格外向的丈夫可以向配偶解釋，發生了哪些事情讓他感覺陷入困境；性格內向的妻子可以解釋自己是如何覺得像是被人遺棄，還要負擔家裡所有的事情。
- 討論能夠幫助你們分別做出一些改變的話題。例如，妻子可以對丈夫說她需要安靜的時光、丈夫的傾聽和分擔一些家務。丈夫可以討論他怎樣來平衡家庭和工作之間的需要。

- 協商不同的需求。注意，不要互相指責，責備是「經過喬裝的害怕」。透過直接詢問對方需要什麼，可以減少這種責怪。試圖使你們的協商實現雙贏，兩個人都實現一些願望，也都做出一些讓步。如果丈夫說的話聽起來像是在責怪對方，丈夫應該請求妻子提醒，妻子也要注意自己對婚姻中的所有問題也都有責任。
- 坐下，面對你的伴侶，牽著對方的手，每個人說三分鐘。傾聽並總結你所聽到的內容。檢查一下理解是否準確。
- 提醒自己，你們倆都在維護這場婚姻的平衡：她帶來了放鬆，而他帶來了活躍。
- 丈夫應該練習討論自己的恐懼和脆弱，妻子應該練習說出對生活的失望和沮喪。
- 平衡夫妻間的約會及與親友相聚的時間。
- 每星期為對方計畫一些小驚喜——在伴侶的車裡放他或她最喜愛的點心和表達愛意的紙條，在伴侶的枕頭上放顆薄荷糖，替對方做一次足部按摩。

機會和挑戰

對男外向／女內向的夫妻來說，機會在於：

- 妻子聽丈夫的話。
- 丈夫可以鼓勵妻子活躍一點，參加社交活動。

- 妻子有較多的自由，因為伴侶對她的時間沒什麼要求。
- 丈夫有較多的自主權，因為他的伴侶喜歡獨處。

對男外向／女內向的夫妻來說，挑戰在於：

- 丈夫經常缺乏親密的技巧。
- 妻子可能不會談論自己的想法和情感體驗。
- 丈夫可能把婚姻中的所有失敗都歸咎到妻子頭上，妻子可能接受或忽視這些責難。
- 妻子可能很難直接表達自己的願望。

4-5 全世界就只有我們倆：性格內向的女性＋性格內向的男性

荒野之地是遊覽的好去處，但不適合長期停留。

——喬西．比林斯（Josh Billings）

我面談過的性格內向／內向相結合的夫妻，多半都對現況非常滿意。他們告訴我，當窗外雪花紛飛，他們坐在一起閱讀的場景是何等溫馨。他們還描述了傍晚玩拼字遊戲、在森林裡徒步旅行、一起

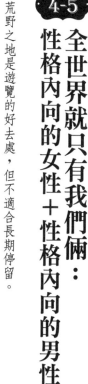

欣賞音樂會等。這類夫妻多半覺得現在比在原生家庭中壓力小很多。我很懷疑兩個性格內向者是否能成為很好的伴侶。即便你對性格內向／內向相結合的夫妻關係很滿意，但有時好事太多也會讓人習以為常。

太穩定也有問題

有一對性格內向／內向相結合的夫妻來找我做心理諮商，他們一起生活了大約七年，並開始感到厭倦。妻子帕特說：「每天晚上都做同樣的事情：待在家裡看電視或看書。」丈夫托尼同意她的觀點。「我覺得與帕特做任何事情都有壓力，有時候我寧可和朋友出去。」

這就是性格內向／內向相結合的夫妻可能產生的一個問題：**沒有足夠的外在刺激和友誼**。而且，在這種強烈的需要和期望所產生的巨大壓力下，沒有人能維持良好的夫妻關係。

想一想二十世紀三〇年代古老的馬拉松式舞蹈。一個男人和一個女人跳啊跳，學習站著睡覺，以便成為最後一對站著的夫妻，贏得獎金。他們一圈一圈地跳著轉著，直到其中一個人筋疲力竭、虛脫而倒下。在性格內向／內向相結合的夫妻關係中，伴侶的其中一個、或兩人都可能開始覺得麻木和死氣沉沉。如果你們習慣一起做大多數事情，分開度過空閒時間則會引起恐慌。即便你對與配偶一起做事有點厭倦，但若獨自出門卻又可能感到有點不安。

如果一對夫妻黏在一起的時間太長，引起壓力的事件也會隨之而來，像一場疾病、孩子的一個問題，或一次失業等，任何事情都可能降臨，從而使他們分開。夫妻關係不可以停滯如死水，這讓我想到芭芭拉．安柏利（Barbara Emberley）獲獎的兒童讀物《鼓手霍夫》（*Drummer Hoff*）。那是個快節奏的民謠形式，有活潑的木刻插圖，講述了士兵帶來各種零件組合成一管大炮並最終成功射擊。二等兵帕里亞吉推著炮架，上士曹德帶來一包炸藥，上尉巴默爾帶來一根搗槌……鼓手霍夫一聲令下：「發射！」然後轟然一聲，巨響結束。

有時候，性格內向／內向相結合的夫妻能夠成功忽視這些問題，直到有外在的事件將他們從自以為是的平靜中驚醒。這種夫妻關係通常會膨脹而爆炸成碎片。但如果他們能注意到自己處於單調的習慣路線中，在感情破裂之前便試著一起走出來，夫妻倆就有較好的機會應付外在的威脅。

以下是一些建議，可以幫助你們走出第一步：

衝破習慣的藩籬

- 冷靜下來，審視你們靜止的婚姻關係。問對方：你覺得有點缺乏活力嗎？
- 擴展你們的社交生活，一個星期與朋友或另一對夫妻約會一次。
- 多出去活動。與伴侶每個月外出約會一次。輪流安排你們的約會。
- 各展所長。有各自的朋友和個人愛好是健康的。
- 談論你們倆有哪些不同，以及這種不同為什麼會對夫妻關係有幫助。
- 注意你是否因為夫妻關係中缺乏樂趣而責怪你的伴侶，輪流扮演「點火器」（撩起對方感情的人）。
- 擁有自己的想法是ＯＫ的，這跟具有破壞性的祕密（如桃色事件）可不相同。
- 談論你們對休息的需要，看看兩者是相同還是不同？

- 計畫一起做平常想不到的事情：乘車或騎車去新的目的地，到新的餐館去用餐，品嘗對方最喜愛的霜淇淋，或試著吹奏樂器等。
- 如果衝突已經引起你們的驚慌，請閱讀第158頁提示②，並練習協商彼此的衝突。
- 問問你的伴侶，是否有藏在內心深處沒有說出來的願望，然後實現這個願望的一部分。例如，如果對方總是想著去尼泊爾，借一本關於那個國家的書；如果她夢想成為高級廚師，讓她去當地的烹飪學校參加一期法式烹調課程。

機會和挑戰

對內向／內向的夫妻來說，機會在於：

- 他們注意傾聽對方的談話。
- 他們對全面思考問題很有耐心。
- 他們理解對方對隱私和安靜的需要。
- 他們的衝突較少。

對內向／內向的夫妻來說，挑戰在於：

- 他們可能跟外界失去聯繫。

- 他們可能局限於自身來看待所有的事。
- 他們可能會逃避進行關於衝突、差異和各自的需求方面的討論。
- 他們有太多的情緒需求，所以可能彼此依賴。

4-6 夫妻共舞

即使是同樣的月亮，對每一個人來説也會有不同的含義。

——法蘭克．波曼（Frank Borman，阿波羅計畫太空飛行員）

一旦兩人結為夫妻，很快就會明白：夫妻關係需要技巧和不斷的學習。在此有五點提示可以幫助改善任何性格內向／外向相結合的夫妻關係。記住：所有的夫妻關係都有不完善的地方。我們能夠不斷加以改善，直到蹣跚地踏進墳墓。

提示①：試著站在對方的立場看問題

還記得在第一章我描述過麥可和我去拉斯維加斯嗎？性格外向的麥可在旅館的門廳走來走去。他看見閃爍的燈光和擁擠的人群交織而成的彩虹；他聽到嘻笑聲和錢幣的叮噹聲；他享受著從附近的餐館裝得滿滿的自助餐散發出的濃烈香氣。他整個人都為從旅館那傾斜而上的電梯送到我們房間的新鮮事物感到興奮。他已經提前享受到傍晚活動會帶來的興奮和激動。

作為一個性格內向者，我的情況就非常不同了。閃爍的燈光使我什麼也看不清；人們手中叮叮噹噹的錢幣撞擊聲在我的耳中轟轟作響；菸味繚繞讓我窒息；在狹窄的通道上，來往的人群擠著我。我想逃避。我搖搖晃晃上了電梯，匆忙回到我們的房間。

在不知道自己個性的情況下，夫妻們就帶著自己個性的「眼鏡」步入了婚姻殿堂。我們的視角受到基因、生理、早期的撫養、過去的情感經驗、社會階級、教育和朋友等的影響。每一個人看問題都有自己的角度，所以每一個觀察只對那個特定的人是正確和準確的——但僅只是對那個人如此。對健康的婚姻關係來說，重要的是要認識到你是在透過**自己的視角**在看待生活。

如果我們認為自己的觀點就是**正確的**觀點，那麼我們在婚姻關係中就會不斷爭執。麥可對拉斯維加斯的體驗是**錯誤**的嗎？不。我的體驗是**錯誤**的？也不。各自都是**正確的**——對**我們**各自來說。麥可和我有自己獨特的看問題角度；我們就只能擁有**自己的**體驗。

許多性格內向者在一種認為我們應該學習那種人——能夠快速談話、敏捷思考、將活動安排得滿滿的人們——的文化中長大。如果你與性格外向者結為夫婦，你可能以為你的伴侶的行為模式是一種「正確的」方式。這是這些年來，我在實際面談過或共事過的許多性格內向者那裡聽到的。他們對我說：「我沒辦法敏捷巧妙地回答。我有什麼問題嗎？」什麼問題也沒有。如果你不能迅速地回答提問，性格外向者、甚至那些為自己言語上的差距感到害羞的性格內向者，可能會對你感到不耐煩，或甚至認為你是故意要隱瞞些什麼。但是，到現在你應該知道你的大腦是以不同的方式在工作；你總是擁有不同的觀點。這可以幫助你證明自己。

改變看問題的角度

在對自己看問題的方式有了正確的認識之後，我們可以開始理解自己的伴侶。為什麼我們想知道在其他人眼中，生活看起來會是怎樣的？答案是**好奇心**。「我想知道」是一句很有力量的話。「在你看來，它像什麼？」「告訴我你對它感覺怎麼樣？」「改變一下個性，那會是什麼樣子？」婚姻關係在好奇中得到了成長和發展。

麥可喜愛逛地區集市。就像你想像的那樣，我一想到那擁擠的人群、各式各樣的活動，就不是很想去。每隔幾年，在麥可的熱心鼓動下，我同意去那裡走走。不久前，我們開車去加利福尼亞的海濱，然後去趕文杜拉（Ventura）集市的最後一天。我幻想著也許喜愛逛集市的人已經走得差不多了，只有少數的遲到者留下來。可情況並不是這樣。在耀眼的午後陽光下，地面站滿了熱切的人們。我們在長長的隊伍中等待購買油膩的點心，然後等待那已經被人過度使用的骯髒洗手間。在科學館，我們參觀雪花結晶過程並看著它們被吹過觀眾的頭頂；在臭氣熏天的畜棚，我們看見一頭母豬哼哼唧唧地照顧著吱吱尖叫的小豬崽。

但是，讓我稍微感覺好一點的是四健會（4H）的畜棚，那裡正在進行山羊評選賽。在朦朧的燈光下幾乎沒有什麼人——只有我帶著興奮的步伐。在圍欄裡，十幾歲的飼主帶著四頭白山羊。穿著閃閃發光的棕褐色和珍珠白相間的外套的三位競爭者，在畫著驚嘆號的位置上抓住山羊雅致的小尾巴。

第四頭山羊是灰白色的，牠的小尾巴夾在兩腿之間，牠的主人看起來安靜又謙遜。他的衣服上有一些小洞，看起來就像是有幾隻飛蛾停在那兒一樣。我很驚訝，他居然還要參加比賽。最後，山羊評判員分發白色、粉紅色、紅色和藍色的緞帶。那個衣服上像有飛蛾叮著的山羊主人，我以為最不可能獲勝的人，竟然得了第一！結果，他是因為沉著的舉止而獲勝。勝利的另一個原因是他內向的個性，因為——相信我——從他的臉上看不出一點勝利的喜悅。

我們離開的時候，我問麥可：「我很想知道你對集市的看法。你究竟喜歡集市上的什麼？」「喔，」他說，「我想，我喜歡看見各種年齡的人們在他們喜愛的事情上一起工作，就像四健會的孩子展示他們餵養的家畜。那些動物讓我想起自己在農場的成長歲月，也讓我想起孩子們會多麼盼望去趕集。」如果我沒有因麥可而改變自己看問題的角度，我只會對那臭烘烘、擁擠又吵鬧的集市充滿怨言。透過他的觀點，集市聽起來很不錯。我對麥可留下溫暖的感覺——他多麼像孩子，我比以前任何時候都更想瞭解他。今年，我盼望著再去集市——只要我們在那兒待的時間不要太長。

提示②：解決夫妻衝突的五個步驟

只有瀕臨死亡的婚姻，才會沒有衝突。不管你和你的配偶是怎樣的個性組合，在此有五個步驟可以幫助你學習怎麼解決婚姻裡的問題。我以前面討論過的安德魯和布魯克作為例子。

步驟①：交替陳述自己對衝突的看法

安德魯提出他的觀點：「我想待在家裡，享受只有我們倆的安靜夜晚。我很疲憊。布魯克看起來不想花時間和我在一起。」

布魯克說：「這個週末我想和朋友一起出去玩，我不明白為什麼安德魯不喜歡我的朋友。待在家裡我會覺得太受限制，似乎浪費了整個週末的美好時光。」

步驟②：各自陳述內向的觀點／外向的觀點

我問安德魯和布魯克是怎麼看待自己內向／外向的性格，在這一衝突中產生的影響。

布魯克說：「我覺得我需要充滿活力的生活。如果我待在家裡，我會覺得太沉悶。」

安德魯說：「我覺得自己整個星期在工作上耗費了大量的精力，我已經筋疲力竭了，我需要休息。」

步驟③：弄清楚問題的癥結

「所以問題在於，你們各自有一些不同的需求，」我說，「安德魯，你需要休息，而布魯克，妳需要參加一些有刺激的活動，比如說和朋友跳舞。當對方不理解你的需求時，你們倆都會覺得受到傷害。你們都只看到自己的需求。」

步驟④：站在對方的立場看問題

我轉向安德魯說：「布魯克害怕如果待在家裡的時間太長，會失去活力，你能夠理解嗎？她在參加社交活動時覺得精力充沛，她並不是要離開你。」

我又對著布魯克說：「太常出去玩會讓安德魯覺得非常疲憊和壓力太大，他不想成為聚會上筋疲力竭的人。」

步驟⑤：協商並找出和解的辦法

如果你們遵循了以上四個步驟，第五個步驟通常簡單得讓人驚訝。

「你們覺得，要怎麼計畫你們的週末，好讓你們倆的需求都得到滿足？」我問道。

布魯克說：「我知道安德魯不是要逃避我，這讓我覺得好多了。我可以在星期五晚上下班後與女性朋友一起出去玩。星期六晚上也許我們可以一起看錄影帶，然後星期天晚上一起去和朋友玩？」

我問安德魯有什麼想法。「我猜想布魯克並沒有把她的朋友看得比我重。妳的提議很好，但是星期天晚上的活動時間要有一些限制，比如說告訴朋友我們將和他們從五點玩到九點。」

布魯克同意了。他們都讓對方知道自己願意和對方在一起，這讓他們的焦慮減輕了。當他們知道自己可以學著滿足對方的需要時，我看到他們臉部的肌肉都放鬆了。

提示③：消除彼此之間的鴻溝

不管你是處於約會階段，還是已經步入婚姻殿堂，性格內向者和外向者在交流時最重要的問題是要知道：因為你們不同的個性，你們會用不同的方式表達自己。通常對一個人來說很容易的事情，對另一個人來說卻可能很困難。風格沒有對錯之分；每一個人都有自己的優勢和不足。如果你理解兩種風格，你就可以「理解對方」並開始共同生活。讓我們一起來看看吧：

性格內向者的交流風格

- 對於自我保持旺盛的精力、極大的熱情和興趣，並只和他們非常熟悉的那些人分享。在與其他人分享個人的資訊前非常猶豫。
- 在回答前需要用一點時間來思考。在對外在事件做出反應前需要用一點時間來反思。
- 寧願選擇一對一的交流。
- 談話時需要別人的邀請，而且可能更喜歡透過寫的方式來進行交流。
- 偶爾可能以為他們告訴了你一些其實並沒有告知的事情（他們的腦中總是想著各式各樣的事情）。

性格外向者的交流風格

- 與身邊幾乎每一個人分享自己的精力、興奮和熱情。
- 對問題和外在事件的反應非常迅速。
- 容易分享個人資訊。
- 無論是一對一的交流，還是在團體中的交流，都覺得同樣舒適和愉快。
- 透過響亮的談話進行外在思考，與其他人相互作用、影響，並在過程中得出自己的結論。而且，他們常常不給其他人說話的機會，因而經常無法使自己提出的觀點有深刻的意義。
- 更喜歡面對面的交談、口頭的交流，而不是文字的交流。

如何與性格內向的伴侶進行交流

如果你是一位性格外向者，而且你想與性格內向者有更好的交流，請試試以下的方法：

- 約個時間來討論一下，你們倆怎樣才能相處得更融洽。這給了性格內向者一些時間來準備自己的想法。
- 不要打斷對方的談話——對性格內向者來說，重新開啟談話會浪費額外的精力。耐心傾聽你的伴侶講出心裡的話，再談論你的想法和感覺。
- 在說話前，從一數到五（即慢一點）並考慮一會兒——性格內向者需要回想你說了些什麼。
- 重複伴侶所說的話，讓對方確信你在傾聽。問對方你的總結是否正確。
- 在伴侶說話時，你得學會安靜地坐一會兒。記住：對方可能已經很疲憊了，但仍然還想和你待在一起。
- 你的伴侶是很好的傾聽者，但你得注意讓伴侶和自己輪流講話。
- 問你的伴侶一天過得怎麼樣。有時候，對方需要你主動詢問。
- 偶爾以文字形式進行交流。性格內向者能接受書面的字詞，而不會覺得刺激太多。在電話旁放一張卡片；在伴侶的午餐盒、手提箱、公事包、衣服口袋或者枕頭裡放張便條。
- 欣賞停頓。深呼吸，享受只是坐著的樂趣。體驗兩人獨處的感覺。感受伴侶的生活節奏。
- 時常用文字或行動表示知道，並感謝你的伴侶談話時所消耗的精力；表達你的讚賞和感激。
- 使用非語言的交流。例如，給伴侶一記輕吻、在人群中對伴侶眨眨眼、牽牽手，以及擁抱。

如何與性格外向的伴侶進行交流

如果你是一位性格內向者，而且想改善與性格外向者的交流，以下是一些建議：

- 告訴伴侶你想和他或她談談心，確定一個日期和時間來進行，並注意提醒自己。
- 練習說簡短而又清楚的句子。這會使性格外向的伴侶在聽你說話時感覺容易一些。
- 在你需要時，不要害怕喊叫或大聲說話。你可能會覺得刺激過於強烈，但有時候如果你說話的聲音不夠大，性格外向的伴侶可能會不相信你說的話。
- 練習說出突然出現在腦海裡的東西，不要總是想好了再開口。
- 允許停頓。無法跟上性格外向的伴侶那沒有停頓的節奏也沒關係。
- 告訴你的伴侶，你需要花點時間來做出決定，以及有時候無法說出腦中的想法，你知道這對對方來說是有點難以接受的事。
- 如果你對一個問題反應很強烈，但直接與伴侶討論又覺得有些困難的話，寫下你的感想並交給你的伴侶。
- 在爭論過程中或爭論後，如果你覺得心裡受到的刺激過於強烈，不要太擔心，有一點強烈的情感並不是一件壞事。在任何情況下，最終都將煙消雲散。
- 告訴你的伴侶，你對他或她的感覺。我們經常忘記做這件事。你的伴侶想要知道自己是被關注的。所以，經常留張便條、發個電子郵件、給對方一個吻，而且別忘了給予真誠的讚美。

提示④：輪流實現各自的願望

若一個人都只按照自己的方式行事，沒有任何婚姻關係能夠持續；只有當夫妻倆都覺得自己達成了一些心願，婚姻關係才能歷久彌新，否則，不滿就會產生。同時，每個人不時有些失望是有益的，這將協助個體發展出優良的情緒力量。沒有人能夠活著而不體驗到失去的痛苦和失望，傳統意義上的「性格」，指的就是承受這些情感的能力，以及對自己在思想和行動上的反應有清醒的認識。具有性格的人們可以信任自己，而且有健康的婚姻關係，因為他們知道自己可以承受生活中的各種成功和失敗。

透過思考彼此的需求和願望，你們倆能成為關係更好的夫妻。學會如何交流和協商彼此的需求及願望，是婚姻關係持久的標誌。

- 如果你需要休息，讓你的伴侶知道。詢問對方是否需要社交活動。
- 制訂計畫時，注意考慮性格內向／外向者精力的差異。
- 對作為性格內向者或性格外向者，既不要批判，也不要過於理想化。
- 熟悉顯示你的伴侶已經精力不足的醒目外在特徵（對性格內向者來說，會表現得容易過敏或疲倦；對性格外向者來說，會表現得不耐煩、厭倦，或是因為缺少刺激而心不在焉）。討論可以用哪些方式來提醒對方自己精力不濟了。
- 在你們的婚姻關係中，讓性格外向的伴侶做「偵察兵」，將新的嘗試介紹給性格內向的伴侶。
- 對在社交活動中度過多少時間進行協商；開兩輛車去，或是安排其中一個人與朋友先開車回家。

- 對兩人一起做事和分開做事加以平衡。
- 無論何時，如果你的伴侶做了本來不喜歡做的事情時，你都要表示認可和讚賞。

提示⑤：欣賞彼此的差異

我將最有價值的提示留到最後。與性格外向者生活了三十八年之後，我學到一個很有價值的經驗：欣賞彼此的差異。麥可沒有什麼地方是不想去的，所以我已經旅行過很多地方：包括夏威夷島嶼上偏遠地區的泥土路和乾涸的河床，那裡甚至沒有汽車出租保險！我很慶幸自己有機會領略伴侶那外向性格的世界。他向我展示了奢華高爾夫球場的寧靜，並向我介紹了形形色色的人們（我自己是不可能去認識的！）。麥可的個性得到了充分的展示，我也一樣。我知道：我的世界和他的世界是如此不同，但這並不意味著我或他出了什麼問題。

如果我們的一切都一樣，那生活會是多麼索然無味啊。我們需要用我們**所有的**優勢和不足，來讓生活變得豐富多彩；在欣賞各自帶到生活中的事物的過程中，我們逐漸成長。讓婚姻關係歷久彌新最好的方式，就是互相**欣賞**。有時候，性格內向者很難向自己的伴侶說出欣賞的話語，他們不明白為什麼欣賞就一定要大聲說出來；而性格外向者是如此忙碌，他們也可能會忘記在家裡表現出自己對對方的欣賞。

將注意力集中於欣賞你的伴侶，會產生非常奇妙的效果。所以，在一個星期的每一天晚上，選擇以下的一個主題，以筆記的形式寫下你的想法，然後與你的伴侶分享。

- 你最欣賞伴侶的哪些面向。
- 描述你所發現的、伴侶那令人喜愛或有魅力的風格或是特質。
- 描述你真正喜愛你的伴侶的某個身體特徵。
- 寫下你們共度的一次美好時光。
- 回想你們共同度過的一次浪漫時光，並告訴你的伴侶它讓你有怎樣的感覺。
- 討論你最喜歡伴侶今天做的哪件事。

一週下來，在你做了以上每一件事情之後，再決定下個星期是否還想繼續這麼做。設想你自己的主題，如果你喜歡這個練習但決定停止，談談你的原因。有時候，我們會遠離有益的經歷，是因為它們帶來的刺激太大了。

4-7

閒談的智慧

學無止境。問題在於你走了多遠。

——蘇斯博士（Dr. Seuss，繪本作家）

性格內向和外向會從許多方面對婚姻關係產生影響。如果你理解自己和伴侶的個性，就可以更加認識因為彼此的不同風格所帶來的情緒衝突。你們可以各自想想，希望如何改善婚姻關係，而非簡單做出反應。無意識的婚姻關係會產生距離、痛苦和缺乏親密感。若不思考，我們只會活在重複的模式之中，就像倉鼠一樣只有單調的周而復始的重複。改變模式很困難，卻能夠建立永恆的情緒力量。有時候，這甚至會是非常有趣的事情。

本章思考點

- 約會要消耗大量的精力——請記住，那是一種經歷。
- 每個人都從自己的角度看問題。
- 每一種夫妻結合方式都有其機會和挑戰。
- 衝突可以解決，你們可以學習越來越能夠一起討論問題的癥結，並做到彼此欣賞。

第五章

為人父母：孩子的教養，你做好準備了嗎？

- 要如何應對性格內向的孩子偏愛安靜的情況？
- 該如何幫助性格內向的孩子參與團體活動？
- 為什麼性格外向的媽媽在懷孕或照顧嬰兒時會有罪惡感？
- 如何糾正性格內向或外向的孩子？有什麼不同的方法？
- 如何避免性格內向的孩子在兄弟姊妹之間被忽視？
- 若性格外向的孩子經常受到羞辱、批評或自尊受到傷害，也會變得很害羞。

孩子不是用模子塑造的東西，
而是逐漸長大的人。

萊爾博士（Dr. Jess Lair）

為人父母是二十四小時全天候的複雜工作，會占用人大量的精力，還要應對大量的壓力。如果一個家庭由不同個性的個體所組成，這種情況會特別明顯。每個人都有自己運轉的模式（他或她怎樣維持充沛的精力和處理訊息），認識到這點的重要性，將提高整個家庭和諧相處的信心和能力。

如果個人的個性沒有得到大家的體諒，這個家庭會變得動力不足、怨氣沖天，成員也會缺乏自尊。結果，每個人都會覺得很糟糕。

第一件要做的事是判斷你們家有哪些不同種類的個性。如果你已經逐章閱讀本書，你應該已經瞭解你和你的伴侶落在性格內向／外向連續體的哪一個位置了。如果沒有，請回到第一章第41頁做一做「性格內向者自我評估問卷」；前面關於婚姻關係的章節可以幫助你弄清楚你和伴侶屬於哪一種類型的夫妻。本章將協助你建立對家庭成員的個性描述，協助你們判斷孩子的個性。

5-1 你的孩子是性格內向，還是性格外向？

你的孩子有什麼樣的天性？為什麼這有助於你和孩子更理解他們天生的特質？你對孩子的**天性**瞭解越多，就越有可能將這些特質**養育**成他們的優勢。

判斷孩子的個性，協助他們發揮天性

在《孩子叛逆、好動，怎麼辦？》（*The Challenging Child*，新苗出版）中，醫學博士史坦利・格林斯班（Stanley Greenspan）指出：「在孩子學習如何使用自己與生俱來的特殊能力上，父母親能夠產生相當巨大的影響。」身為父母，我們不斷調控孩子的先天遺傳和後天培養的相互作用。你越懂得如何判斷孩子的身體和情緒信號，就越能夠幫助他們應對自己的個性，從而幫助他們將自己的個性發揮得更好，創造滿意而有價值的生活。

請閱讀以下條目，想一想你的孩子屬於哪一種，他們的性格比較內向或比較外向，或處於中間。如果你認為他們因為自己比較內向或外向而感到有壓力，請特別注意。記住：因為強而有力的文化偏見，許多孩子會感覺到無形的壓力，逼他們要表現得外向一點。我們可以完全運用個性中不占優勢的那一面，但如果這樣做，我們將耗費大量的精力，並且會加倍地感到筋疲力竭。

如果你的孩子性格較為內向

他們可能：

- 在參加活動之前會先看一看和聽一聽。
- 集中精力於感興趣的事情。
- 喜歡在房間裡獨處的時光，從內省中獲得精力。
- 全面思考問題後才發言。
- 有強烈的個人空間感，不喜歡別人坐得太近或不敲門就進入他的房間。
- 不喜歡主動公開自己的想法，可能需要別人來問他在想什麼或有什麼樣的情感體驗。
- 需要別人的鼓勵。可能有非理性的自我懷疑。
- 如果對話題感興趣，或與人們相處得很愉快時，可以滔滔不絕發表自己的意見。

如果你的孩子性格較為外向

他們可能：

- 除了一些正常的發展階段，他們很合群並喜歡與人交往。
- 透過與人相互影響及參加各種活動，使自己充滿活力。
- 想要立刻告訴你他的所有事情和想法，而且這些事情和想法涉及許多方面。

- 透過大聲說話進行思考。當他們在找東西的時候，可能繞著整個房子說「我的球在哪裡？」或說「我在找我的手機」。他們需要邊說話邊做出判斷。
- 喜歡跟別人待在一起而不喜歡獨處。
- 需要許多的讚美。例如，他需要聽到別人說他做得多麼好，或你是多麼喜歡他送的禮物。
- 喜歡多樣性，而且容易分心。
- 經常主動說出自己的想法，表達自己的情感。

重要的是，要記住：很少有孩子是典型的外向或內向，有時候，性格內向者也會表現得很外向，反過來也是一樣。

找出孩子的精力開關，善加運用

想一想，你是否發現了一個模式：你的孩子在什麼時候、以及有什麼樣較為內向或較為外向的表現。記住，這不是社交技巧的問題，而是關於你的孩子如何恢復精力的問題。

我的個案卡拉的女兒伊莉莎白，個性處於內向／外向連續體的中間。伊莉莎白表現出個性中內向一面的方式之一，是她剛剛從幼稚園被接出來的時候不想說話。卡拉告訴我，她是怎樣應對她女兒偏愛安靜的情況。當卡拉將伊莉莎白抱上汽車座位後，給她一本她最喜歡的書，並播放配套的錄音帶。伊莉莎白很喜歡伴著錄音帶裡的鈴聲翻看繪本。卡拉說：「其他的日子，我讓她自己選擇聽什麼音樂。

今天我們在回家的路上都在唱『披頭四』組曲。」過了一會兒，伊莉莎白就想說話了，而且是滔滔不絕。

5-2 理解性格內向的孩子

孩子就像是未乾的混凝土地面，無論什麼東西落到上面，都會留下深深的印記。

——海穆．吉諾特（Haim Ginott，兒童心理學家）

協助內向孩子理解大腦的運作

性格內向的孩子容易被人誤解。他們思考和體驗的東西比他們向外界展示的還要多。令人困惑的是，他們知道的東西通常比自己以為的還要多。如果沒有人幫助他們瞭解自己大腦的工作方式，他們往往會低估自己強大的潛能。

性格內向的孩子在學習時，首先是吸收資訊，然後需要用安靜的時間來進行處理——綜合他們觀察到、聽到和吸收到的一切。當他們最終形成自己的想法後，就可以採取行動，或談論他們的想法和觀念了。事實上，談論可以幫助他們理解自己的大腦如何運轉，干擾會使他們忘記自己講到什麼地方，這會使他們得消耗額外的精力來努力回想自己的想法。（還記得性格內向者那長長的大腦神經傳導路徑嗎？）如果性格內向的孩子沒有時間和私人空間來暫時拒絕其他的刺激，他們就會「昏頭昏腦」，無法正常思考。

教內向的孩子恢復精力

對性格內向的孩子來說，大多數的活動都需要消耗精力。如果你能教他們恢復精力，他們就能成長茁壯。以下是性格內向的孩子可以用於應對這個世界並恢復精力的一些方法。

安排個人的時間

性格內向的孩子需要在每天的時間表中安排一些個人時間。在這段個人時間裡，他們可以只耗費較少的精力。你可以讓你的孩子獨處，或是讓你的孩子和他覺得相處起來很輕鬆的一兩個人在一起，或僅僅是離開人群一會兒。在刺激很強烈的活動中，你的孩子也需要特別的休息。在西方文化中，人們很重視外向的性格，因而許多孩子的活動都是以群體方式進行，所以，有獨處的時間對性格內向的孩子來說就顯得特別重要。情緒變得很糟，通常就是他們需要出去一會兒的信號。（也許在《芝麻街》中，奧斯卡〔Oscar〕總是如此不高興的原因，就是他需要到他的垃圾箱中度過更多安靜的時光。）

我的個案鮑伯九歲時，家裡為他辦了超盛大的生日晚會——三十個孩子——太多的興奮。他的親戚送了他一隻活潑的黑白花色的小狗。鮑伯記得生日宴會開始時，他就覺得太擁擠嘈雜。他告訴我：「我不想讓任何人來碰我的小狗。我為牠取名叫蜘蛛俠。我希望每個人都回家去。我覺得好像有很多螞蟻在我手臂上爬來爬去，讓我渾身不自在。我跑到我的房間裡大哭大叫，待了好一陣子。後來我爸爸將蜘蛛俠帶到樓上，並柔聲勸了我好幾分鐘。我放鬆後，感覺螞蟻才爬走了。」當鮑伯最後下樓吃蛋糕和冰淇淋時，他似乎換了一個人，是一個面帶微笑的小主人。而蜘蛛俠在生日宴會後面的時間裡都待在樓上。之後的幾年，鮑伯的父母都只為他舉辦規模較小的生日宴會。

來自父母的協助

性格內向的孩子通常需要父母的幫助，來學習在什麼時間用什麼樣的方式休息。他們不知道自己需要一個人待一會兒，不熟悉一個人待一會兒的感覺，或者也不想要離開朋友。這就是為什麼對父母來說，瞭解孩子是如此的重要。父母得有足夠的敏感來注意他們的孩子是否有點反常，是否變得脾氣乖張或退縮。

在聚會中，如果你看到你的孩子變得表情呆滯，你可以建議：「這裡太吵鬧了，而且人太多，我們到後院去走幾分鐘。」如果你發現他的脾氣開始變得有點暴躁，試試一些方法，如：「請你幫我把甜點拿出來；我們幾分鐘後就回來。」或「你看起來有點累了，我們上街去散散步吧，看看街上有什麼東西。」

正在鬧彆扭的孩子被告知需要休息一會兒時常常會反抗，所以做父母的可能需要引導孩子去做一會兒其他事情。之後，你就可以說：「我注意到你需要離開其他的小朋友休息一會兒了。」幫助你的孩子意識到他們在獨處一會兒後會感覺好許多。他們需要被提醒可以過五分鐘感覺好一些後再**回來**，然後他們就可以和小朋友們玩得更開心了。

梅根是個活潑的五歲孩子。在幼稚園裡，輪到她做「每週之星」——在一個小型節目中得到大家的祝賀。成為眾人關注焦點的壓力，使梅根感到非常焦慮不安，她躺在地板上四處打滾。她的父母受邀前來參加這個活動，目睹時感到非常尷尬和震驚。當梅根的父親把獎品遞給她時，她卻猛力想要將獎品從父親的手中推開。後來，當她的父母和我談論這個反應的可能原因時，我問他們是否認為她可能受到太大的刺激；我也要求他們與梅根談談發生了什麼事，並問問是否能夠給她什麼幫助。第二個星期，她的父母高興地對我說，梅根知道自己太興奮了。她告訴他們：「我的肚子有點不舒服，我需要出去一會兒。」她還告訴她的媽媽：「我希望妳能對我說，『寶貝，平靜些，平靜下來。』」

如果性格內向的孩子被問到需要什麼——而且他們確信自己能夠得到想要的東西，那麼，他們常常具有很好的洞察力。

你的指導可以幫助性格內向的孩子保持充沛的精力和愉悅的心情。與他們談論休息的必要，一些孩子實際上也有這樣的要求，選擇他心情放鬆的時候與他單獨待在一起，你越強烈地表達休息**很有益**的觀點，他就會越相信。你可以說：「你注意到有些小朋友精力很充沛嗎？他們可以玩一整天而不會感到疲倦，就像你的哥哥山姆一樣。而有些小朋友雖然也喜歡和朋友一起玩，但偶爾需要休息一會兒。你就是這樣的，凱米。你需要休息一會兒好恢復精力，並做幾次深呼吸，否則，你會開始感到疲倦，而且有一點煩躁。」問你的孩子是否曾注意到什麼時候需要休息一會兒。停一下，讓他們有反應的時間，如果他們一次也想不起來，提醒他們具體的某一次，他們當時曾感到很疲倦或壓力太大。

跟他說說某個小朋友休息的例子。「你注意到蘇珊是怎樣玩一會兒，然後坐著看一會兒的嗎？當你開始覺得有點累時，你可以對朋友說：『我想去坐一會，我很快回來。』或者說：『我去別處看看，幾分鐘後就回來。』」問你的孩子是否能想出告訴朋友自己要離開的其他方式。對他的提議加以讚揚。

幫助孩子回到遊戲中

幫助孩子回到遊戲中，是很重要的事。大多數性格內向的男孩或女孩在進入或重新進入某個活動前，都需要看上幾分鐘。告訴他們：「在你重新加入之前，先看一會兒是可以的。」研究顯示，進入一個團體最好的方式，是和其中一個人有眼神交流，並對他或她笑一笑，在沒有引起大家對你的注意時便加入遊戲，然後問一個相關的問題。比如說：「如果你的朋友在玩追趕的遊戲，你試試看能否捕捉住山姆的眼神，微笑，然後問他，你應該跑哪條路。」表揚你的孩子在加入活動方面的努力，然後與他或她討論什麼方式比較有效，而什麼方式不大有效。

家庭新成員的到來

當一個新的小生命進入你的生活，可能會使你的個性各方面都得到充分的展現。琳恩是一位性格外向的女性，通常在上班時與許多人打交道。最近她生了一個男寶寶——艾倫。當她來找我的時候，她已經和小寶寶在家裡待了幾個星期了。她真的很喜歡這個孩子，但是她不明白為什麼自己感到如此的疲倦，有筋疲力竭的感覺。我問她在這些日子裡，是否還有許多的社交往來。她說她根本就沒有再跟大多數的朋友碰面了，因為她們都要上班。

這結果說明，她其實是因為刺激不夠而感到厭倦。我建議她在一天裡可以跟朋友簡短通幾次電話聊天，或安排與好朋友共進午餐；也建議她帶著艾倫去有許多夫妻帶著孩子的公園裡走走，到地區性的商業中心去散散步，或是去生意興隆的茶店喝杯伯爵茶。接下來的一個星期，琳恩的精神便好多了，也更喜愛艾倫了。

嬰兒會給一些性格外向的媽媽提供刺激，但他們也會使一些媽媽感到筋疲力竭。如果你需要外在的活動，不要有罪惡感。作為一個性格外向者，琳恩需要外界的刺激以使自己充滿活力。

許多性格內向的媽媽喜歡參加照顧嬰兒的課程，喜歡與咯咯笑著的嬰兒舒適地待在一起（沒有痛苦、更好的一種方式！）。身為母親必須照顧孩子的那種更偏向安靜的生活節奏，給予她們待在家裡、與外界隔絕的機會，她們因此有機會可以欣賞自己內向性格的能力。

然而，並不是每一位性格內向的母親都是這樣。重要的是要注意到你的個性的狀態。一天二十四小時集中注意力在另外一個人，會格外費力。性格內向的母親需要尋找休息的方法，完全地獨處，或轉換到讓人放鬆的成人活動中去。

我喜歡當母親，但是當我的女兒還是嬰兒的時候，我每學期都選修一兩門大學課程，我需要精神食糧來平衡我當母親照顧孩子的時間。如果你是一個性格內向者，並且需要離開你的孩子一些時間，請相應地調整你的時間表。不要有罪惡感，尋找你需要的個性狀態的適溫帶，用一些時間來善待**自己**，你的孩子和你都會從中受益。

提供私人的空間

性格內向的孩子需要替自己的身體保留個人空間，以便在他們的身體和外在世界之間建立實際的界線。針對此，有幾個原因：第一，為了整理他們的思想和感情，他們需要將外界的刺激充分阻擋在外，好讓自己的注意力轉向內在世界；第二，處於人群和活動之中會消耗性格內向者的精力，對性格外向者來說，這是非常難理解或想像的；第三，如果外在的環境沒有被隔開，性格內向的孩子無法產生新的精力。

我為性格內向的十歲男孩傑佛瑞做過幾個月的心理諮商。他的父母非常焦慮，因為他在沒有任何明顯原因的情況下，要麼表現得退縮，要麼突然發脾氣。我們正在玩遊戲，突然，在晴朗的藍天下，他說：「我討厭和哥哥住同一個房間。我喜愛平靜和安靜。」「哦，是這樣嗎？」我問道，「聽起來這件事你已經想了很久了。」這個家庭有四間臥室，其中一間是遊戲室，於是，傑佛瑞就和性格外向的哥哥麥克住同一個房間。「喔，麥克可以搬到遊戲室去。」傑佛瑞繼續說。我於是建議：「也許你可以畫一幅畫，試想他的房間和你的房間各會是什麼樣子。」

傑佛瑞興奮地弓著身子，在紙上畫著那房間。很顯然，他已經在頭腦中計畫了一段時間，他設想父母可能有的每一件東西。直到將一切都畫好了，他才拿圖來給我看。在他告訴我他的計畫之後，他就能夠拿著畫去與性格外向的父母談論自己對空間的需求了。後來，麥克搬到遊戲室去住，傑佛瑞的精力馬上就變好了，時常爆發的脾氣也不見了。他擁有了他的個性非常需要的平和與寧靜。

性格內向的孩子會用很多方式表現他們對身體接觸的需要。像所有孩子一樣，他們喜歡被牽著手或被擁抱。有些時候，當感到壓力太大時，他們會要求有一些距離。「他碰到我的腿了。」當他們累了的時候，可能會在車裡抱怨。在一群人中，他們通常喜歡待在人群的前面、後面或邊緣，而不喜歡待在中間。他們不喜歡與別人分享座位或沙發，可能更喜歡自己單獨坐一張椅子。當你碰觸到他們時，有時候他們可能會將你推開。在這種時候，不能主觀臆斷。你既要享受他們想要依偎著你的時刻，也要接受那些他們覺得要減少外在刺激的時刻。

我記得有一次，我母親和我一起乘火車旅行了幾個星期。有一天，她的腿碰到我，我覺得皮膚發燙，猛然移開自己的腿。她對我如此神經過敏感到很生氣。我也為讓她不舒服而感到很糟糕，但是在如此長時間沒有親暱相處之後，最輕微的接觸也讓人感覺不舒服。

性格內向者在身體空間受到干擾時，會感到精力被耗盡了似的。在人群中，即便與他人沒有什麼交流，也會消耗他們的精力。這對性格外向者來說非常難以理解，因為空間對他們來說不是問題，而舒適的處所則不會消耗人們什麼精力。

與性格內向者站或坐得太近，或沒有經過允許就進入他們所處的房間，會消耗他們的精力。我的個案克莉絲汀在她才六歲左右時，就在臥室門上潦草地寫著「不要進來」。讓她感到很驚訝和很有趣的是，她的女兒凱蒂也在與她當年同樣的年齡時來問「不要進來」該怎麼寫。凱蒂在小黑板上寫好後，便將它掛在門把上，然後把門關上。後來，克莉絲汀笑著對凱蒂說：「我知道妳的感受。」給性格內向者一些空間，就是給他們精力。

與你的孩子談談分享個人空間的問題。你可以這麼說：「我知道如果你被其他人擠到了，有時候你會感到不安或精力不夠。」最重要的是承認你理解他們可能會覺得不舒服。「我們要和蒂娜姨媽與克里斯多夫一起開車去博物館。路程大約要一個小時。我知道在那麼長的時間與別人坐得那麼近，你可能會覺得不舒服。你認為有什麼能幫助你嗎？」令人驚訝的是，孩子們經常都能提出很好的建議。為了避免想不出辦法，你可以先提出一些建議：「如果我們放一個枕頭在你們兩人中間，會好一點嗎？你有什麼看法？」如果你們是在長途開車的過程中與孩子談論個人空間的問題，請注意定時停一會兒並下車走走，並輪流坐在不同的座位上。如果他們開始感到不安，建議他們做做深呼吸並放鬆。幫助他們將注意力集中在身體以外的其他事物。給他們耳機，讓他們聽聽故事或音樂；給他們一本較難的書，這樣他們就可以獨自專心看；或玩一玩趣味問答之類的遊戲。告訴他們，坐車時間不會很長。

和你的孩子討論：所有的孩子在身體周圍都有一個看不見的空間圈，只是大小不同而已。向你的孩子解釋說他通常有個較大的圈，這意味著如果他與其他人靠得太近就會覺得不舒服。處於人群之中，特別是如果別人進入他或她的個人空間，會使他們感到精力被消耗且疲倦。

盡力發現你們家每個人的個人空間圈的大小，試著做這個練習。讓每個人都站在你家門前的道路或人行道上。然後，讓別家的某個人朝他走過去。當這名家庭成員（例如你兒子）開始**感到**想要後退，教他說「停」。用人行道上的粉筆畫下他站的位置，然後用這個點作為半徑，在他身邊畫一個圈。家庭中的每個人可能有不同大小的圈子，那就是他或她的個人空間圈。你性格內向的兒子的個人空間圈可能很大。

對你的孩子解釋他對個人空間的需要。告訴他，有時候他可能想與別人分享他的個人空間圈，有時候又不想。建議他可以讓他的朋友知道他對個人空間的需要，他可以這麼說：「你可以往旁邊移一點點嗎？謝謝。」或「我喜歡我們一起坐在鞦韆上，但你能夠稍微過去一點嗎？我覺得有點擠。謝謝。」幫助你的孩子去注意，在什麼時候他覺得有點擁擠，好在他在感到不舒服之前，有能力去創造一些空間。問問他：「當昆廷跟你坐得那麼近的時候，你覺得怎麼樣？」然後說：「下一次，當你像那樣感覺不舒服的時候，你該怎麼做？你能移到其他地方嗎？」當你看到你的孩子在努力容忍不舒服，別忘記表揚他。「我知道坐在汽車裡有時候讓你覺得受到約束，但你今天表現得真的很棒。」

允許有思考的時間

性格內向者需要在沒有「做」什麼事情的壓力下，花一點時間來進行思考。許多性格內向者被指責慢吞吞的，是因為他們需要一段思考的時間。父母往往會變得急躁，並責問他們：「你懶洋洋地在那裡做什麼呢？」但是，除了利用休息時間來恢復精力之外，性格內向者還需要用休息時間來思考問題。為什麼性格內向者還需要這段沒有壓力的時間呢？性格內向者有意識或無意識地從外在世界吸收資訊，如果他們不減少來自外在世界的刺激，他們內在的思想、情感和印象就永遠也無法上升到表層。如果沒有處理的時間，他們的大腦就會變得阻塞和超載。於是許多性格內向者最終會覺得大腦一片空白，實際上是他們大腦中的東西太多，這些東西還來不及分類和整理。

當性格內向的孩子覺得腦中一片空白時，會產生許多窘迫和不安。你可以透過簡單的解釋說明發生了什麼事來幫助他。「現在你不知道自己的感覺，但是過一會兒你就知道了。」提醒他們，大腦的工作值得信賴，即便有時候意識不到它在工作。「我確信你的大腦會仔細思考那個問題，到明天你就會有一些想法了。」當他們得出一些結論或解決辦法時，要向他們指出。「看來你似乎對那本書已經有想法了，現在你應該能夠說出你喜歡和不喜歡的地方了。」

性格外向者喜歡與人討論問題以找出解決的辦法，所以他們通常對性格內向者的「有所保留」感到很惱火。他們可能會這麼說：「大聲地說出來吧！」這時，你可以教性格內向的孩子說：「我還在思考這個問題。」如果你的孩子是這樣一個性格內向者——他會藉由大聲說出來好思考問題，那麼你最好的辦法就是傾聽，並對你所聽到的一些內容給予回饋，例如：「那麼，讓我看看我是否理解正確了，艾莉西亞。妳已經對妳的科展實驗有了一些想法，而且妳也把選擇壓縮到只剩下兩種。妳要現在還是再找個時間來討論一下？」對於性格內向的孩子而言，及時做出回饋有助於他們繼續解決問題，而不至於束手無策。

如果你教你的孩子進行反省，他們將能把自己的天資運用得更好。建議他們坐好，讓思緒自由漂遊。解釋說自由的時間可以提供他們的大腦一個機會，將獲得的資訊連結起來。大腦將那些資訊像拼圖一樣放在一起，形成某些觀點。要求你的孩子去注意，完整的觀點、解決辦法和印象是在什麼時候變得清晰起來的。作為父母的你越是欣賞這個處理過程，你的孩子也越會這樣做。對他說：「我發現你在思考昨天的那個問題。」問你的孩子：「蓋瑞，你對新老師的印象怎麼樣？如果你需要，你可以想一下再回答。」重要的是，要幫助你的孩子對他們大腦的工作方式建立起足夠的信心。

跟孩子的老師談談，解釋一下孩子需要思考的時間，這可能會比較有幫助。老師可能不一定知道人們在大腦中是使用不同的神經傳導路徑，而且這神經傳導路徑的長度決定了孩子反應的快慢。老師可以要求學生思考一個問題：「我們將在午餐後討論本書的這一章。」他或她會發現許多平時表現得較安靜的孩子，在有機會先思考一番的情況下就會更投入參與。

協助孩子學習告訴家庭外的其他人：「我在回答前需要先思考一下。」提醒他們，重要的是要跟上自己的想法。別忘了讚美，「愛蜜莉，我很欣賞妳全面思考問題的方式。」你的兒子或女兒有很多的優點。

5-3 性格外向的父母vs.性格內向的孩子

父母的問題：過度擔憂，恨鐵不成鋼

性格外向的父母若有性格內向的孩子，便常會有許多擔憂。由於他們希望自己的孩子在生活中表現良好，便會經常擔心自己的孩子所表現的某些特點是危險的信號。如果這個孩子是男孩，父母通常會希望他堅強果決一些。就像我的一位個案描述他的兒子：「我認為馬克斯需要接受諮商。他是個好孩子，但他不夠活躍和自信。馬克斯做任何事都要花很長的時間，即使是說話也是這樣。」這位性格外向的父親具有洞察力地補充說：「馬克斯從一開始就跟別人比較隔絕，我的其他兒子都很開朗，也喜歡與人交往。」

我向這位個案描述了性格內向者較為安靜的精力表現，我解釋說為什麼馬克斯需要一些不受干擾的時間來回答問題。我可以看見這位父親臉上的緊張慢慢舒緩了。當他開始認為馬克斯的行為並無不妥時，他便能夠幫助他的兒子了。例如，當這位個案提前將計畫告訴馬克斯，並讓他在加入活動前先觀察一下，馬克斯就變得更加順利而自然了。結果，馬克斯開始比較願意說話，家人也開始學會傾聽。

父母的問題：用自己的標準要求孩子

我的另一位個案海莉，處於內外向連續體較外向的那一端，她的四歲兒子班，相當敏感又內向。她來找我，因為她認為班有一些嚴重的問題。她甚至認為他有點孤僻。她不能夠理解為什麼他看起來有點呆頭呆腦，而且哭叫得特別厲害。之後的十到十五分鐘，她開始描述他們的日常生活。那就像是在跑一場馬拉松：去這裡、去那裡、做這件事、做那件事。

當她還在列舉自己為即將到來的家庭出遊所計畫的更多「有趣」活動：打迷你高爾夫、逛有拱廊的街道，**然後**去「Chuck E. Cheese」複合式遊樂餐廳吃午餐……我打斷了她，因為連我都開始感到不舒服和筋疲力竭了。在我的腦海中，我幾乎可以看見班都要累倒了。我說：「這對班來說壓力似乎有點大。」「妳指的是什麼？」她問道，在她坐下後第一次停了下來。「噢，在我看來，妳是一個性格外向者，而班是一個性格內向者。這些活動對他來說壓力都太大了。班的反常或喊叫，都顯示他要做的事情太多了。」「妳說的壓力太大，是什麼意思呢？」海莉問道。這個概念沒有引起她的共鳴。我解釋說，班可能覺得要做的事情「太多」了，他已經累了、無法思考了。海莉笑道：「而我還以為我給了他所有的這些美妙時光。」

海莉才剛剛懷孕，她停了一會兒說：「我很想知道這個孩子有怎樣的個性。」我認為，我們有了一些進步。我告訴她這是一個很好的問題。不要用**你的**精力水準來要求你的孩子，讓孩子感到壓力太大，這很重要。

另一對性格外向的父母來和我談論他們的女兒——亞莉克莎。「她所做的一切就是待在她的房間裡看書。我認為這是個嚴重的問題，她在逃避生活。」她不想做他建議的任何事情，他覺得她在生他的氣。我建議他問亞莉克莎是否同意與他一起閱讀。在我們下一次會見時，他說亞莉克莎因他的提議變得十分快活，他感到相當震驚。這對父女現在每週都一起看書，兩人的關係有了很大的改善。

學習接納孩子的個性

性格內向的孩子可能沒有性格外向的孩子那麼愛表達自己的情感。他們喜愛你、尊重你，但是他們可能不會多談。接納自己和你的孩子的個性吧，兩者都是難以被改變的。你們都有許多優秀的特質，可以奉獻給你們的家庭和這個世界。

如何糾正性格內向孩子的錯誤

性格內向的孩子可能對別人的憤怒和反對很敏感。正如我前面提過的，最好不要當眾糾正他們的錯誤，因為對他們來說這是件很痛苦的事，他們甚至會築起高牆，將你阻隔在外，並表現出不在乎的樣子，實際上他們非常在意。但這並不是說你就應該忽視他們的破壞性行為。

你要以就事論事的方式來告訴他們，說他們所做的哪些事情你不同意：「我不喜歡你扔沙子。」並解釋為什麼：「沙子飛進提米的眼睛裡，弄傷他了。」告訴他應該做什麼：「我希望你去跟提米道歉。然後，讓我們來談談這件事，看看你當時有什麼感想，以及為什麼你要扔沙子。如果你因為什麼事而感到沮喪或不安，我保證我們可以找到更好的方式來表達。」對性格內向的孩子來說，感到生氣和失望是很大的刺激，他們需要別人的幫助來學習調整自己的情感，透過說話而不是行動，將壓抑的情感宣洩出來。

作為父母，你需要將可能讓他們感到羞恥的做法和對他們的責備降低到最小限度。請閱讀第二章2-6節（78頁）關於羞恥感和責備及其解決辦法的內容。請記住：羞恥感是孩子的核心存在感遭到攻擊的感覺。「我對我的姊妹大吼大叫，我很壞，現在媽媽不會再愛我了。」罪惡感則是感到做了什麼不該做的事。「我對柯里大吼大叫，媽媽不喜歡我這個樣子。」給你的孩子說話的空間，如果他們感到難過，便可能會變得沉默。檢查並確信他們沒有還在為那件事情悶頭苦苦思索。告訴他們你很愛他們。提醒他們每個人都會犯錯，即便是你也一樣。

5-4 理解性格外向的孩子

在孩子的眼中，這個世界上奇異的事情不是只有七件，而是有七百萬件。

——沃特・斯德萊提夫（Walt Streightiff）

有人可以對話、得到別人的回饋、大聲講話以思索出問題的答案，以及忙忙碌碌地做事，這些都是性格外向孩子的精力來源。請注意，這些方式與性格內向孩子的精力來源相比，是多麼的不同。並請謹記，性格外向者和性格內向者一樣，都是處於個性連續體之中——只不過某些人比另一些人更外向一些，而且每一個人都是具有獨特個性的唯一個體。將這些觀點銘記於心，以下是幫助性格外向的孩子茁壯成長的一些方法。

確定他們與人在一起，有人跟他們說話

性格外向的孩子需要與人在一起。他們喜愛那種像是幾家人共用一條線路的老式電話，隨時想要的話都可以加入談話，讓他們可以有感而發、可以交流、分享生活心得，這些都能夠給予他們精力。這類閒談，有時可能連家人也無法完全滿足，所以要幫助他們發展家庭以外的友誼。而且，性格外向的孩子在人群中容易受到別人的影響，特別是在十多歲的時候，所以早一點幫助他們發展自己個人的興趣愛好非常重要。研究顯示，有嗜好的青少年較少捲入麻煩。想一想有什麼可以吸引他們的注意力，並鼓勵他們去做。尋找可以與他們談話的知識豐富的人。例如，如果你的女兒對攝影感興趣，也許當地照相館的店主就是很好的資源；或是請懂攝影的朋友外出攝影時帶她一起去，或用她的名字訂閱攝影雜誌。一旦你的孩子覺得自己已經非常有見地了，請她在晚餐後跟家裡的人說說她的興趣中最令她著迷的部分。

提供回饋

性格外向的孩子需要回饋，「好小子／好女孩」之類的鼓勵非常重要。幾句肯定、加強語氣的鼓

勵，就能讓他們高興得幾乎要飛上天。所有孩子都需要別人當自己的「鏡子」，以反映自己的人格，而這對性格外向的孩子來說特別重要；這可以幫助他們更加理解自己的行為。「我注意到當雅各不能跟你一起玩時，你看起來有點難過。讓我們看看是否可以約他明天一起玩。」性格外向的孩子沒有性格內向的孩子那麼喜歡反省，所以他們需要別人的幫助來發展這種能力。對他們來說，重要的是要理解情感和行動是不一樣的：情感是內在的狀態，是可以加以**考慮**的。我感到很焦慮，為什麼？然後，他們就可以選擇自己要採取什麼行動。「我知道你想著該輪到你，但是你得等西恩先玩完。好朋友應該這樣。」「如果全部時間都是你在說話，而你的朋友根本沒有機會說點什麼，你認為情況會怎樣？」「我知道你很急，但是我希望你能等一下，讓凱西先進門。」這些評價可以幫助孩子變得不那麼衝動，並且能發展反省的能力——學會在行動前先思考。給予回饋時，要注意說話時用點奧利奧餅乾當獎勵的技巧。開始時講一些肯定的評價，然後加一些否定的評價，在結束時又講一些肯定的評價。回饋可以讓性格外向的孩子充滿活力。

讓他們透過大聲講話進行思考

性格外向者透過講話進行思考。他們需要別人聽他們講，好整理自己的想法和情感。他們可能不需要對方回答，只需要對方像一塊反射板就好。問問你的孩子，他們是否只是需要你聽著就可以了，還是你應該要問一些問題並提出建議。（即便你只是聽著，也要讓你的孩子知道你是多麼喜歡他們的觀點和問題。）性格外向的孩子可能會大聲地與自己談話，用這種方式可能更容易「聽到」自己的心聲。讓性格外向的孩子說說他們的擔憂和關注的問題，並與你分享他們的想法；他們是在透過大聲講話，整理自己的思想。他們可能也會問大量的問題，用你想要的方式回答他們，但你也可以設置限度。「只能再回答兩個問題，然後我就得去弄晚餐了。」對性格內向的孩子來說，難以想像的是：性格外向的孩子在電視機或收音機開著時，學習效果可能更好。

安排時間讓他們靜下來

對性格外向的孩子來說，遊戲的名字就是「刺激」；他們需要有事情可做、有地方可去、有人一起玩。他們的態度是：時間一點一點過去——我們不要擺弄手指、無所事事。許多性格外向的孩子不想錯過任何事，這對父母（即便是性格外向的父母）來說相當累人。因此，即便你的孩子不想停下來，也要安排一些時間讓他們安靜一會兒。「今天下午兩點到三點鐘，我希望你能休息一會兒。你可以聽聽音樂或錄音帶的有聲書，或是讀你在看的那本書的另一章。」幫助他們注意到擁有個人時間的益處。「在你閱讀並休息之後，你看起來輕鬆多了。你的身體覺得如何？」如果你的孩子是一個人在玩、做白日夢，或只是休息放鬆，讓他們知道你對他們可以享受安靜的時光感到很高興。再檢查一下孩子的活動情況，確信他們沒有將活動排得太滿。即使性格非常外向的孩子可以做得更多，他們也需要一些機會來練習內省。

5-5 性格內向的父母VS.性格外向的孩子

一個孩子再活潑可愛，也要注意勞逸結合。

——愛默生（Ralph Waldo Emerson）

父母的問題：需要保留身體與心靈的空間

對性格內向的父母來說，性格外向的孩子可能是快樂、也是麻煩的泉源。他們對這個世界充滿了狂熱和興奮，想要嘗試一切，想要黏著你坐下，傾訴一天中**所有**的事情。你的個性對你的孩子來說，彷彿是打開了一道有趣、充滿各種機會的門，使他們可以很早就認識到差異的價值。由於你對身體接觸的需求可能比他們少很多——那麼，給他們一個擁抱，並告訴他們你很愛他們，但是你現在需要更多一點空間。

父母的問題：因精力不足造成的罪惡感

南西是我面談過的一位性格內向的母親，她說：「我女兒維多利亞想參加學校所有的活動，不願錯過任何一項。我似乎無法堅持，而感到很強烈的罪惡感。」把你的罪惡感擺到一邊去吧，重要的是向你的孩子解釋，你對太多的活動感到疲倦，你需要以和他不一樣的方式，也就是透過休息來恢復精力。幫助他們理解你喜歡參加他們的活動，但是你有不同的生活節奏，就像是烏龜和野兔一樣。讓他們知道你願意參加他們的其他活動，但要有個限度。例如你可以說，你以後一個月可以參加兩次活動，讓他們自己挑選。我建議南西，她可以要求她的女兒用錄音帶錄下她一星期的活動，然後在星期天晚餐後向整個家庭（或許是用一個玩具的麥克風）彙報一下，將它稱「為維多利亞的一週」。

我的個案凱文無法理解為什麼他的兒子喬許不想在家多待一會兒。當爸爸從學校接到他時，從喬許嘴裡冒出的第一句話就是：「我們要去哪裡？」當凱文說：「回家。」喬許就會唉聲嘆氣陷進座位裡。「這讓我覺得自己是個壞爸爸，」凱文說，「我不能理解為什麼他不想和我們在一起。」

對孩子的個性不要有主觀的看法。他們不是要拒絕你，而是想尋找活力。記住，他們若害怕感到筋疲力竭，這也是你不會喜歡的情感體驗。對你的兒子說：「我知道你不想回家，那我們一路唱歌，或是輪流找街道招牌上的字母。你開始找A吧。」如果他沒有馬上同意，你可以開始唱歌或玩遊戲，大多數孩子很快就會加入。給你性格外向的孩子大量的讚美，如果你沒有向他們指出他們的優點（不管在你看來是多麼明顯），他們可能也不懂得欣賞。

如何糾正性格外向孩子的錯誤

性格外向的孩子就像是變幻無常的天氣，情緒相當多樣化，而且大起大落。有時候，他們對別人的情感毫不在意，他們可能忽視父母的憤怒，如果你對他發火，他們可能會有一會兒感到有點沮喪，因為他們喜歡令人愉快的讚美。但是，外向的孩子不像內向者那樣會花時間考慮問題，可能一下子就認為問題已經過去，就像風暴雲在狂風暴雨後就煙消雲散一樣。

向他們表明你對什麼感到不安，並讓他們對此留下深刻的印象，是很重要的。單獨與他們談話，向他們指出你不喜歡的行為。直視著他們、語氣堅定，讓你的評價簡短但具體，「你從琳西手上拿走畫筆，讓我感到很不安。」並說明之後應該做什麼，「我希望你去向她道歉。因為她就快用完畫筆了，你其實可以稍等一下，然後就能接著用啊。」

之後，用一種既不是責備、也不是批評的方式，問你的孩子他們是否還有其他方式可以應對當時的情境，幫助他們全面思考自己的行為，不要讓你們的談話變成辯論賽。許多性格外向的孩子非常善於言辭，而且可能講得比你還響亮。保持平靜並控制住局面。「我愛你，但是我不喜歡你做的那件事。」提醒他們，我們都需要不時地思考自己的行為，即便是媽媽和爸爸也一樣。

5-6 協助內向的孩子覺察，了解自己

我們擔心著孩子們的明天，卻忘了他們生活在今天。

——絲塔莎・桃夏（Stacia Tauscher）

教內向的孩子管理精力

當性格內向的孩子還小的時候，就要開始跟他們談談，他們的身體和大腦是怎麼工作的，又該如何管理。為了思考、感覺和行動，我們的身體需要能量。與孩子談論他們該怎麼儲存精力，怎樣才能感覺良好且精力充沛。向他們解釋，某些人需要大量屬於自己的時間，好恢復精力；而另一些人是透過到外在世界去活動而恢復精力。舉一個你如何恢復精力的例子。

協助內向的孩子覺察身體感受

幫助孩子談論他們的身體感受，教他們瞭解自己的個性。他們可以透過注意自己什麼時候需要休息或活動，而開始瞭解自己。給他們一些回饋：「我看見你在雀兒喜的宴會上玩得很高興，但後來你感到很疲倦。你有注意到這個情況嗎？」幫助他們觀察其他孩子的不同表現。「野餐後，泰勒在回家的路上就睡著了，而莎拉一路上都在說話和唱歌。他們的需要和個性很不同。」

協助內向的孩子理解他大腦的工作方式

大腦也是以不同的方式在發揮作用。向你的孩子解釋：「有些人的思考非常迅速，講話經常很快；而另外一些人，和你非常相像，需要全面考慮他們的行為。如果你有一些時間考慮，你就會知道自己想說些什麼，你會覺得很棒。你幾個小時都集中精力在蒐集蝴蝶後，也會覺得很棒；但有些人如果在某件事上花的時間太長，他們會感到厭倦。他們比較喜歡忙忙碌碌的。」

協助內向的孩子融入異質性的環境

和你的孩子一起找到一條「融入團隊之中」的途徑。幫助他們對那些可能很困難的情境做好預期和準備。討論你和家中其他成員的個性，讓他們理解內向和外向都沒有什麼不好。訣竅是幫助他們理解自己，而不要用逃避來作為應付的方式。有時候，他們會覺得刺激太大，你可以鼓勵他們做做深呼吸並休息一會兒，讓自己平靜下來。

不過度保護，適時支援陪伴

不要過度保護你的孩子，也不要期望他們能獨自處理自己的事情。他們最需要的是感覺到自己可以和你一起研討出解決問題的許多種辦法。如果他們知道你瞭解他們的優勢和不足，他們自然會長大成人。經常和孩子談論他們精力的高潮和低谷（你主要是傾聽），讓他們感覺到你和他們在一起，他們就會有無窮的力量。這是他們在面對成長過程中的各種艱難險阻時，你所能給予的最大支援。

當內向的孩子遇上外向的手足

大多數家庭都是既有性格內向者又有性格外向者。經常有這樣的情況：一個家如果有一個精力十足的外向者，他會占用大量的說話時間，而沒有為較為內向的孩子留下什麼空間。如果你家出現了這種不平衡，需要特別留意保護內向的孩子，不要讓他受到可能會控制、壓抑或蓋過他的兄弟姊妹的欺負。

在晚餐桌上，要確信所有孩子都有機會輪流說話。內向的孩子對打斷別人的談話會感到很不舒服，所以他們可能不會加入家庭討論。如果他們知道將要輪到自己說話了，就有時間來準備一下自己的想法。幫助機敏的談話者學會等待步調較慢的兄弟姊妹，不要讓孩子打斷或幫另一個孩子說話。很顯然，沒有任何孩子應該因為自己的交流方式而遭到取笑或侮辱。

要注意內向的孩子是否傾向只是隨著眾人，結果被大家忽視了。問問他們對家庭活動的看法或感覺。「今天的活動對你來說會不會有點亂？」教其他孩子要考慮性格內向的手足的意見。「喬恩，我知道你想去公園——問問海瑟的意見如何。」

若性格內向的孩子需要較長的時間，才能講出他或她的觀點，請鼓勵其他孩子耐心等待。「喬恩，海瑟需要一點時間想想。讓我們看看她是怎麼想的。」透過尊重每位家庭成員，你所有孩子的人際交往技能都將得到更好的發展。

5-7 內向者與天賦的關聯

六成的天才是內向者

我總是對**有天賦**和**有才能**這兩個詞感到不舒服，因為**所有**孩子在某方面來說都是有天賦和有才能的。雖然如此，我還是願意討論這個問題，因為許多性格內向的孩子和成人並沒有意識到，他們的能力和才智非常有價值。儘管研究表明內向性格和天賦之間有關聯，但性格內向的孩子考試並不一定能考得好，也並不一定就被認定是有天賦或有才能的人。

天賦的早期表現

人們認為**有天賦的**孩子有遺傳的天資，可以有水準較高、速度較快的大腦發展。他的認知、情緒、身體和直覺的機能可能發展為高智商。**有才能**，是指一個孩子具有的特質可能發展到不同尋常的水準。人們認為有天賦和有才能的男孩和女孩都需要反應靈敏、豐富多彩的環境來充分發展他們天生的才能。

以下列舉的條目是天賦的一些早期表現：

- 較強的抽象推理和問題解決技能。

- 在一些發展的重要階段，成長、進步神速。
- 強烈的求知欲和好奇心。
- 語言發展較早，且水準較高。
- 對照顧他的人較早發展出認知（如微笑）。
- 喜愛學習且速度快。
- 強烈的幽默感。
- 驚人的記憶力。
- 較高的活動水準。
- 對雜訊、疼痛或需求得不到滿足有強烈的反應。
- 在幼兒時期睡眠需求較少。
- 如果對話題或活動感興趣，可以集中長時間的注意力。
- 敏感、有同情心。
- 追求完美。
- 在幼兒時期表現出不尋常的機敏。
- 活躍的想像力（如想像中的玩伴）。

三個例外

既然你已經看完了這些內容，讓我再補充一個告誡吧。我相信在「活動力、語言技能、記憶」三個領域中，性格內向的孩子與這些描述是不同的。首先，許多性格內向的孩子**活動力不高**，可能習慣久坐而不參加活動。第二，他們的**語言能力可能不明顯**。如果你沒有好好引導，他們豐富的辭彙庫可能會有如一潭死水，無法自如地表現。

第三，請記住性格內向者傾向使用**長期記憶**，而不是像性格外向者那樣傾向使用短期記憶。所以，性格內向的孩子在回憶某事時會用較長的時間，但是一旦他們做了某事，便很少會忘記。性格外向的孩子回憶較快，但遺忘也快。請瀏覽所列的條目，看看你的孩子是否表現了其中的某些特質。

培養有天賦或有才能的孩子，會是一件鼓舞人心的事，但同時也充滿困難。以下是一些有用的建議：

- 以積極的態度看待孩子的特徵，例如，堅持和固執可以看作是本質相同的特質。
- 評估孩子獨特的才能或興趣，並盡力為他或她提供所需要的條件。例如，如果你的孩子喜愛繪畫，就為他或她提供繪畫所需的材料。
- 做個有見識的提倡者；你可能需要與孩子的教育者談談你的孩子。
- 尋求協助。嬰兒和剛學走路的孩子可能將父母弄得筋疲力盡。請尋求家人和朋友的幫助。
- 以尊重的態度傾聽孩子說話；有天賦的孩子可能會問無窮無盡的問題，並挑戰現有的一些觀點。概略地解釋會帶來更多的配合。
- 教孩子利用一些資源來尋找你所不能回答的答案。
- 閱讀關於天賦的書，查詢網路上的資訊，參加有天賦孩子的父母組成的團體，並與他們進行交流。

- 重視孩子的獨特性：他們的觀點、想法和抱負。別對他們施加壓力，確信他們在家裡覺得被欣賞和重視。

關於害羞的補充說明

請容我提醒一下，我在第64頁討論過關於成人一個普遍的誤解：性格內向者並不一定就是容易害羞的人。性格內向和外向的孩子都可能害羞。害羞是一種焦慮的狀態，一個人害怕被拒絕、被譏笑或感到困窘。某些害羞的孩子社交技能較差，他們逃避社交情境，無論這種社交情境是和一個人還是和二十個人在一起，因為他們害怕被拒絕或被排斥。社交對他們來說是非常痛苦的事。他們常常為自己在社交情境中所做或所說的事情而批判自己。

性格內向的孩子通常都有良好的社交技巧，而且經常都喜歡社交情境。但他們可能需要自然而然地參與社交活動，但如果他們被迫在太長的時間裡應付太多的人，就會變得疲憊不堪。他們可能感到不舒服，因為他們不喜歡強行打斷別人的交談，這會使他們感到自己並非群體中的一員。但是，一般來說，性格內向的孩子都喜歡社交活動。儘管如此，如果一個性格內向的孩子對身為性格內向者不斷抱持著排斥和批判的態度，將會變得害羞、壓抑或恐懼。

如果性格外向的孩子經常受到羞辱、批評或自尊受到傷害，也會變得很害羞。害羞對性格外向者來說是非常困擾的事。我的一位個案是個引人注目、十五歲的害羞的性格外向者。她想和朋友一起，也需要出去玩，好讓自己充滿活力，但她卻又是如此焦慮，讓她幾乎連安靜坐一會兒都不行。她在我的辦公室裡，迅速搖動活動式沙發椅，簡直讓人覺得她是要將自己從窗戶丟出去。當我們開始減少她的社交焦慮，並提高她的人際交往技能後，她就能以輕鬆的心態去參與各種活動了。

對你害羞的孩子解釋害羞和性格內向之間的差異，讓他們知道你將幫助他們學會在社交情境中感覺較舒適。儘管一些孩子天生就害羞（大腦中的恐懼中樞較為活躍），但大多數孩子是因為受到批評、羞辱和拒絕而學會了害羞。性格內向或外向的害羞孩子都需要學習一定的社交技能，以停止腦中批判的聲音，並增強他們的自信。

可以讀一讀關於害羞的優良書籍，並實踐當中的一些建議。性格內向和外向是孩子個性的一部分，而且難以改變；另一方面，害羞卻可以明顯加以改善。害羞的孩子和成人可以透過學習新的技能而減少大多數的恐懼和焦慮。

5-8 父母的力量

孩子是人類的未來。

——威廉・薩洛揚（William Saroyan）

我們不能保護孩子免於世上所有的危險，但可以**影響他們對自己的感覺**。當他們還小的時候，我們可以教他們重視和理解自己的個性（若他們能夠根據本章前面所討論的內容，學習瞭解自己的個性狀態，將會獲益良多）。我們也可以教他們欣賞別人的個性。如果我們運用自己和孩子之間強而有力的關係，來幫助他們發展自己的天性，他們就能打下堅實的基礎，成長為具有獨特性格的成人。**性格是一種機能**，是我們每個人使用自己天生個性的方式。在這塊領地，我們有絕對的控制權。

我們的孩子是建設性、還是破壞性地發揮他們的天賦和能力？如果每一個孩子在成長的過程中，都正直誠實、充滿好奇心和求知欲、具有深厚的同情心、有愛和被愛的能力，以及發展內在力量的能力，這個世界將變得更加美好和光明。

本章思考點

- 觀察你的孩子是性格較內向，還是較外向。
- 思考你的孩子是如何恢復精力的。
- 思考你和你的伴侶的個性。你們是性格內向者，還是性格外向者？
- 一家人坐在一起談談你們的個性，及其對你們日常關係的影響。這樣彼此就能更加和諧地相處。

第六章

社交活動：選擇煞風景，還是筋疲力盡？

- 到底該不該去一個聚會，有沒有什麼判斷依據？
- 如何得體地拒絕聚會的邀請？
- 參加聚會跟人談話到一半，突然腦袋打結，該怎麼化解？
- 離開聚會是門大學問，千萬不要像鬼魂一樣悄悄溜走。
- 有沒有什麼方法，可以讓聚會的氣氛熱起來，讓內向的客人有參與感？
- 其實你沒有發現，你在聚會中是個滿受歡迎的人。

偶爾，我也會遇見潛藏在洗手間的其他人。我們認出了對方，並笑了笑。

作者

那個房間人潮像大海。喧鬧聲幾乎要震破我的耳膜。我掃視一遍房間，想要尋找一個安全的角落。我的胃開始痙攣，呼吸變得急促，我想要逃走，我的丈夫麥可卻看見了他想要打招呼的朋友。他很興奮，他喜愛聚會。他穿過擁擠的人群，一路上都在微笑、點頭。我筆直走向洗手間，待在那裡，欣賞著壁紙、手巾和肥皂，我真的很喜歡設備完善的洗手間。我開始放鬆，我的胃也開始放鬆，我的呼吸恢復正常。過了一會兒，我覺得可以離開洗手間這避難所了。我發現麥可在人群中，我悄悄溜到他身邊，他遞給我一杯百事可樂。我和人們閒聊，愉快地聽著他們談天，大笑和談話真是有趣。一旦我又感到那想要撤退的熟悉感覺，我便再次回到洗手間。偶爾，我也會遇見潛藏在洗手間的其他人。我們認出了對方，並笑了笑。我知道她在計算她離開宴會場且又不會表現得失禮的時間還有多久。

大家正在共進晚餐，然後是甜點。我吃了兩口梅爾巴桃子冰淇淋（Peach Melba），轉向麥可悄悄地說：「我想在五分鐘後離開。」這已經是我在聚會上夠好的表現了。而且，不管你信不信，即便是這種水準的應對能力，也是我花了好多年的時間才學會的。我喜愛社交聚會——我也去了——只要我知道我可以很快就離開。如果我知道我很快就可以回家鑽進我的睡衣，享受臥室的平靜與寧靜，我就能夠忍受社交聚會上讓人不舒服的感覺與精力的消耗。事實上，我發現我對內向的性格越是瞭解，我就越容易應對社交活動。

我接觸過的許多性格內向者，有的是我的個案，有的是為寫這本書而去採訪過的人，他們都覺得即便自己喜歡與人們在一起，但在社交活動時也會感到很不舒服。事實上，許多人對我所描述的「藏到洗手間去」的做法都表示認同，並笑著問：「噢，你也是這樣的嗎？」

愛蜜莉在某個星期一早晨走進了我的辦公室，這位案主從我面前經過，整個人癱倒在滑輪沙發椅上。「我得了社交綜合症。」她笑著說，「這個週末我參加了**兩次**聚會，而且玩得很開心，但是我筋疲力盡。為什麼我會感到如此疲憊呢？」

性格內向者多半都有很好的人際交往技巧，也都與親友享有良好的關係。事實上，許多人還因職業的需要與很多人接觸，就像我一樣。那麼，為什麼社交聚會常使他們感到焦慮和疲憊呢？

問題的答案就在於，在人群中的社交活動需要付出大量的精力。首先，準備外出要耗費精力，因為性格內向者往往要事先做好考慮，並設想之後的情況對他們來說會怎樣，以致活動結束時他們將會感到疲倦、不舒服或焦慮。第二，大多數性格內向者需要逐步融入到社交情境之中，以適應社交活動上的各種刺激。喧鬧聲、燈光、音樂、陌生的面孔、熟悉的面孔、吃東西、喝飲料、各式各樣的氣味——所有的一切都使大腦**超負荷運轉**。最後，僅僅是身體周圍滿滿的人、朋友或仇敵，都會消耗性格內向者大量的精力。

6-1 敏捷的對答VS.認真的交談

為了創造美好的人生，你必須成為你自己。

——比爾・傑克遜（Bill Jackson）博士

社交聚會上的交談方式大多數是為性格外向者安排的，這可以為他們提供大量的刺激。然而，這與性格內向者的天性相違背，而且是非常的苛求。閒談通常集中在近期的新聞、天氣和運動這些話題；這種談話音量很高、大家爭著發言，而且節奏很快。人們通常站著談話；他們表情豐富，眼神直接交流。他們自發地說話，彼此隨意打斷左右的發言，並詢問大量很個人隱私的問題。跟不上這些閒談的人們通常看起來或感覺起來頗尷尬的。他們雖然沒有被趕出聚會，但實際上已經被這個群體給忽視了。

最近我接到一通電話，是十三歲男孩卡麥隆的母親打來的。「卡麥隆想跟心理治療師談談，」她解釋，「他在網路上做了初步的自我診斷，認為自己有社交焦慮。」卡麥隆進來，談論自己的生活狀況，幾分鐘後，我便瞭解他有許多朋友——是那種會邀他出去玩的朋友。「告訴我，你為什麼認為自己有社交焦慮呢？」我問道。「噢，」他說，「我討厭平常有這麼多的活動——去海邊、去演唱會，午餐時到處是人，以及在同學面前開玩笑。我總覺得我不適合這樣的群體。我要不覺得被忽視，要不就成為眾人注目的焦點。」卡麥隆沒有意識到問題的原因，但是他很瞭解自己。

認真而深入的一對一交談

性格內向者可以藉由與人一對一地談論他們感興趣的話題而感到很有活力，而且他們可以透過複雜的討論，彼此都認真思考對方的觀點，從而獲得充沛的精力。我認為這種交談是有創造力的交談，因為它可以不停地產生新觀點。這種發展性的談話節奏對性格內向者來說比較適合，因為他們可以坐著慢慢談。（站著似乎需要更多的精力，而且會增加暴露自己的感覺。）

他們也可以聽得比說得多，在進入談話前先停頓一下，並且較少被干擾。他們可以眼睛看著其他地方（如果他們想要減少刺激），而不會失去與對方的聯繫。微笑不是很重要，讓人尷尬的個人問題也不再是個問題（他們可以回答，也可以不回答），而且他們不會覺得自己似乎得到太多或太少關注。在一對一的交流中，他們更有可能被請求發表意見。而且，如果性格內向者沒有任何開場白就開始評論某個問題，對方通常可以請他發表進一步的觀點。如果發生了討厭的「腦袋打結」情況，你還可以當作沒什麼地說：「啊，我想說的事情從我的腦中跑掉了。」也因此，說到使性格內向者發生社交困難的問題時，不難理解為什麼大多數人，甚至是大多數的性格內向者，會將它和害羞混淆。

6-2 個性的困惑

讓性格內向者非常迷惑的是，有時候他們也很喜歡參加鬧哄哄、四處都是人、一群一群站著談論的社交活動，而且也覺得精力充沛；但下一次他們可能又覺得那樣的活動太耗費精力。是什麼給予他們精力呢？大多數性格內向者覺得他們**應該**享受交往的樂趣，他們想知道為什麼自己不能**經常**充滿活力。（當性格外向者察覺自己有內傾的趨勢時，他們會將這種情況理解為「我只是需要休息一下」。因為他們覺得與人來往讓自己很舒服，他們幾乎不會去細想筋疲力盡的感覺。這似乎不會讓他們有什麼不安——也不會讓他們迷惑。）

而實際情況是，我們生來就具有外傾或內傾的身體機能，而且，如果條件合適（我們未必能察覺原因），我們的身體和大腦也渴望一些外傾（的機會）。確實，我們會有喜歡某一次閒聊或在某次聚會上表現很活潑的時候。然而，如果你處於個性連續體較為內向的那一端，你較為普遍的體驗是在社交活動後需要休息。

6-3 去或不去，這是個問題

無所事事毫無快樂可言，快樂在於忙裡偷閒。

——瑪莉・威爾森（Mary Wilson Little）

性格內向者經常為了要去或不去參加某次社交聚會而產生嚴重的內在拉鋸。我們滿腦子都是我們

應該做什麼，而忘了考慮我們**想**做什麼。很顯然，在某些場合，我們沒有任何選擇的餘地——例如，某些與工作有關的活動、家庭聚會，或者死黨的婚禮。但是也有很多時候，我們可以選擇。

儘管大多數關於害羞的書都建議，**你不需要參加接踵而來的每一次活動**。但另一方面，如果你逃避全部的活動，最終你會覺得自己被孤立。而且，你會認為自己是個害怕參加社交活動的人，更不用說你會錯過多少美妙的時光了。

生活中大多數的事情都有折衷的辦法，通常那也是最好的選擇。學著對即將到來的社交活動，問自己一些具體的問題，可以幫助你全面思考你是否**應該**去。可以用幾天的時間來保持中立的態度，這意味著你有**兩個**很好的選擇。對自己說：「到星期三，我將決定是否要去，並告訴漢娜我的想法。」如果你不去，你可能會後悔，但那也沒有關係，這並不意味著你做了錯誤的決定。如果你練習給自己一些選擇，你會開始發現有的時候你**的確**想去。

當你試圖決定是否要去參加一次聚會時，你可以問自己以下的問題：

- 這次活動對我或我伴侶的事業有益嗎？
- 這次活動對我來說很重要嗎——是我信任的慈善機構的募款活動、我支持的政黨募款活動，還是某個好朋友舉辦的聚會？
- 這次活動我會成為大家關注的焦點嗎——會被邀請用麥克風致詞或介紹其他人嗎？
- 這是一次性的活動，還是接下來不久會再舉辦的活動？
- 會是我討厭的活動——如電影首映、烤肉餐會、拍賣活動、要喝很多酒的活動嗎？

- 那裡會有較少、普通，還是很多的人？
- 我認識參加活動的很多人、一些人，還是一個也不認識？
- 如果我不參加這次活動，會傷害到我在意的某個人的感情嗎？
- 最近我外出參加的社交活動是太多，還是太少了？

有時，可以同意自己擴大一些社交活動，鍛鍊一下自己的社交能力。例如，如果那種社交場合對你或你伴侶的職業生涯很重要，可以考慮參加一下。和你應該見的人會面，比如說與你的老闆談談話，然後再離開。淺嘗輒止是非常容易接受的選擇。如果你發現自己玩得很開心，你待的時間可以稍微長一點。

內向者喜歡／不喜歡的社交活動

我測驗過許多性格內向者，問他們害怕什麼樣的社交聚會，以及他們覺得哪些社交活動較為有趣而不讓人厭倦。這些列表反映了個人的偏好。思考一下**你**對以下提到的不同活動有什麼感覺。

內向者討厭的活動，包括：

雞尾酒會、慈善活動、招待會、人多的活動、公司的野餐活動、燭光／野餐聚會、野營、沙灘聚會、大型運動會、震耳欲聾的演唱會，以及作為正式場合列隊歡迎客人的主人或主賓等。請注意有多少活動是要求站著的。

內向者喜歡的活動，包括：

博物館展覽（特別是有聲音導覽和凳子的）、講座、有導遊的小型旅遊、郊遊野餐、音樂會、向孕婦或新娘贈送禮物的送禮會（如果你不是準媽媽，也不是新娘，那麼焦點就不會在你身上）、小型的晚餐聚會、家庭聚會、電影欣賞、班級聚會、與一個朋友散步、與一個朋友乘車旅遊，以及個人的運動。

6-4 得體的拒絕

得體的關鍵在於不要尖刻。

——柯琳・卡妮（Colleen Carney）

學習得體地說「不」

性格內向者經常因為不想出席某種社交場合而感到內疚或困窘。結果，當他們拒絕邀請時，即便他們非常在意對方的邀請，也可能回應得非常草率、不客氣或不在意。有時候，他們試圖用不予答覆而避免說「不」。這反而使問題變得更糟。

學習得體地說「不」，這對大家都有益無害，可以使男主人和女主人都不會覺得受到冷淡對待。合適的做法是：對他們的邀請表示感謝，如果你真的願意，可以表明很樂意接到他們的再次邀請。

必要時，撒點小謊也無妨

記住，必要的時候，撒個小小的謊也是可以的。許多性格內向者傾向一絲不苟地展現自己的誠實，但這並非總是對自己最好的方式。例如，如果你在拒絕參加某個聚會的邀請時說：「我沒有精力參加。」邀請你的男主人或女主人肯定會多心。正如珍．奥斯汀指出的，在社會中生活，意味著我們必須在人與人之間的互動中不時加點「潤滑油」。否則，關係就僵住了。

簡單但得體的說「不」方式

- 「我非常高興你想到要邀請我。遺憾的是，我去不了。」（你不一定總是要給出原因。）
- 「我真的希望我們能參加你們的聚會，但是我們那天已經有安排了。非常感謝你的邀請。」
- 「噢，親愛的，我們那天不能來參加，但是我們非常願意參加下一次。」
- 「非常感謝你的邀請。我們只能待一會兒，因為我們還得去另一個地方，但是我們不想錯過這次與你見面的機會。需要我們帶什麼東西過去嗎？」

逐漸放鬆自我的束縛

許多性格內向者是用**性格外向者的標準**來確立自己的社交規則。這些年來我發現很多這類的例子，像是：我必須參加自己受到邀請的所有活動；我必須在那裡待到最後；我必須和很多人說話；我必須讓自己看起來玩得非常開心；我必須適應；我不能夠表現得很緊張。

對你有益的做法是，拋棄那些僵硬而苛求的期望，試著發展一些充滿情趣且可以變通的行事指南。例如，在彩色索引卡上寫一些「允許」事項，以便在以後的日子裡使用。把卡片放進小盒子裡，以便反覆使用。以下就是一些可能發生的事。

給我自己：

- 允許開車到聚會附近，看一看而不進去。
- 允許去參加聚會，並在十五分鐘、一小時、兩小時，或你希望的任何時間離開。
- 允許去參加聚會，吃一個草莓巧克力，然後再離開。
- 允許去參加聚會，並且只和一個人談話。
- 允許去參加聚會，並且只是看看別人的表現（我最喜愛的一種方式）。

- 允許去參加聚會，並且可以感覺緊張。
- 允許去參加聚會，並且只和十歲以下的小客人說話。

6-5 精力的保存

想一想蘊藏在橡實中的驚人能量！你將它埋在地下，而它迅速長成一棵巨大的橡樹！

——蕭伯納

很重要的是，在你某天晚上要出去玩**之前**，要事先儲存精力。就像大壩積蓄水流以利用它的能量一樣，你應該積蓄精力以應付在外的消耗。以下是可能對你有幫助的一些提示：

- 同一個星期不要安排太多的社交活動。
- 在聚會前散步、閱讀、小睡一會兒，或坐一會兒。
- 當你對聚會感到焦慮時，多喝點水並深呼吸。
- 在你出門以前，吃點富含蛋白質的食物以增加精力。

- 讓保母早點到，這樣你就可以不受干擾地做好準備。
- 在前往聚會的路上聽一聽讓人放鬆的錄音帶或令人平靜的音樂。
- 留出隔天早上的時間來恢復精力。

6-6 預先的擔憂

擔憂是在問題真正到來之前所付出的利息。

——威廉・勞夫・英吉（William Ralph Inge）

許多性格內向者常常有事前過於擔心的傾向。他們事前就擔心可能會出什麼錯，或是回憶自己上次出去後有多麼的疲倦。這會增加對社交活動的擔憂。如果你在腦中想像著自己把蝦醬灑在襯衫上，或是想像自己疲憊地從婚禮上回家的場景，請試著轉移你的焦慮。

- 與伴侶談談你的擔心，用一點小小的幽默感敘述這件事。
- 暗示自己：「我會玩得很開心，我能應對將發生的一切。」
- 如果你總是想著一些讓你困窘的事情，請告訴自己：「我不需要想那些事。」

- 設想你是在自己非常喜歡的社交場合上。
- 期待會遇見一位來參加這次活動的朋友。
- 暗示自己：我能調整好自己的精力。

佩帶名牌的困擾

大多數性格內向者都不喜歡佩戴名牌，因為這會帶給自己不希望受到的關注並增加暴露的感覺，但是在某些場合會被要求佩戴。以下是讓佩戴名牌變得更幽默好玩的一些提示：

- 將你姓名的每一個字都用不同的顏色書寫。
- 畫一張可愛的圖來代替你的姓名，或畫在你的姓名旁邊。
- 將名牌戴在不太引人注意的地方。
- 無論如何就是不戴。

6-7 抵達的策略

當你抵達社交場合時，你可以藉由提醒自己不需要像個性格外向者那樣進入聚會的場所，而減少一些心理壓力。你應該像個性格內向者那樣走進去，通常是用一段時間先觀察一會兒。慢慢讓自己適應聚會的氛圍（就像深海潛水員控制往水面的浮升的速度一樣，從二百呎到一百呎等等），以減少社交的「壓力」。逐步放鬆，並融入聚會之中。

- 別忘了，當你抵達門口時可能會覺得緊張（提醒自己覺得不安也沒有關係）。深深地吸兩大口氣，然後按門鈴。
- 一進去就選擇一個可以休息、並可以觀看整個房間的位置（例如坐在火爐旁或沙發的邊上）。
- 找到女主人，打個招呼，並詢問是否可以幫忙做點什麼（能夠幫忙通常可以讓人感覺自己置身其中）。
- 如果男主人或女主人不是很忙，可以請求他或她領你參觀一下他們的房屋——或者僅僅是四處走走、看看他們的相片。
- 從你的觀察位置上，注意自己的感覺如何。你開始適應這裡的氛圍了嗎？
- 當你開始有點適應這裡的氛圍時，注意看看是否有其他「可以休息的地方」，找個可以談話的朋友或加入某個談話的人群。

• 有些人喜歡在聚會的過程中都和自己認識的人待在一起；另一些人喜歡認識新朋友。你可以自己選擇。

6-8 七項非正式的社交策略

做好準備就意味著勝利了一半。

——塞萬提斯

一旦我們進入社交場合，就得準備與別人有一些交往，但是該怎麼做呢？我們之中的大多數人會走捷徑——與自己認識的人待在一起。但如果我們一個人也不認識，或認識的朋友非常忙碌，又或是我們想認識新朋友呢？以下的一些策略可以讓你更容易認識新朋友。

策略①：想像自己是海葵

派崔克是個性格內向者，他在華盛頓參加會議時，進入了一個人群全都站著的房間。他一個人也不認識。被許多推推搡搡的商人包圍著，派崔克開始覺得整個身體和胃都很不舒服。幸運的是，他事先就知道如何面對這樣的情境，所以他深吸了一口氣，走出那個房間。他隨意走到樓上的陽臺，那裡有一些空著的鬆軟座椅。他坐進其中的一把椅子，觀看樓下熱鬧的場景。過了一會兒，另外幾個從下方擁擠人群中逃出來的人也上來了。很快的，他們也都坐下，並以性格內向者的節奏攀談起來。

這就是我稱為「海葵」的策略，也是我參加大型聚會時最喜歡的一個策略。海葵是一種將自己附著在岩石上的生物，牠們的觸鬚隨著海水四處擺動。當漂浮物帶來一些可以吃的東西時，海葵的觸鬚就將它們抓住。

當我在聚會上尋找座位時，我總是有這樣的感覺。找個位子坐下，固定在我的「岩石」上，比在房間裡走來走去讓我感覺舒服許多。我非常確信的是，或早或晚，總會有人來到我身旁。我只要友好地稍微笑一笑，他們通常就會停下來愉快地與我交談。一些人暫時待在那兒，而一些人離開。很快，又會有別的人走過來聊上幾句。

策略②：「好像……」

當我還是研究生、正在學習當心理治療師時，老師教我們一種「好像……」的技巧。這是一種方法，可以幫助你嘗試一種新的技能或新的角色，直到它成為你的一部分。假裝知道你要做什麼並且很有信心，你將開始相信你**可以**做那件事。在你真的能做某事前，假裝會做這件事，是你學習做某件事情的一種方法。起先，我對教授的這種教法感到非常不悅——他是在開玩笑嗎？我怎麼能夠假裝會做這麼重要的工作？但很快我就意識到，身為一名沒有什麼經驗的心理治療師，「好像……」地行動是我擁有的一切。它是一個有力的工具，而且相當有用。

許多性格內向者都非常希望自己是可靠的人，我也一樣，所以我總是提醒自己，有哪些**真正的**特質與我的「行為」緊密聯繫在一起。以下是我找出來的一些特質：

- 首先，我知道我很擅長傾聽。
- 第二，我知道我能夠思索我所聽到的事情。
- 第三，我知道最終我得表達意見，即便是簡單說一句「我非常希望下星期能聽到更多這方面的消息」。
- 第四，我的目的是希望能夠有所幫助。

所以，在心理諮商過程中，我會自然進入傾聽的模式。很快的，就像小孩學騎自行車一樣，不知不覺就忘了輔助輪已經離開地面，我開始覺得沒有「好像……」這個「輔助輪」，我也可以當一名治療師了。

如何將這種體驗轉換到社交生活中？當你進入宴會或聚會場合時，讓你的舉止「好像」是一個自信的**性格內向的**客人一樣。想像自己看起來很鎮靜；回憶某次你與人交往時態度很自信。採納「我將假裝會做，直到真的會做」的態度。對陌生人微笑，看著人們，並對他們保持好奇心。提醒自己：儘管你可能感到不安，但是你**看起來**很平靜。

你的計畫與你的感覺是不同的。提醒自己，你有很多有趣的事情可以說。使你的目光與某人接觸，然後加入那個群體。你可以傾聽人們正在說什麼，你可以對他們的說法加以評論，而且補充一些觀點。幾分鐘後，換到另外一個群體中。很快，你的「輔助輪」將離開地面，而且你將感到非常的放鬆。這些體驗不會一直都很好，起初你可能會感覺到討厭、極度緊張不安——焦慮到了極點，你也可能會遇到一些尷尬場面。但是，總體來說你的表現會「非常好」。而且，你的舉止越是「好像」很有把握，你就會變得越自信。最特別的是，自你學著從這個小技巧發展到與人交往的這些技能，「好像是……」的你，已經成為你的一部分了。那就是完全沒有恐懼的你。

策略③：運用裝飾品

我的一位性格內向的朋友教過我一個很好的技巧。當她去參加聚會時，會戴上首飾——通常是她的陶瓷項鍊，上面有很小的畫像；一個是有造型活潑的貓的首飾；另一個是一些精神抖擻、舞姿翩翩的人環繞成的項鍊。這些首飾令人想像無窮並容易激起人的好奇心。人們問她這些奇妙的圖像：它們是什麼？從哪裡得到這條項鍊？談話就開始了。其他參加社交活動的人也因為有東西可以關注和評論而感到放鬆。

起初，你可能以為戴上一些首飾會吸引太多注意力到你身上，讓你覺得壓力更大。但是我的個案發現這種情況幾乎不會發生。首飾會將大家的注意力吸引到飾品，而不是你本身。

戴一只別針、一個古老的政治徽章、裝在小盒裡的微縮圖片、滑稽的帽子、不尋常的頭飾，或一只特別的戒指或手錶等，都是很有趣的。我有一隻小熊維尼手錶（小熊從蜜蜂那兒跑開），而且居然有人跟我說，「噢，我知道如果你戴著小熊維尼的手錶，你這人不會太糟糕。」我也有一雙滑稽的襪子，而且我總是很驚奇，居然有那麼多人注意到它們在我寬鬆的褲子下偷偷看著人們。我喜歡穿鑲嵌有精緻、亮晶晶的飾品或人造鑽石的鞋子，通常會獲得一次或兩次評價。至於領帶，麥可有很多上面有活潑圖案的領帶，人們見面後總是會馬上就開始與他談論那些可愛的卡通圖案。如果你只想得到某些人的評論，選擇一些精緻的飾品。如果選擇正確，你的飾品將吸引那些你想和他們談話的人。我喜歡有幽默感的人，所以當我戴著我的 Groucho 眼鏡或有著鬆軟耳朵的小獵犬襪子，我通常會喜歡那些因它們而發笑的人。而且人們會因為我的飾品而認為我挺不錯的。當我對小孩子進行心理諮商時，我總是在第一次面談時繫上我的米老鼠腰包，孩子們馬上就對它和我都感到很興奮。

寵物和孩子是很好的裝飾品（而且，當然遠不止這些），還有一種很好的飾品是照相機。通常替別人拍照的，都是在社交場合感到最尷尬的人。但許多處於公眾焦點的性格內向者——像是蒂波・高爾（Tipper Gore，美國前副總統高爾夫人）就是很好的例子——卻發現幫別人拍照是件很舒服的事情。他們運用內向的能力從一定的距離觀察——在閒談「之外」，但又在群體「之內」，這是調整他們接受刺激的一種非常聰明的方法。

策略④：友善的面孔

如同我在本章一開始就提到的，對性格內向者來說，在社交場合與陌生人見面的時候，有一些事特別會成為問題。比如說眼神的交流、隨意的閒談、知道什麼時候該微笑，以及應付一些尷尬的時刻（如忘記一個朋友的姓名）。你應該要記住，與不認識的人在一起，即便是性格外向者也會有尷尬的時候。

眼神交流

眼神交流會增加刺激，因此性格內向者傾向逃避眼神交流。為了減少刺激而將眼神移開是可以的，祕訣就是要知道**什麼時候**眼睛可以看著旁邊。以下提供一些建議：

- 當人們和你談話時，你應該直視對方的目光。
- 當你在談話時，你可以看著旁邊，並似乎仍然在談話「之中」。
- 使用眼神交流來突出重點。專注看著某人以增強你說話的影響力。
- 眼睛可以不用字詞就表達大量的意思，所以練習揚高你的眉毛（噢，真的？）、眨眼（哎喲！）、轉動你的眼珠（我不相信！），以及睜大你的眼睛（你在開玩笑！）來擴充你的非語言表達。

蒙娜麗莎式的微笑

人類微笑和展示自己表情的原因，是要加入其他人。性格內向者專注於內在世界，而且他們通常不期望來自外在世界的反應。結果他們常常以平靜的面孔示人，沒有表情，也沒有笑容。他們下意識覺得表現得更活潑一些，可能會帶來更多的刺激和分心。但是，社交聚會的常客通常會拚命尋找友好的面孔，缺少表情的人對他們來說沒有吸引力，甚至令人望之卻步。同時，如果你表現出另一種極端，笑得太多，你又可能覺得這對其他沉默或害羞的人太冒犯了。你想變成《愛麗絲夢遊奇境》中那隻動不動就露出牙齒、嘻嘻笑著討好人的「咧嘴貓」（Cheshire Cat）嗎？

所以，學習一下微笑的藝術吧。首先是笑不露齒。在你覺得與某人在一起比較舒服時，微笑時可以露出一點點牙齒。順便說一下，研究顯示人們能透過微笑提高自己的情緒——它會影響我們大腦中「使情緒高漲」的化學成分。

策略⑤：隨意的閒談

許多性格內向者沒有意識到，每個人都可以學會隨意的閒談。隨意的閒談由四個部分組成：開始、延續、過渡和結束。

開始

做好準備是童子軍的座右銘，而且對宴會上的交談也很有用。在你參加會議、宴會或其他聚會之前，讀一本雜誌或一份報紙，或是看一集流行的電視節目或一場電影來尋找一些談話的素材；回想最新的政治話題，並準備一些評論、觀點或問題。如果你想加入一個正在談話的群體，研究顯示最好的進入方式是問一個與大家正在討論的話題相關的問題。不要進入一個群體就轉移到一個新的話題，這個群體會覺得受到威脅。

開始的問話是開放式、中立的問題，有助於邀請其他人來與你交談，所以寫下幾行你可以說的關於你自己或這個聚會的話語。就好像正餐前的開胃菜，這幾行話語可以激起大家的興趣，也可以給其他人一個開始說話的機會。在鏡子前或與一個朋友在一起時練習說幾句這樣的話。以下是一些例子：

- 「嗨，我叫馬蒂。你是怎麼認識這位主人的？」

- 「嗨，我很喜歡他們正在演奏的音樂，你知道這首曲子的名字嗎？」
- 「嗨，我叫馬蒂，吉姆是我的老闆。這個家很漂亮，對嗎？」
- 「食物很可口，對吧？」
- 「我很喜歡這個後院。」

延續

學會發表一些評論，使談話得以繼續下去，也可以用一些啟發性的問題來延續彼此的談話。「延續」是要問人們的觀點或評價。如果話題是最新的票房紀錄或流行的電視節目，以下是一些延續談話的問題：

- 「你看過那部電影嗎？」
- 「它是關於什麼的？」
- 「你覺得它怎麼樣？」
- 「那部電影有什麼寓意？」
- 「你覺得他們表演得怎麼樣？」
- 「我想知道為什麼那個節目那麼受歡迎，你認為呢？」

過渡

性格內向者在大家閒談時常常會感到手足無措。如果交談開始有點無話可說，或開始有點不舒服或太個人化了，他們會感到更加的局促不安。比較好的辦法是：記住你有控制話題的能力，請好好運用，並使談話在「觸礁」之前就轉到安全的地方。將談話引導回前面所談論的某件事上，通常是個很好的主意。例如：

- 「你說你曾經當過老師，你是教幾年級的呢？」
- 「你提到你們的假期，我在想你們去了哪裡呢？」
- 「剛才你說你有個兒子。他多大了？」

談話中讓人不舒服的時刻也可能意味著離開的時間到了。記著，如果談話不僅是無話可說而且是即將完結，那麼就不要再嘗試延續下去；如果你意識到那個問你問題的人太愛探人隱私，又不理會你的暗示，那麼就別再嘗試延續彼此的談話了；或者，如果是你們兩人中有人想要休息了，那麼就休息一會兒。你可以採用以下的建議來結束大家的談話。

結束

研究發現，身處在站著聊天的群體平均可以持續五到二十分鐘，三十分鐘是極限了。所以，如果有人走到另外的群體時，請不要生氣，這似乎是動物的本性。「我真不想離開這場有趣的談話，但是我看見雅各在那邊，而我需要過去和他說些事。」如果你真的很喜歡與某人談話，你可以之後再找機會與他或她談談。如果你願意，你可以在離開之前向對方要電話號碼或名片：「我想什麼時候能與你一起喝杯咖啡。我可以打電話給你嗎？」

當你準備離開一個一對一的交談或是離開談話的群體時，很重要的是要說點什麼。不要像鬼魂一樣無聲無息地悄悄離開。告別的話應該簡單明瞭。以下這幾句話可以幫助你從交談中脫身，所以請好好練習——而且，如果某人對你說了這些話，請不要主觀臆斷。

- 「很抱歉，我需要去給我的杯子加點水。」
- 「我很喜歡跟你聊天，但是我看見我的老闆在那邊，我得過去打個招呼。」
- 「很抱歉，但我約好這個時間該打個電話給我的孩子。」
- 「很抱歉，我現在要去拿點飲料。我非常願意待會兒再跟你聊。」
- 「請問洗手間在那邊嗎？非常感謝。」
- 「噢，那是山姆，我得去跟他打個招呼。」
- 「很抱歉，但是我答應了女主人要去廚房幫忙幾分鐘。」
- 「我想我現在要去拿點吃的了——排隊的人似乎少了很多。」

如果你是那個要被「拋棄」的人，只需要說一些簡短但親切的話並讓對方離開：

* 「很高興與你聊天。」
* 「很高興遇見你。」
* 「我很喜歡我們的談話。」
* 「祝你晚上玩得開心。」

策略⑥：應急策略

如果你練習這些使閒談變得順暢的策略——但是，儘管你做好了充分的準備——你還是失敗了，頭腦一片空白，開始坐立不安；那麼，你能採取什麼措施來「急救」？以下是陷於困境時的一些應對方式，可以幫助你減少「刺激太大」的感覺並減低你的焦慮。

* 做幾個深呼吸。這通常是很有效的方法。
* 離開。找個新位子來坐著或站著並四處看看。
* 到洗手間休息一會兒。在額頭上放條濕毛巾並將眼睛閉上幾分鐘。
* 提醒自己「那與我無關」。如果你想化解心中的疙瘩，就反覆地說。告訴自己，你很快就沒事了。
* 邀請一位朋友或你的伴侶與你一起出去一會兒。
* 四處走走並輕輕哼唱（這似乎可以轉變你的情緒）。
* 如果你要出去並準備離開，要讓你的同伴知道。如果你提前給出一些暗示，會比較有幫助。

當你的情緒還沒有到危機狀態，觀察一下其他人是怎樣應付自己對「新鮮空氣」的需求。如果你問問你的一些朋友，你會驚訝地發現他們有各式各樣應急的休息方式。

策略⑦：今天暫時停止

在聚會上發生了一些令人心煩的事情之後，我們就會經常在腦海中一遍又一遍回想那件事：我們說了些什麼，其他人又做了些什麼。（有點像電影《今天暫時停止》中，比爾．莫瑞反反覆覆回味、重溫相同的一天。）

當然，那是我們自己內在的批評，為任何可能的錯誤而責備自己——話太多、話太少、微笑不夠多、感覺不舒服……那是一種痛苦的折磨，需要將它打斷。

我有一位個案勞莉，她是一名物理學教授。她有著非常嚴厲的內在評價，批評自己的每一步行動。在諮商過程中，勞莉和我努力想要減輕她那審判自己的力道。勞莉腦中的圖像開始是保守、面孔嚴肅、頭髮灰白、穿著黑色長袍的婦女，她重重敲打著她的小木槌，並向勞莉大聲疾呼。慢慢地，她腦中的圖像變成了穿著夏威夷襯衫、從容不迫的教師。這嶄新而面帶微笑、善於接受的「勸導者」啜飲著熱帶冰茶，茶裡漂著一朵傘狀小花。她還說著話，如：「嗨，放鬆些，妳做得棒極了，和我喝杯茶吧。」

如果你在社交聚會之後，意識到有一些否定的話語一直在你的腦海中盤旋，試著想像那批評你的「法官」的樣子。首先，告訴他或她：「別講話。」然後，轉移注意力去想一些愉快的事情，比如說海灘、露營、下雪或下雨的日子等。最後，用比較親切、柔和、充滿鼓勵的話語（如「你做得很棒」）來取代那批評的聲音。如果這些都沒起作用，那麼想一想某個友善的人，他可能是你在生活中、電影中或電視上所聽說過的人物，並讓他或她來鼓勵你。或許，你可以想像在《綠野仙蹤》裡鼓勵桃樂絲的善良的葛蘭達，或幫助灰姑娘的神仙教母，或約翰．伍德（堅定、公平的加州大學洛杉磯分校前籃球教練），他期望他的球隊有好成績，但他也知道每個人都有失誤的時候。

6-9 這是我的聚會，我說了算

如果聚會、表演或會議是在你的房子裡，情況會怎樣？你可能會覺得刺激太大，並總是想著人們在你家裡穿梭的樣子，而這種想像會浪費掉你大量的精力。因此，盡量使這種場合變得容易、方便一些，讓它簡單一些。選擇你可以提早準備的餐點、叫外賣或是請客人各自帶菜餚來。

對性格內向者來說，既要烹調飯菜又要招待客人通常比較困難。邀請客人時，確定一個開始和結束的時間。如果由你負責決定請哪些客人，那麼堅持請那些你喜歡的人。要保證對你和你的家來說，客人的人數不會太多。看看你是否可以每邀請一個性格外向者，就至少搭配邀請兩位性格內向者。

試著想出一種活動來鼓勵人們彼此聊天。以下是我曾經安排過的：在門廳的桌子上，我放了一個裝滿高爾夫球、夾子、椒鹽脆餅、骰子或彈珠的巨大廣口瓶。這些東西的種類越多，效果越好。然後，我讓每一位客人在一張小紙片上寫下姓名，並寫下他們估計廣口瓶中有多少種東西。當客人相互討論時，這就為他們提供了一些話題。稍後，在聚會的過程中，我宣布獲勝者並分發逗人高興的獎品。

如果是小型聚會，我喜歡安排團體的活動，或是可以讓所有客人都能參與的活動：將爆米花穿成串、剝玉米粒、布置聖誕樹、切香蕉片或收集每個人做的披薩等。

讓氣氛破冰

我喜歡安排一些可以鼓勵人們相互交流的遊戲。我最喜愛的遊戲是將著名人物（或動物）的姓名卡片貼在客人的背上。（我通常讓我的孩子或某個朋友來做這件事。）那些姓名可能來自電影、文學作品或體育運動，只要是最適合我的團體的就好。

這個安排是用來讓客人彼此問「是」或「否」的問題，以試著判斷他們的背上貼的是誰的姓名。「我現在仍然活著嗎？」「我曾獲得奧斯卡獎嗎？」「我有尾巴嗎？」「我擅長的是團隊運動嗎？」我總是發現，「猜測著名人物或動物名」的遊戲對所有年齡的害羞和安靜的客人來說，是一個很好的「破冰船」，可以讓氣氛變得非常融洽。能夠正確猜到自己背上名字的客人，可以獲得很好玩的小禮物。

6-10 從聚會離開：最精采的部分

在你穿過河流之前，千萬不要冒犯河中的短吻鱷魚。

——科戴爾·霍爾（Cordell Hull）

在你參加聚會之前，要先研擬好逃走的計畫。在腦中確定具體的離開時間。用這種方式，你可以知道自己能夠保留精力。提前與伴侶討論這個問題。如果你願意，你可以待長一點的時間。（如果這種情況的確發生了，回憶並欣賞這段時刻，因為想要多待一會兒的美好感覺不會經常出現。）

無論什麼時候，只要可能就安排好自己的交通工具。在這種情況下，你可以在想要離開的時候就離開，而不必被迫待到聚會結束。雖然你和你的伴侶分別開車去赴宴看起來有點奇怪，但從長遠來看這很有好處。當你們覺得已經做好準備後可以各自離開，這可以避免當你不得不等著一起走、或是被迫要提早離開時可能產生的忿忿不平。

到了要離開的時候，不要忘記對主人說聲「再見」。有時候，性格內向者太迫不及待想要離開，以至於忘了說聲「謝謝」。

當你準備離開時，以下是一些屢試不爽、很可靠的道別語：

- 「我已經筋疲力竭了，所以我打算走了，但今天真的很開心。」

- 「我今天玩得非常開心，很抱歉我現在得走了。」
- 「我答應過不要太晚回家，所以我們現在得走了。」
- 「我們今天真的很高興。看見每一個人，真的很棒。非常感謝你能邀請我們。」
- 「不好意思，我明天很早就要出門。這是個很棒的聚會。很快我們可以見面再聊。」

如果你覺得自己連再一次會面都無法忍受了，那麼不要說再見就離開，但是一定要在第二天打個電話、發個電子郵件或寄一張表達感謝的卡片。記住，對性格內向者來說，有很多方式都可以幫助你不需要透過電話或面對面的談話，仍能維持有意義的人際關係並保持自我。

6-11 逢年過節：身不由己之路？

命運是你唯一的禮物。

——愛默生

節日是高度浪費精力的時刻。對性格內向者來說可能刺激太大，即便是性格外向者也可能覺得過年過節會一團忙亂，那麼，尋找不會太擁擠和喧鬧的方式來慶祝吧。許多家庭年復一年地計畫慶祝的方式，而沒有問一問自己，那是否確實是自己希望的方式，也沒有互相討論一下有沒有新的慶祝方式。為什麼？因為「我們一直都是那樣過」。

從過節的「機械模式」中走出來，稍微想想做點其他不同事情的可能。詢問家庭中的其他成員，什麼對他們來說最有意義，並問自己同樣的問題。如果每個人都喜歡以前的慶祝方式，那麼就像以前那樣慶祝吧。如果他們願意試試一些新點子，那麼大家一起來嘗試。

比如說，如果你們得在一天裡去拜訪兩家親戚，這對性格內向者來說刺激太大了（無論是孩子還是大人），那麼，將拜訪分成兩天進行；或者考慮在一個地方只待兩小時，而不是半天；或者，安排大家一起外出，去一些安靜的地方。

為了一改那種大家圍坐在琳琅滿目的餐桌前過感恩節的傳統方式，我的一個朋友和家人選擇去紅杉林野餐，大家漫步在鬆軟的松針上，還吃了一頓包括火雞三明治的盛宴。然後，他們躺下傾聽陣陣松濤聲。

也許你喜歡開始一種新的家庭慣例，就像在沙灘上比賽尋找復活節彩蛋，或是去收容所提供食物之類的活動。我的一位個案便從當地大學邀請了一位外國大學生到家裡來過節。

盡你所能使節日過得豐富多彩但又簡便，拋棄那些你不能做或不喜歡的慶祝方式。對節日的期盼很快便會用光你的精力，所以請記著經常提供自己充足的選擇。

6-12 電話恐懼症

在我發給性格內向者詢問內向體驗的問卷中，有很多人提到恐懼電話的問題，所以我決定在這一章單獨談談。

以下是大多數性格內向者對電話的看法：電話是一種干擾，會耗費精力並分散內在的注意力，而你打過電話之後不得不重新積聚這些注意力。打電話是邊說邊想，需要馬上做出決定，所以會耗費很多的精力；打電話不能為性格內向者帶來快樂的感覺。性格內向者一天裡有太多的地方都需要耗費精力，所以他們不能一有電話就接，以免消耗精力。如果你也有電話恐懼症，以下是一些建議：

- 讓電話答錄機幫你回答，等你準備好講話時再回覆那些來電。我的個案馬特是個售貨員，他說如果每一通電話打來的時候都要親自接聽，他可能會累個半死。所以他有固定的回電話時間，然後給自己一個獎勵：在那天那段時間之後，他一個電話也不打。
- 簡短通話，除非是與某個你非常想深入交談的人通話。當你講電話時，保持呼吸順暢，如果你有無線或用電池的電話，在你談話時可以走動一下。結束電話時，說一些話，例如：「我本來想和你再多聊一會兒，但是在下一位客人來之前我還得打好幾個電話。再見。」
- 對於沒有馬上接電話，不要有罪惡感，這是你的特權。不要對「打電話捉迷藏」（甲打電話給乙，乙不在，甲留言；等到乙回電話給甲，甲又不在，乙留言）感到尷尬。我發現對「打電話捉迷藏」頗有微詞的人，往往是打電話去很難找到的人，但是他們卻希望**他們**打電話時很容易找到**你**。

- 不要因為你不喜歡接電話就責備自己，這不是性格缺陷。這樣會有助於你理解**為什麼**你不喜歡電話。
- 盡量使用電子郵件。

6-13 我保證，這是我對社交的最後奉告

在這個世界上，每個人都夢想並需要的一件事就是友愛。

——威廉・E・賀勒（William E. Holler）

研究顯示，性格內向者在社交場合時，通常很難將注意力分配到多件事情上。他們非常專注於管理自己不安的情緒，並且耗費精力與其他人進行交流，他們通常沒有意識到**其他人**對**他們**有怎樣的反應。例如，性格內向者通常不會注意到「其他人挺喜歡他」的這個事實，所以這樣的相處似乎不顯得愉快。

社交暗示解碼障礙

換句話說，他們可能沒有注意到某人以肯定的方式來回應他們的一些社交信號，如微笑、身體傾向他們，以及尋找他們等。（相反的，性格外向者通常很快就能捕捉到這些信號。）研究者將這種情況描述為「社交暗示的解碼障礙」。當性格內向者離開某一活動時，這種情況常常會發生——他們無法確認這活動是否值得參與，而且他們沒有體驗到那種確信人們很喜歡自己的快樂感。所以，當你下次離開快樂的聚會時，提醒自己有很多人喜歡與你待在一塊。事實上，我發現大多數性格內向者在社交場合非常受歡迎——畢竟，那些性格外向者需要很好的傾聽者！

本章思考點

- 社交活動是消耗精力的事情。
- 參加社交活動之前要養精蓄銳。
- 計畫好如何進入和離開社交場合；如何開始與人交談。
- 允許自己作為一個性格內向者那樣去參加社交活動。
- 仔細設計自己的策略；這樣做，你會喜歡很多的社交活動。
- 休息並調整所受的刺激。這沒有任何問題。

第七章

工作：朝九晚五的危險

- 為什麼性格內向者常常在職場奉獻許多，卻感覺沒得到應有的重視？
- 為什麼性格內向者不願意在會議上大膽表達自己的意見？
- 職場中的性格內向者若與性格外向者發生衝突，該如何化解？
- 性格內向者該如何解決工作的最後截止期限的壓力？
- 性格內向的工作者若遇到性格外向的主管，該怎樣避免被誤會？
- 為什麼性格內向的主管反而常常忽略了要鼓勵員工？

當工作在我的面前，
獎勵也就蘊含在其中了。

震顫派（Shaker）❶箴言

對性格內向者來說，工作場所充滿了許多可能發生的危險。應付此類危險需要各式各樣對他們來說非常困難的技巧。這就是性格內向者為什麼常常選擇獨自工作，或在家裡工作，或在有較多自由的專案中工作的原因。但是，並不是所有性格內向者都能被安排到非常適合的工作環境，所以對他們來說，知道如何避免朝九晚五之間所潛藏的危險是非常重要的。

幾年前，有間公司請我與他們的兩名員工談談，因為他們倆常常彼此誤解。他們希望我能幫助傑克（性格外向的主管）和卡爾（性格內向的員工）解決彼此之間的矛盾。

我先和卡爾談話。「傑克用很多的問題來質問我。我想告訴他，停一停、講話慢一點、給我一分鐘的時間。但他完全不給我思考的機會，根本不聽我的意見。他只是說了很多話，然後就決定用他的方式去做。結果害我頭暈目眩、胃不舒服，晚上還開始失眠。」

然後，我去找傑克談話。「我氣得簡直肺都要炸了。卡爾是如此的孤僻，整天藏在辦公室裡，在會議上一句話也不說，沒有一點建議。他簡直就不像是團隊裡的一員。」

我馬上就意識到，這兩個人一直攻擊對方的原因，很顯然就因為一個是性格外向者，而另一個是性格內向者。因為他們倆都不理解對方，結果就彼此責怪。創造適合的工作環境幾乎不可能。

在《4×4種工作性格》（*Type Talk at Work*）中，歐圖．克羅格和珍納．蘇森討論了性格內向者和外向者在工作中的差異：「性格內向者與習慣將個性展露無遺的性格外向者不同，他們通常較為謙遜。對性格外向者來說，你能透過觀察瞭解到一切；而對性格內向者來說，你所看到的只是他們個性中的一部分。他們內向個性中最豐富多彩、最值得信賴的部分，並不一定會與外在世界分享。需要經過一定的時間、彼此相互信任，並且在一些特定的環境中，他們才會慢慢開始展現自己的個性。」

❶基督教之一派，十八世紀中期起源於英國，現存於美國。以崇尚獨身主義為宗旨，由其祭神儀式中跳震顫舞而得名。

7-1 為什麼性格外向者得到所有的讚美？

謙遜的人通常是值得欽佩的——如果大家瞭解他。

——艾德．郝伊（Ed Howe）

很容易理解，為什麼在辦公桌前埋頭苦幹的性格內向者，沒辦法表現得像性格外向者那樣「機靈」。珍是一位性格內向的編輯，她告訴我：「當我最後向大家展示某些觀點時，我總是在人們的臉上看見同樣驚訝的表情。他們為我在學科領域上所知道的東西感到震驚。我很安靜並非意味著我一無所知。」

性格外向者從他們的辦公桌後走出來，與人見面、互相問候；他們喜歡隨時瞭解公司的內幕，喜歡在下班後或週末時與公司同事一起去參加社交活動；他們待人熱情、笑容滿面，喜歡談論自己的成就，也不介意成為大家關注的焦點。事實上，他們可能非常希望引人注目。在會議上，他們勇於發表自己的觀點；他們在群體面前滔滔不絕、妙語連珠；而且他們喜歡在電話中聊天；他們喜歡很多事情都有自己的一份，常常會從一個地方趕到另一個地方，看起來非常匆忙又非常重要；他們做決定非常迅速，是活躍的腦力激盪行動派，一點點「言語上的小問題」對他們不會有什麼干擾，事實上，他們可能認為爭執非常有趣。他們是天生的自我推銷員和組織者。他們是自己最好的公關。

7-2 不同的發光方式

性格外向者就像**燈塔**，將他們的光芒射向四方；而性格內向者比較像**燈籠**，在自己的內部發光。性格內向者與外向者在如何集中自己的火焰（即精力）和將注意力分配於什麼地方的差異，可能導致性格內向者在他們做的幾乎每一件事情上都會遭遇困難。但是正如卡爾的例子所呈現的，在工作職場上可能特別成問題。

卡爾與職場中的許多性格內向者一樣，為人非常謙遜，絲毫不露鋒芒；傑克，與職場的許多性格外向者一樣，誤解了卡爾的風格（沒有將他看作是團體的一員），也未能欣賞卡爾重要的才幹和技能。卡爾因為內向的天性，沒有意識到傑克並沒有看到他所做出的貢獻。這是相互誤解常見的例子。在本章的後面，我再來討論卡爾和傑克如何解決彼此之間的矛盾。

儘管你的發光方式與性格外向者大為不同，但是你仍然可以影響職場中大家對你的看法。在下面「不露鋒芒」一節，我將討論你在會議中可以怎樣散發自己的光芒，為自己（稍稍地）吹噓一下，並且保護自己的節奏不受太多的干擾。在之後「共同創造」部分，我將提出一些建議，幫助你提高自己的言語技能，讓那些性格外向的雄辯家也來聽聽你的言論。在「消除過分的緊張」部分，我將講述對性格內向者來說，最常見的四種壓力及應對方式。最後，我將討論性格內向主管方面的內容。這些話題中的一些內容，不僅適用於工作，也適用於你生活中的其他面向。

記住，很重要的事情是，要讓你的同事和主管**正確地瞭解你的重要價值**。

7-3 不露鋒芒

千萬不要拋棄自己擅長的領域。走自己的路吧，你最終會獲得成功。

——西德尼・史密斯（Sydney Smith）

性格內向者常常驚訝地發現，自己在做出相當多的貢獻後並沒有得到應有的重視；而且，如果他們再三受到忽視，心中可能會產生憎恨。但他們仍然對事情為什麼會這樣感到迷惑不解。工作環境就像是社會競技場，需要性格內向者擁有與天性相反的能力。他們的大腦機制，使他們傾向於用那種讓自己容易被忽視的方式行事。讓我們來看看產生困難的最大的三個來源吧——不願在會議上大膽表達自己的意見、無法為自己說幾句話吹噓一下，以及工作節奏很慢——看看為什麼在這些方面有問題，以及如何加以改善。

不願在會議上表達意見

原因①：需要時間形成觀點和建議

為什麼性格內向者不願在會議上大膽表達自己的意見？第一個原因是，當性格內向者處於很大的團體之中時，他們常常會發現既要吸收所有新資訊，又要形成相應的觀點是件很困難的事情。他們需要從會議上離開，用一些時間對資訊進行整理和分類。其次，他們需要回想並加入自己的思想和感觸。在不受人干擾的環境中，他們可以將各種資訊混合在一起，提煉出初步的觀點和建議。但這需要時間。（還記得他們大腦中那長長的神經傳導路徑嗎？）這就像是釀酒或烘培麵包，不是一個可以倉促行事的過程。

原因②：需要耗費額外的精力專心聽講

第二個原因是，性格內向者必須耗費額外的精力專心聽會議上所講的事情。對他們來說，將精力集中於外在世界就像是駕駛一輛ＳＵＶ休旅車——是一個浪費精力的東西。所以，他們幾乎沒什麼精力講話了。透過大膽發表自己的意見、吸引大家的注意力無疑會使他們筋疲力竭。就算他們的確在發表自己的意見了，也可能是低聲、沒有眼神交流，並顯得猶豫不決。同事們可能就不會注意他們的發言，或認為他們講的東西沒有什麼意思。

原因③：在團體中無法從容發言

第三，大膽講出自己的意見通常會增加性格內向者在團體情境中可能感到的緊張，這使他們很難語音清晰地表達出自己的觀點。性格內向者通常無法從容地發言，除非他們感到很放鬆、很舒服。如果因為其他的一些什麼原因，團體中有衝突或刺激太大，他們「腦袋打結」的狀態會更加嚴重：他們絞盡腦汁、但就是找不到自己想說的字詞。這樣的事情發生幾次之後，他們就會擔心那種可怕的感覺，並變得不願意在會議上發表自己的觀點了。

原因④：意見不一致時，馬上停止說出自己的觀點

第四，當性格內向者在會議上發表一個可能和當時發生的事情不同步的意見時，他們通常會提前做非常多的思考。或者，因為他們不同的思維風格，他們陳述的可能是已經經過部分思考的觀點，或者就是他們最後的想法。在他們意識到自己所說的內容並不適合團體當時的情況，或讓人們有點迷惑不解，他們常常就斷定是自己沒有清楚表達自己的想法，並可能馬上停止全盤講出自己的觀點。

讓同事知道你有專注在開會的方法

- 在開會前到安靜、沒有人的地方，做五分鐘的深呼吸，好好放鬆一下。
- 盡量不要在同一天安排太多會議；在會議之間休息一會兒。
- 當你走進會議室，向房間裡的其他人問好並微笑；在離開時注意說再見。
- 當你到達時，尋找一個策略性的位置坐下來（靠近門，便於迅速出去休息）。

• 做筆記。這可以幫助你集中精力思考而減少外界的刺激。
• 使用非語言信號，如點頭、眼神交流和微笑來使其他人知道你有在認真聽講。
• 說點**什麼**——問一個問題、重述其他人說的話。
• 堅定地說出開場白：「我想補充……」或「我的想法是……」，吸引人們的注意力。
• 讓你的觀點有開頭、中段和結尾。
• 如果你知道你的想法與大家不同步，可以這樣說：「史坦，我想對你幾分鐘前所講的問題做點補充。」
• 讓人們知道你將持續思考某一話題：「這個問題我想再考慮一下，再告訴大家我的想法。」
• 在會議結束時，對主持人、發言人或部門主管表示感謝。
• 如果你發言了，無論情況如何，都要祝賀自己。
• 第二天，透過電子郵件、便條或備忘錄把你的意見表達出來。問問別人對你的觀點有什麼回饋：「你認為怎麼樣？」

當（占大多數的）性格外向者與（占少數的）性格內向者在工作中糾纏不休時，雙方都應該瞭解對方的特點是什麼。

■每一個外向員工都該瞭解的內向者特點

- 喜歡安靜，好集中精力做事情。
- 很關心他們的工作和工作場所。
- 可能在溝通方面有困難。
- 知道的東西可能比顯露出來的還要多。
- 可能看起來安靜又疏遠。
- 需要被問到才發表意見和想法（不會坦白地主動說出來）。
- 喜歡解決需要長期考慮的複雜問題，注意問題的細節。
- 在做某事時需要確切地瞭解做這件事的原因。
- 不喜歡別人闖入或干擾。
- 在講話和行動前需要思考和反省。
- 對獨立工作感到很滿足。
- 可能不願意被委託去做什麼。
- 寧願待在辦公室或小隔間裡而不願去參加社交活動。
- 不喜歡吸引別人的注意。
- 在沒有監督的情況下也能認真工作。
- 可能較難回憶起別人的姓名和面孔。

正如性格外向者需要瞭解性格內向者的特點，性格內向者如果能記住性格外向者的以下這些特點，便能相處地更為融洽。

■每一個內向員工都該瞭解的外向者特點

- 善於與人溝通，喜歡與同事參加社交活動。
- 喜歡瞭解公司內幕。
- 對別人的要求反應很迅速，往往不假思索就採取行動。
- 喜歡打電話，將打擾看作是受歡迎的消遣。
- 當工作費事且重複時，容易變得不耐煩和厭倦。
- 喜歡透過相互溝通和討論來發展自己的觀點。
- 善於推銷自己。
- 喜歡有大量的肢體活動，寧願外出四處走動。
- 在思考的同時就可以講話。
- 有非常優秀的語言技巧，喜歡唇槍舌劍，問許多的問題。
- 喜歡成為大多數觀點中的一部分，沒有主管的支持時感覺很孤立。
- 欣賞並喜歡別人的關注。
- 容易被其他性格外向者所吸引。

7-4 抵死不曝光

如果你不將自己的腳放在困境之上，你將永遠無法跨越那道鴻溝。

——莉茲・史密斯（Liz Smith）

害怕向外界展示自己

我的個案莎曼莎非常沉默寡言，通常需要我去問她：「關於那個問題，妳可以再說點什麼嗎？」有一天，我戲謔地對她說：「妳今天是在為CIA（美國中央情報局）工作嗎？妳不能對我暴露任何個人的事情嗎？」她看著我，淚光閃閃地說：「如果我告訴了妳，我將不得不殺了妳。」我們都笑了；我們都理解，在大多數時間裡她都感到是多麼的暴露於外和刺激太大——即便是和她的心理治療師在一起。不難想像，向同事洩露她自己的任何事情，想必會有多麼困難。

為什麼性格內向者不能向外界再多展示自己一點，或使自身環境有所改善呢？

個人空間的需求

如同我在前面的章節所說的，性格內向者有個人空間的需求。他們喜歡自己的空間。他們保持擁有自我個人空間的一個方式，就是提防自己向外界展示了什麼，從而減少向外消耗的能量，並限制來自外界的刺激。

沒意識到自己知道的很多

性格內向者不願意分享他們知道的事情的另一個原因，是他們經常沒意識到自己知道的所有事情。他們認為自己那豐富多彩的情緒、智力和富於想像的生活是理所當然的。除非是朋友碰巧提了一個特別的話題，比如說航海，否則，性格內向者不會知道自己在那個方面具有那麼豐富的資源；或者是他們可能知道自己對某個神祕難懂的話題很感興趣，比如說大熊貓是怎樣繁殖的，但是他們認為其他人不會對這個問題感興趣。

同時，性格內向者經常覺得自己沒有必要告訴其他人自己正在做的事情（特別是工作），因為，如果他們身為主管，他們會留意誰誰投入了多少的時間和精力。但性格內向者沒有意識到，性格外向者不會像他們那樣關注同樣的行為。性格外向者需要性格內向者更詳細地告知在工作中的一切細節，否則，他們會以為根本沒有事情發生。

不尋求外界的認同

性格內向者不願意暴露內心世界的最後一個原因是：他們並沒有在尋求外界的認同。儘管他們也希望自己的成就受到欣賞，但是受到大眾的關注會讓他們覺得痛苦或不舒服——就像聽到指甲在黑板上劃過一樣，尖銳刺耳、讓人煩躁不安。

所有這些因素加起來，使性格內向者表現得冷淡、不配合，或者是最糟糕的情況，表現得筋疲力盡。

在不曝光的情況下展現自我

- 提醒自己，如果你與同事分享個人資訊，你當然有權利結束閒聊或迴避個人隱私問題。
- 讓主管知道你對哪種類型的工作、專案和任務感興趣。
- 如果你在做一件需要團體分工的事，讓自己安排一次會議：選擇時間、地點、長度、議程和參與者。
- 在你感興趣的話題上，為公司內部通訊刊物寫一篇簡短的文章。
- 告訴主管你的某個成就：「我解決了最後那個問題，我明天就將報告交給你。」
- 以從容、放鬆的方式與同事分享個人資訊。比如說，在等待使用影印機或傳真機時，與他們聊聊你的愛好。
- 學習接受別人的讚美，並說「謝謝你」或「非常感謝你對我說這些」，這可以鼓勵人們承認你，並對讚揚你感到很開心。
- 對其他同事給予讚美和認可。
- 在公司野餐或為生病同事買花收錢時，主動提供協助；別人就會把你視為團隊裡的一員。

習慣三思而後行

性格內向者通常比性格外向者動作慢一些，這是他們可能表現得疏遠和冷漠的另一個原因。他們需要分期分批地花費自己的儲備能量，在預期的增量範圍內合理分配，否則，他們就會耗光自己的能量，而感到疲憊不堪、筋疲力竭。在工作進行的過程中，他們希望有時間全面地考慮問題，並保持對它的評估。在緊張的工作環境中，性格外向者可能會認為，因為性格內向者動作較慢，所以他們不機靈、對工作不熱心，或是難以勝任工作。

因為性格內向者傾向於慢吞吞地講話，中間還會停頓較長的時間，所以他們可能表現出對自己的觀點很猶豫或不確定。實際上，他們對自己的觀點可說是深思熟慮。而且，因為他們重視問題的含義，希望做到言詞精準，要選擇正好恰當的字詞來表達自己的意思，但這幾乎會讓性格外向者急得快要發瘋。「痛痛快快地講出來吧！」他們會這麼想。

此外，性格內向者非常樂意考慮其他人的觀點價值如何，但是，他們自己的觀點實際表現出的意思卻會被錯解為缺乏說服力。如我前面所提到的，性格內向者通常不會費事地告訴其他人自己的思考過程，可以預料，這會導致相當多的誤解。

讓同事知道：你動作雖然慢，卻能取得最後勝利

- 對自己的節奏抱持幽默的態度。
- 盡早分配好一天的任務；不要讓他們抓著你做事，浪費精力。
- 如果某事出人意料地發生了，不要慌張。在你採取行動前，做幾個深呼吸，並提醒自己，當這

個緊急事件處理好後，你很快就又能夠回來按自己的常規進行工作了。

- 偶爾表達一下情緒：「依蓮，知道妳的想法讓我很興奮，妳的想法真的很棒。」
- 告訴你的同事，當你沉默時，是在思考問題。「那是很好的觀點，我要想一想。」
- 如果團體的其他成員走在你前面，不要讓自己覺得受辱。請他們等等你。
- 當你知道將討論某個具體的話題時，可以準備一些論點寫在紙上，以便你到時能夠迅速地做幾個簡短的評述。
- 讓人們知道你在關注**他們**的計畫：「比爾，我有想過你的方案，而且我有一些想法。如果你願意，我可以發電子郵件給你。」
- 向你的主管解釋為什麼你需要時間，一起討論完成任務的截止日期。
- 問其他人對你提供的想法有什麼意見。

為什麼你該散發自己的光芒

你是一名優秀的員工，重要的是你不要忘記自己做出的貢獻。每天提醒自己，你帶給人們的傑出特質：專注、忠誠、深思、持久、堅定的意志、富創造性而新穎的想法、有遠見和淵博的學識等，隨便就可以提出幾個性格內向的優勢。性格內向者通常是那些每天安靜工作、改善工作環境的人。他們有能力既做出困難的決定，又給予同事空間；他們發展持久的一對一關係，即便沒有嚴密的監督也會認真工作。性格內向者傾向於體諒人、為別人著想，並且希望與別人通力合作；他們是認真的傾聽者和有耐心的教導者。在你每一天前進的方向上，散發一些奪目的光芒吧！

善用通勤時間，用正面的想法激勵自己

- 提醒自己那天完成了什麼。
- 為你所嘗試實行的任何健康好習慣加油打氣。
- 回憶愉快的交談和你得到的讚美。
- 回憶你提出的任何新想法。

7-5

共同創造

世界的變化源自人與人之間的創造性互動。

——約翰・蓋德納（John Gardner）

不同的溝通風格

談話可以實現「工作互動」。不同的溝通風格有利於形成資源豐富且有創意的工作環境。現在，我將討論以下五個領域，透過合作創造可以使我們調和彼此的風格，實現個人獨自工作難以達到的結果。當員工精通非語言的溝通，有較強的解決衝突技巧，有能力參與辯論或腦力激盪，以及能夠直接提出自己的要求等，當這些領域的溝通技巧越成熟，就越能創造良好的職場文化，讓其中的每一個人都能成功。

對話中的左右為難

所有的工作場所都會因人們溝通的方式而增強或削弱本身的實力。在性格內向者和外向者之間，沒有任何事情會比他們的溝通風格更容易產生明顯的差異；也沒有任何事情（如我前面所提到的）更可能引起誤解。

每一種形式的溝通都需要消耗精力。言語溝通涉及我們如何談話、我們關注什麼、我們聽到什麼，以及如何反應。正如我們所看到的，對性格內向者來說，「談話」通常是個問題，因為它要求充沛的精力。性格內向者在講話前需要有十足的精力，因為交談和尋找適當的字詞來回應對方的話語，很快就會耗光他們的精力。

實際上，研究顯示我們所展示的超過一半的自我（比如說，我們是友好還是敵對，合作還是疏遠），不是透過我們的言語加以傳遞，而是透過我們的肢體語言（如微笑、皺眉、嘆氣、觸摸、敲動手指、眼神交流等）加以傳遞。與你的同事透過書面（或電子郵件）的形式進行交流，是表達你的觀點並讓大家瞭解你的另一種方式，因為它們只會消耗較少的能量，對性格內向者來說，這是在工作中改善溝通的最好方式。你可以炫耀你豐富的學識，但是要以一種不太張揚的方式進行；你可以讓你的同事對你瞭解更多，並能保存你大多數的「內在精力」來應對那些更為必要的交談。

如何談話較少但交流較多

- 用微笑的方式向你的同事或主管打招呼。
- 在會議上或團體中，向發言者點頭，或者保持眼神的交流。
- 將身體轉向發言者，用以表示你對他或她所說的事情很感興趣。
- 認可身體空間的差異。例如，你可以說：「讓我們之間空一個座位，這樣我們都能有多一點活動空間。」
- 和同事問好和說再見（這是多麼顯而易見的事，但有時我們就是會忘記）。
- 寄感謝函、電子郵件或電子音樂卡給同事，祝賀他們的成功或告訴他們你很欣賞他們做的某些事。
- 複印一篇你認為某個同事或主管會感興趣的文章，並附上一張便條送給對方。
- 如果你的工作環境適合，可以送生日卡或節日卡。
- 在你的**所有成果**上都簽署上你的姓名。

跨越內向/外向溝通的鴻溝

與性格內向者進行溝通時，最可靠的辦法是：

- 同一時間只談論一個話題。
- 詢問，然後傾聽。
- 給每個人充足的反應時間。
- 任何人在講話時都不要隨意打斷。
- 如果可能的話，用書面的形式進行溝通。

與性格外向者進行溝通時，最可靠的辦法是：

- 口頭溝通。
- 讓他們談話，並透過大聲談話進行思考。
- 涉及多種多樣的話題。
- 期待立刻的反應。
- 保持話題的生動。

如何有效解決衝突

在需求相反時，衝突隨時都可能發生。一些人（通常是性格外向者）熱衷觀看火星四濺，而另一些人（通常是性格內向者）卻是竭力避免衝突矛盾。他們願意做任何事情，卻不願意面對衝突。衝突會耗光他們的精力，所以他們盡力避免與人發生衝突。但是，忽視衝突通常也是一種錯誤。一方面，衝突不會消失；另一方面，性格內向者的身體會承受問題沒有解決的壓力——實實在在的壓力。他們會體驗到頭痛、胃痛，和一種抑鬱、萎靡不振的感覺。因為衝突很容易就會擴大，所以學習在衝突初期就處理好是比較好的做法。

請練習以下解決衝突的步驟，以便在需要時採用：

1. 找出問題點，並形成共識。
2. 瞭解你的內向性格和其他人的外向性格，對問題會有怎樣的影響。
3. 試著從同事的角度看問題。
4. 在腦中以性格內向／外向的角度來解決問題。

那麼，在本章開頭出現的卡爾和傑克，該如何解決彼此的衝突呢？他們可以採取哪些步驟來跨越交流困難的鴻溝？依照上述的方法，首先，我建議傑克和卡爾明確找出引起爭論的地方，並讓彼此一致同意產生爭議的地方。傑克和卡爾解釋說他們總是誤解對方。其次，討論他們之間的不同，性格內向／外向風格上的不同（不是正確或錯誤，而僅僅是不同），以及這會對他們的溝通產生什麼影響。

第三，我建議他們站在對方的立場看問題。卡爾是否意識到傑克非常希望聽到他的意見但發現他很保守，因而感到非常受挫？傑克是否理解卡爾在會議上承受了多大的壓力，以及讓他講話是多麼的艱難？第四，我要求他們不要對彼此的行為抱持偏見，以便順利解決問題。

結果是卡爾瞭解到，他應該盡可能遠離辦公室忙亂的節奏，所以他提出請求並得到傑克的批准，可以在一個與這些活動隔開的地方辦公。傑克瞭解到卡爾不喜歡馬上回答問題，並同意在會議前一天就將會議的議程告訴卡爾。透過這種方式，卡爾可以在沒有壓力的情況下思考自己的（很好的）觀點，並有充足的時間斟酌自己的想法。

傑克決定分配給卡爾一些需要花很多時間並且很枯燥的項目，那些他自己很討厭並從來沒有想到會有任何人喜歡的項目。而卡爾也瞭解，需要讓傑克更加瞭解自己的才能，這可以牢固地確立自己在公司中的地位。

用創造性的溝通來解決衝突

有時候，不太可能與同事直接解決問題。比如說，我的一位性格內向的個案丹妮爾發現，她自己就處於這樣的情況。當她被要求與一位非常喜歡說話、性格外向的同事伊娜分享一個小隔間時，衝突就出現了。整天與伊娜一起度過——伊娜喋喋不休地對著她、對著自己、對電話中的人或對任何碰巧路過的人說話——這使丹妮爾的神經緊張到幾乎要崩潰。而且，這大大妨礙了她集中精力工作。但是，當她向主管要求換到另一個小隔間時，主管卻不同意。原因是什麼呢？他希望丹妮爾安靜的舉止和優秀的工作習慣可以影響伊娜。丹妮爾不知道該怎麼辦才好。她不想和伊娜起衝突，特別是她們都在同一個小隔間裡。「我覺得很無助。」她告訴我。

丹妮爾不得不自己尋找解決問題的辦法。她知道伊娜不可能改變她那「好閒談」的個性，特別是她們的主管已經與伊娜談過此事。丹妮爾和我共同商議並提出了幾個方法以幫助她改善這個情況，而不用離開或變得神經緊張。

丹妮爾告訴伊娜，在安靜跟「像公園一樣」的環境中，她能把工作做得好一點，所以她們在中間放了一排葉子很多的綠色植物，將小隔間分隔開來。這看起來有郊外的風情，也不會那麼明顯地表現出對伊娜的排斥。丹妮爾戴著耳機聽著輕音樂工作，這樣她就不會聽到伊娜的自言自語。我們商定丹妮爾可以偶爾與伊娜說說話，但只有在伊娜直接與她說話時才說。如果伊娜是在隨意地自言自語，丹妮爾就不去搭理她。如果丹妮爾需要集中精力做事，她可以使用耳塞或請求伊娜具體地在某一段時間內少說一些話。丹妮爾現在覺得不那麼疲憊了，而且她和伊娜相處得非常愉快。

不是避免衝突，而是試著創造性地解決衝突。你可能會很驚訝地發現，**自己在改善工作環境時，也可以同時處理好工作中的關係。**

以雙贏的風格進行爭論

研究發現，性格內向者和外向者在爭論時的方式，有很大的不同。性格外向者經常以一種**非贏即輸**的方式進行爭論，他們強調正確與否。有時候，這使其他人（經常是性格內向者）感到被冤枉。許多性格內向者會以一種**雙贏的風格**來爭論問題，他們希望每個人的觀點都為大家所知。總之，性格內向者傾向於多詢問而少批評。他們很少局限於自己的角度，傾向考慮所有有價值的觀點。

在工作上與性格外向者進行言語上的爭論，會非常浪費精力。記著，**不要對性格外向者好勝的風格抱持偏見**。以下是一些補充提示，可幫助你提高口頭表達的技巧。

- 保持鎮定，並保持正常呼吸。
- 提前思考對你的觀點可能提出的反對意見。在你發言時，陳述這些可能的反對意見，以及你的對策。
- 在別人提出之前，就盡可能包括各種可能的反對意見。
- 如果某人提出了意料之外的反對意見時，注意認真傾聽；重述這個反對意見，並問對方你總結得是否正確。（這可以給你一些思考的時間。）
- 如果這個反對意見很有價值，以慣用的方式讚美這個人：「你是對的，我們需要找到辦法來解決這個問題。」
- 如果總是有人提出反對意見，問：「你認為我們怎樣才能找到可行的解決辦法？」
- 記住，你擁有非常有價值的觀點，以及有表達不同意見的權利。

腦力激盪

腦力激盪的目標是產生許多的想法。這裡的想法不要求質，只要求量。脫口說出各式各樣的想法可以將你大腦中的東西喚醒，使你勇於創新，並幫助你在現今變化多端的市場中保持競爭力。讓性格外向者講出腦中的想法是很自然的事情，因為他們是透過活動獲得旺盛的精力，而且他們可以在思考的同時沒有任何困難地發言。另一方面，性格內向者為了不受約束並且不引人注目，他們需要有安全感和歸屬感。因為他們的觀點傾向於較為「格格不入」，他們需要確信自己不會受到別人的批評。對他們來說，比較有益的方式是當其他人在提出各式各樣的想法時，他們只是傾聽，然後第二天再告訴大家他們的意見。這給了他們夜間「咀嚼」(反思)的時間，以消化吸收的資訊，並產生一些新的想法。

如果是你在負責組織腦力激盪的活動，以下有一些你可以採納的步驟，以確保創造暢所欲言的氣氛：

第一階段

- 解釋說請大家隨意但詳盡地討論某個問題或概念，任何人都可以提出任何觀點或聯想。
- 解釋說某一些人將只是聽，然後第二天再彙報他所聽到的觀點及自己的想法。
- 寫下所有的觀點和聯想。
- 向大家明確地指出，所有的觀點都很好，沒有正確和錯誤之分。
- 明確告訴大家不允許有任何的批評！
- 表示非常樂意收到有補充意見的電子郵件。

第二階段

- 將所有的想法和聯想納入不同的主題之中。
- 根據公司的目標對不同的主題進行排序。

- 討論結果。
- 選出最好的三個解決方案。
- 選出最合適的一個方案。

試著提出要求

如果你是個性格內向的員工，很多時候你需要向你的老闆提出你的要求。很多性格內向者在此有困難。向別人提出要求，不僅將他們放到大家關注的焦點之上（這是他們天生就不喜歡的事情），而且也會消耗他們大量的精力。許多性格內向者擔心自己的大腦會變得一片空白，或會忘記自己想說的事；或者，他們擔心自己在會議上不能正常思考問題。如果你也有這樣的問題，請試試以下的策略：

- 在紙上寫出你想要提出的要求。盡量具體些。
- 預期老闆可能提出的反對意見，也寫下來。迅速寫下你能夠加以反駁的證據。
- 在鏡子前，或在伴侶或某個朋友面前練習講話。（在一些可能引發焦慮的發言之前，性格內向者如果已經先演習過了，通常會表現得比較好。）
- 不管結果如何，都讚賞自己敢於提出自己的要求。如果你沒有成功，記住你永遠都可以回去再次提出要求。看看你是否能再考量一下你的談話方式，並提出更多方法來消除老闆的擔憂。

展現自我

幾乎所有人都會發現，無論我們自己喜歡與否，在某些時候，我們不得不在團體中發言。以下是幫助你盡量表現得好一些的提示：

- 接受發言者會產生焦慮的事實——每個人在發言時都會焦慮。
- 分析你的聽眾，使你的發言有針對性。
- 瞭解你的話題。
- 做一些練習，直到你感到舒服為止。
- 在你發言前的一個星期，設想你自己感覺很自信。並設想一位認真的聽者。
- 在發言時，尋找一些友好的面孔，並看著他們。
- 講話比你平常響亮一些。
- 使用你那天生的幽默。
- 記住，每一次發言並不一定都要十全十美。
- 結束時祝賀自己！

7-6 消除過分的緊張

當我年輕的時候，我能夠回憶起任何事情，指出它是否發生過。

——馬克．吐溫

我發現對性格內向者來說，在工作場所中有四個方面特別有問題。第一個是讓他們覺得很恐怖的**最後期限**。隨後我將談及應對最後期限而又能保持冷靜的一些策略。第二是**干擾**。其實，只需要用一些方法你就可以輕鬆對付那些性格外向者突然衝進來、並問你「有一個小問題」的場合。第三，如果你擔心**想不起姓名或面孔**，這裡有一些技巧可以幫助你將它們牢牢固定在你的記憶之中。最後，作為一名性格內向者，你在工作中偶爾會覺得**壓力太大**——所以，我將提出一個五步計畫，用來幫助你在需要時減少那些讓你感到害怕的「火燒眉毛般」的感覺。

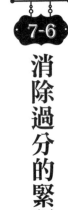

應對最後期限的五個策略

正如我前面討論過的，性格內向者在最後期限問題上常常會有一些困難。他們會擔心，**如何能有足夠的精力來完成這個任務**，並要在**沒有失敗陰影籠罩的情況下來思考自己手頭上的事情**。他們可能需要對老闆解釋為什麼自己需要額外的時間來完成這個工作。出乎意料的最後期限最成問題，這種感覺有點像是被「突然出局」。如果你與一位性格內向的老闆共事，最後期限可能是較早就要討論的問題。試著讓他的最後期限有彈性一些，說你已經瞭解最後期限不可能總是很寬鬆，但是你越早知道最後的期限，你的工作會做得越好。

無論最後期限是什麼時候，著手工作時將任務**分解成小部分**。對性格內向者來說，這是最有益的方式。它有助於你減輕焦慮、頭腦不清和無助的感覺。

①將最後期限寫在桌曆上，然後將你的任務分解成數個小部分。確認如果要按時完成任務，你應該做些什麼工作。

②在你的日曆上寫下你每天應該完成的事情。留出你精力最旺盛的時間用於這些項目。（例如，我確定除了星期天，每天上午六點鐘到十點鐘都用於做某事。）

③在時間表上留出一定的空間，以防有意外的工作和干擾。

④如果你在某一天無法完成計畫要做的每一件事情，請不要批評你自己，只要在後面幾天重新將工作分配成較大的部分並完成就可以了。

⑤經常對自己所做的事情給予獎勵──買一本新書、看場電影、吃塊小甜餅，或玩一回合電動。

如何避免別人的干擾

除非是正在期待著別人的來訪或當時的精力非常充沛，否則對性格內向者來說，干擾是十分糟糕的事情，這常常會使他們莫名其妙感到心煩意亂。另一方面，性格外向者很容易從一件事情轉到另一件事情上。他們往往就是因為計畫之外的偶然事件而獲得成功。而且，他們真的很不明白，為什麼你不喜歡他們突然走到你的桌前，並舉著一根手指說：「就一個小問題。」

為什麼干擾是讓許多性格內向者覺得難以應付的事情？這有一些生理上的原因。首先，你可能正在深思，很難從注意力高度集中的問題中走出來，去談另外的話題——這通常被性格外向者理解為反應遲鈍的過程。這可能需要你用上一兩分鐘來打斷高度集中的注意力，所以你可能感到有點困惑，或不能馬上就理解那些伶牙俐嘴的性格外向者對你說的話。你不得不理解新的話題，轉變思考的問題要耗費精力。在應對別人的干擾之後，你得用更多的精力才能回到你先前思考的「位置」和高度集中精力的狀態。有時候，你可能好多天都無法回到你當初的「狀態」。

我有一對夫妻個案，他們也是一間法律公司的合夥人。太太佐伊的性格內向，而先生伊森的性格外向。如果佐伊正在寫一篇辯護狀，當有人（即便是伊森）打開她關閉的房門時，她都會變得焦慮和煩躁不安。伊森喜歡跑進她的辦公室問這問那，結果對她的冷淡感到非常惱火。我向他們解釋為什麼他們各自是以不同的方式去看待別人的干擾。當我解釋了其中原因之後，伊森說：「在我看來，這非常奇怪，因為我常常是在跟別人談話後才特別有活力。」佐伊開始變得活躍起來，並說：「能知道為什麼干擾會讓我如此煩躁，妳不知道這讓我有多麼高興，因為我從來不知道為什麼我討厭別人的干擾。」

以下的策略，能夠幫助你減少或轉移別人的闖入和干擾：

- 在門上掛一個寫著時間的牌子，說明可以來找你的時間。
- 設計你自己的「請勿打擾」的牌子。盡力讓它充滿幽默。例如，可以畫一個卡通圖像或姿勢像雕塑「沉思者」那樣的圖像。

- 在你辦公室的椅子上放滿各式各樣的紙張，或更進一步地將多餘的椅子從你的辦公室搬走。
- 說：「我現在不能接待你，但是十點鐘我就有空了。你可以那個時候再來嗎？」
- 透過站著談話並逐漸移到門口，使談話變得簡短，說：「對不起，我工作的最後期限要到了，我得回去工作了。」
- 對每一次談話都限定一個時間：「讓我們星期三談十五分鐘。這個時間夠了嗎？」
- 擋回不速之客。可以藉由走到你的小隔間或辦公室的門口，並說你正好要去參加另一場會議或去休息室，並提議：「我們可以邊走邊說。」
- 如果你需要「逃走」了，可以保持點頭但停止談話，並時而看著其他地方或看看手錶。
- 找一個隱蔽的地方來思考問題（洗手間、員工休息室或餐廳安靜的角落）——當所有的其他方法都無效的情況下。

四種恢復記憶的方法

瑪塔告訴我，當她被介紹給一位新顧客，才幾分鐘後，她就想不起那人的名字。真不知道有多尷尬。「我簡直想躲到桌子下面去。」她說。

研究顯示，許多性格內向者在面孔和姓名認知方面有困難。事實上，有一些研究推論，由於認知熟悉的姓名和面孔有障礙，增加了性格內向者在社交和工作場合中與人碰面的焦慮。如果這些問題也發生在你的身上，以下是一些可以幫助你將一個姓名或面孔牢牢記在你的腦海中的技巧。

①尋找不尋常的特徵——一道傷疤或一顆痣、嘴唇的形狀、插滿髮飾的頭髮、眼鏡，或頭髮的顏色等。

②姓名與生動的形象聯想在一起。例如，「卡拉（Karla）」讓我想起一輛紅色的跑車。「葛蘭達（Glenda）」讓我想起英國長滿青苔的峽谷。

③當你打招呼的時候重述這個姓名：「嗨，卡拉。」

④當你在這個房間四處走動時，看幾次那個人。在你的腦海中，將對方的姓名與你所建立的聯想放在一起。

如果你的確忘記了某人的姓名或面孔，讓自己休息一下。每個人的頭腦都有可能不時變得一片空白。

減少壓力的五步驟

當我們覺得刺激太大或壓力太大時，我們無法思考、缺乏創造性，工作也沒有績效。學習一些讓自己平靜下來的方法就顯得非常重要。

步驟①：弄清楚你的身體的狀況

放鬆——減少「過大的壓力」——的第一步就是將你的「精神狀況」與你的「身體狀況」分離開來。我知道這說來容易做來難，但是你**可以**學著做。作為一名心理治療師，如果我的某位個案因壓力太大而來，我總是要求這個人（讓我們就叫她卡珊德拉吧）舒服地坐在滑輪椅子上才開始諮商。然後，我要求她描述身體的感覺如何：「卡珊德拉，告訴我，妳的身體感覺如何。」如果她在回答這個問題上有困難，我就問：「妳的手臂感覺如何？妳的手有刺痛感或感到麻木嗎？它們繃得緊緊的嗎？覺得很沉重嗎？聳聳妳的肩膀，妳覺得很緊嗎？」通常這些問題可以使人進入正常工作的狀態，個案開始描述自己體內的焦慮（有刺痛感、緊張、有想要離開的衝動）或壓抑（沉重、疲倦、行動遲緩、缺乏活力）。你讓自己或其他人越清楚你的身體狀況，你就越能夠學習如何幫助自己。

步驟②：深呼吸，並喝一杯水

第二步就是吸入一些氧氣。請注意呼吸的過程。大多數人在刺激過大的情況下會屏住呼吸，所以，來個腹式呼吸並將腹中濁氣吐出。在你的呼吸變深之後，繃緊你的身體肌肉並維持一分鐘。注意感覺較放鬆和感覺緊張之間的差異。喝杯冰水。研究顯示，即便是輕微的脫水也會對注意力的集中、思維、新陳代謝和神經傳導物質的運動產生影響。在《高能量生活方式》（*High Energy Living*）中，羅勃．庫柏（Robert Cooper）博士指出，水可以「刺激並增加你全身的精力，並能增加你的大腦和感官的機敏度」。

步驟③：注意你在腦中對自己說什麼

減少過大的壓力的第三個步驟是注意你的大腦在想些什麼。當我們的身體察覺到有某種感覺，往往就賦予了它某些含義。我們甚至還不知道這一切已經發生。當我們還只是個孩子的時候，這一過程就開始了，所以當我們長大之後，它就變成自動發生。它像這樣在發揮作用：你的胃部覺得緊張，你的無意識反應就是害怕，害怕意味著危險，危險意味著一些很糟糕的事情正要發生，而隨後會發生什麼通常是有意識的。你的大腦中有一個聲音在說：我不能那麼做，我會失敗的。這個聲音強化了你最初的害怕，於是你覺得喪失勇氣。還記得在第三章我談到，性格內向者的大腦在壓力過大時減少刺激的機制嗎？個案可能會以一種驚慌失措的嗓音對我說：「我無法思考問題。我無法回答我發言過程中的一些問題。」

請注意你大腦中的那個聲音，並聽一聽它在說些什麼。學習將它變成平靜的聲音，這有助於減少你的恐懼。「我只是感到有點焦慮，但一切都會好起來的。」「我覺得有點緊張，但這並不意味著會發生糟糕的事情。我會好起來的。」

步驟④：回憶往昔……

第四步是回憶你曾經應對過的其他壓力情境。當我們壓力太大時，我們會忘記自己知道的事情。我的個案艾莉，對自己將要主講的一個講座充滿恐懼。我便問她在其他的發言場合她能夠回答一些問題時，當時的情況是怎樣。「噢，是的，」她說，「我想起來了，我曾經應對過那樣的情況，對嗎？」「如果妳的大腦變得一片空白，妳會怎麼做？」我問道。她回答說：「我可以說，讓我考慮一下那個問題，或者我會問是否有哪一位曾經碰過這樣的問題。他是怎麼做的？我不用親自回答所有的問題。」「並且，請記住，」我說，「你可以經常這麼說，我在開車回家的路上會幫你想出一個好主意，但是現在我還沒有什麼想法。」請提醒自己：你能夠學著調適你的思想和身體中壓力過大的感覺。你曾經那樣成功地應對過，你能夠再次成功地應對。

步驟⑤：認識壓力的積極作用

感到壓力過大是內向的一個部分。請不要批評自己。這是你的一種無價的特質。請記住，它意味著你吸收了大量的資訊，而且你的大腦非常活躍。

7-7 與主管的工作配合

當內向者成為主管

許多性格內向者是主管，知道這個事實可能會讓你感到很驚訝。他們通常展現出優秀的領導才能：正直，優秀的判斷力，決策的能力，幽默感，旺盛的求知欲，看問題時能充分考慮過去、現在和將來的能力。儘管為一位性格內向的主管做事，在許多方面都非常容易，但也可能會出現這樣那樣的問題。性格內向的主管可能會忘記與員工交流一下對工作的期望，可能沒有給予相應的權力，也可能沒有意識到對做得很好的工作加以表揚或獎勵的重要性。

在我的職業生涯早期，我為一位性格內向的主管崔夏工作過一年多的時間。對我來說，很幸運的是我並沒有受到很多的監督，因為我看見崔夏本人也就只有兩次——大多數時間，她用書面的方式與我溝通。她在我總結的培訓材料上寫下簡略的評語，以及給我一些便條談及我的學生給我的評價。僅此而已。對性格外向者來說，這種管理風格會非常恐怖。他們可能希望能有更多的合作，有更多工作上的回饋，以及更多的會議。我記得我們一整年都沒有開過一次會。

無論你是性格外向者還是內向者，如果你學會透過電子郵件、便條和備忘錄等形式讓他們知道要做什麼事情，你就能夠與這樣的主管和諧相處。如果你想要有更多的回饋，可以提出自己的要求，性格內向的主管可能沒有想到你需要那些回饋，因為他們自身一般不依賴外界的激勵，所以他們沒有意識到許多員工還需要鼓勵和給予權力。

研究顯示，性格內向者處於管理崗位時，對員工的授權不如性格外向的主管那樣容易。如果你是一位性格內向的主管，請注意以下所列的要點，並記住性格外向的員工比性格內向的員工更需要各式各樣的激勵。

溝通你的期望

- 討論工作中的期望，並用書面的形式寫下來。
- 問一問你的員工的回饋。
- 給他們一些回饋，在你看來他們有哪些優點，以及有哪些地方需要改進。

授權

- 懂得授權，以增加員工的責任感。
- 讓你的員工知道你是多麼信賴他們。
- 詢問建議、點子和解決辦法；對其中的一些給予讚美。
- 支持你的員工；對好的計畫給予鼓勵。

讓員工保持積極的動機

根據大多數的研究，激勵員工最有效的方式就是對他們表示認可或欣賞。這比僅僅給予加薪和晉級複雜許多，這意味著要發現符合他們個性的獎勵。性格內向者與性格外向者樂於接受的激勵是不同的。性格外向者容易受到激勵的是一些外在的強化，如表揚、獎勵的機會、公共場合的稱讚（像獲得「本月最佳員工」之類的稱號），和競爭性的比賽等。與之相反，性格內向的員工喜歡處在大家關注的焦點之外。他們發現成為大家關注的對象是一種痛苦，而不是一種快樂。但這並不意味著他們對認可和回饋沒有反應，只要這些認可和回饋沒有太大的壓力，他們也會有反應。我推薦大家讀一讀鮑伯．尼爾森（Bob Nelson）的《1001種獎勵員工的方法》（*1001 Ways to Reward Employees*，哈佛企管出版）這本書。在書中，他討論了認可或欣賞員工的幾個主要面向：

- 弄清楚每個人的工作動機。
- 想出適合個人的激勵方式，它應該要讓有關人員都覺得有趣且有價值。

• 報酬與個人相匹配。
• 報酬與成就相匹配。
• 獎勵應適時並明確。

內向者都需要的狀態告示牌

我的一位性格內向的個案安娜，最近開始了一份新工作。她告訴我說：「瑪蒂，妳不會相信，我的新主管是一位性格非常內向的人，但她在機構中處於非常繁忙的位置，要承受大量的干擾。她在桌子上貼了一塊巨大的牌子，上面寫著『集中精力做事』，以幫助她集中精力。她在脖子上繫一條橙色、有標記的緞帶，好讓人們知道她當時的情緒——她是否想與同事談話或是只想專心工作。」我請安娜替我寫一張那些提示語的清單。當我們看著時，我們都笑了。「妳的主管真的很瞭解自己，她是妳很好的模範。」我說道。以下就是她在辦公室繫著的標記：

• 請勿打擾！
• 請過來吧，我已準備好回答問題。
• 休息中，請不要談論工作。
• 請勿打擾，我正在趕工。

- 對不起，我情緒正糟。

7-8 愛你的工作

我越想做某事，就越少將它視為工作。

——李察・巴哈（Richard Bach）

本章集中於性格內向者朝九晚五所面臨的危險。但是，儘管有這麼多的危險，性格內向者還是喜愛他們的工作，而工作也是他們生活中重要的一部分。事實上，最近牛津大學一項關於「快樂」的研究顯示，快樂的性格內向者比快樂的性格外向者更喜愛工作。如果性格內向者能夠學習與人互動，而在一天結束時不會感到筋疲力竭，他們就能夠使用自己「內在的能量」為公司帶來驚人的利益。

所以，不要忘記用讓你感覺舒服的方式來「炫耀你那豐富的學識」。畢竟，你值得讓人們認識並欣賞你那很有價值的貢獻。沒有任何組織能夠在沒有性格內向者的情況下穩步前進，**性格外向者需要我們**，即便他們並不總是清楚知道這一事實。你可以讓他們明白。

本章思考點

- 想要在工作方面獲得認可，需要一點努力。
- 每天，用一些小技巧，進行一些巧妙的自我提升。
- 避免筋疲力竭。
- 如果你感到焦躁不安，學習一些讓自己平靜下來的方法。
- 記住：你的老闆有你這個員工，是多麼幸運啊！

Part III

創造「正好合適」的生活

宏偉的規畫既需要有飛翔的機翼，也要有降落的起落架。

——C.D.傑克森（C. D. Jackson）

第八章

個人節奏、個人優先考慮事項和個人界線

- 你有沒有認真想過，你在一天之中什麼時候精力衰退，什麼時候是精力的高峰？
- 如果你想要改變，最有趣的就是——一旦你走了幾小步，你就真的想再多走幾步。
- 為什麼我們需要劃出個人的界線，並豎起「停止」的標誌？
- 為什麼性格內在者常常會恐懼一旦他們不做其他人期待的事情，就會被拋棄？
- 為什麼有些性格內向者常常違背本意，只會說「好」；而有些性格內向者卻常常不經思索就說「不」？
- 什麼時候要學習說「好」？什麼時候要學習說「不」？

我的力量大小取決於
我的決心有多堅定。

路易・巴斯德（Louis Pasteur，
法國細菌學之父）

在第三章，我談論了內向性格的生理基礎。因為內向者特殊的生理構造，我們需要特別的關心和照顧。我們需要合理運用我們的精力，保持恰當的生活節奏，在保護內在資源的同時實現自己的目標。在這一章，我將談論三個P——個人節奏（Personal Pacing）、個人優先考慮事項（Personal Priorities）和個人界線（Personal Parameters），將有助於你應對內向性格的三個概念。個人節奏，意指學會確立你自己的步調，就是既能夠讓你完成想做的事情，而又不會感到壓力太大或筋疲力竭的生活跟工作速度。個人優先考慮事項，意指你需要考慮哪個目標對你最有意義，以便將主要精力用於達成那些目標。個人界線幫助你劃出範圍，好將刺激保持在「正好合適」的範圍內——既不太多也不太少。當你學會利用這些建議，你將發現自己能夠獲得更加滿意和完美的生活。

8-1 個人節奏

人們很少注意到，多少點滴的成功就伴隨著多少的彷徨和苦痛。

——安妮・蘇利文（Annie Sullivan）

還記得經典的寓言「龜兔賽跑」中所展現的性格特徵嗎？兔子對於在比賽中可以擊敗烏龜非常有自信，所以牠在路邊停下並打了個小盹兒。而烏龜，沿途跋涉，緩慢但堅定，在野兔還在驚慌失措地追趕時，就已經到達勝利的終點了。

內向者的「龜節奏」

我為寫作本書而面談過的幾位性格內向者，將他們自己稱作海龜或陸龜。他們經常意識到自己寧願生活節奏慢一點。因為生理上的原因，性格內向者比起性格較外向的人可能吃飯慢一些、思維慢一些、工作慢一些，以及走路和談話也慢一些。儘管我們之中的一些人可能一生中都嘗試做一隻「兔子」，但是我們可能沒有意識到，如果能讓自己的生活節奏慢一些，我們會感到多麼的自在。

比如說我吧，我走路很慢，我最好的朋友瓦爾——一隻兔子——常常在我們走路時大踏步走到我的前面。我無法走得再快一點，我在她到達後幾分鐘也到達了我們的目的地。通常，她已經瞭解那裡的情況並給我一些提示。我曾經試圖趕上別人，但現在我不會了，事實證明此舉完全正確。

我吃飯也很慢。我學會了準備好應付想要拿走我盤子的侍者，如果他們靠近我，我就隨時準備好將他們趕走。「我還沒有吃完呢。」我嘴裡蹦出這句話，他們就撤退了。我講話很慢，我的個案都習慣等著我終於講完一句話。我一生可能都在埋頭苦幹，但我的確做了相當多的事情。這就是生活的節奏。性格內向者就像「天美時」（Timex）錶——它們「一點一點、少量地工作，但是可以一直滴答滴答地運轉」。

按照內在的節奏去生活

節奏意味著確立你自己的步調，然後繼續前進。當你這麼做的時候，你將自己的精力與系統的要求加以平衡，所以最後不會變得筋疲力竭。節奏也是將活動分解成較小的部分。因為你不可能一生中都精力充沛，重要的是要知道你自己的高潮和低潮——什麼時候你工作最有效率，在各個專案上分配多少時間等。你的生活節奏可能與其他人不同，接受你內向的自我是非常重要的事。

如果你沒有按照自己的節奏生活，最後你會感到緊張和壓力太大，以至於什麼事都做不成。如果你繼續拖延，情況會變得更糟。「減速中樞」應該發揮作用了。然後，你的焦慮和壓抑就會減少。焦慮可能使你陷入狂亂之中，使你變得健忘，喪失集中精力和思維的能力；而壓抑會將你拖進疲憊和倦怠的泥潭之中。

確立你個人的節奏，其價值在於它能讓你做很多事情而不會疲憊不堪。計畫一下你**能**做什麼，而不是你**必須**做什麼，然後確定你自己的步調。持續工作直到完成。如果你為自己的生活確立了適當的步調，你就能避免工作的停頓，此外還能避免陷入抑鬱和焦慮。它對你生活的各個方面都非常有益。

以下是一些有助於你瞭解自己節奏的策略：

- 注意自己的高潮和低潮。在你精力最充沛的時候去做最重要或最困難的工作；當你精力不濟時，就只做一些簡單的工作。
- 確定目標要實際。我們的文化告訴我們，每個人都能做很多事情，但這只會給性格內向者帶來很大的壓力。將精力集中於那些你在正常情況下能夠完成並且很喜歡的事情上，而這肯定不會是所有的事情。
- 選擇如何使用你的精力。記著你只有這麼一些精力。
- 將工作分解成小部分。

適應變化

研究者發現，性格內向者（烏龜）對生活中的變化，如衰老、退休、生病或受傷等，會比性格外向者（兔子、賽馬）更容易適應。賽馬習慣於疾馳，因為牠習慣獲勝並積聚大量的戰利品；結果，牠們在應對較慢的節奏時經常就會出現問題。另一方面，烏龜習慣分配自己的精力，比較容易適應生活中的變化。

8-2 認識身體的節奏

高峰和低谷

對性格向者來說，注意自己身體的節奏非常重要，觀察精力什麼時候達到高峰、什麼時候落到低谷。你可以問問自己以下這些問題：

- 早晨時，我覺得精神飽滿，還是疲憊不堪？
- 傍晚時，我感覺緊張還是放鬆？
- 晚上時，我仍然勁頭十足，還是疲倦到了極點？
- 我喜歡在什麼時候鍛鍊身體和／或做些耗費體力的工作？
- 我在什麼時間最能集中精力做事——早晨、下午或午夜？
- 我的大腦在什麼時候似乎最疲憊不堪和／或充滿了「靜電干擾」？
- 一天中的什麼時間我最喜歡與人們待在一起？

找出精力的模式

如果這些問題的答案不能馬上出現在你的腦海之中，試著用一兩個星期的時間記錄並注意你的精力變化。每天，迅速寫下你起床時的感覺。記錄你的高峰和低谷（加上有趣的標籤來表現你的情緒）。早晨，你是精神飽滿還是睡眼朦朧？上午十點鐘，你是精力衰退還是進入精力的高峰？到了中午，你是感到頭昏腦脹、渴望離開，還是剛剛清醒過來？傍晚，你是頭昏眼花，還是覺得充滿了活力？晚餐後，你是想要與孩子們玩遊戲，還是準備上床休息？

既然你已經對自己精力的節奏有所瞭解了，試著安排好你的一天，以便你能夠在精力的高峰時段做最重要的工作，而在低谷時段參加一些較不費力的活動。儘管我們都有某種節奏，但精力的情況也會有改變，所以你得保持評估，以便在需要時加以調整。

我為寫作本書而訪問過一位藝術家和心理治療師吉兒，她就她個人放慢生活節奏的狀況提出科學解釋。她多年來關注自己的精力模式，並發現從星期一到星期三連續三天，她能更有效率地接見她的個案。這就給了她四天的時間在她那賞心悅目的英式花園裡玩耍或畫畫。她也確切知道，在感覺到社交帶來的不適之前，自己還可以參加多少社交活動。

我訪問過的另一位女士寇特妮告訴我：「週末我們會出去看電影，所以這個星期我只有另一次活動的機會了。兩次外出活動是我所能承受的興奮和刺激。」寇特妮也非常瞭解自己精力的高峰和低谷。

8-3 不足之處

真正要緊的是，你如何運用你所擁有的一切。

——雪莉．洛德（Shirley Lord）

有意識地做出選擇

我們在一個推崇「擁有一切」「做所有的一切」而不加以限制的社會中長大。但事實是，我們每一個人都有自己的不足之處——對性格內向者來說尤為如此。我們並沒有無窮的精力。我們的精力是有限的，我們需要認真思考如何利用這些精力。這可能是不能不做的苦差事。然而，它也可能使我們的生活變得更加可貴。當我們有意識地做出選擇時，我們便能真正欣賞我們所**能**做的事情。

我為本書而訪問過的許多人都基於事實一致地認為，他們不可能像性格外向者那樣有那麼多的朋友，做那麼多的工作，或是做那麼多的事情。但是他們的友誼更為深厚，做富有意義的工作，而且欣賞生活中雖然較少，但非常安靜、也非常珍貴的時刻。你越能欣賞作為一位性格內向者的優勢，你就越能接受你有一些不足的事實。這並非意味著你有什麼問題。有一些不足並不是問題，而是我們對不足所賦予的**含義**帶給我們如此多的痛苦。看看你是否能更積極地看待自己天生的特質。對自己說：「我的精力較為有限，但這是我天性的一部分，而且我仍然能完成那些對我而言很重要的工作。」不要讓你不能改變的事情來困擾你、為難你——一旦你接受了這個事實，你就釋然了。並請記住，每個人都有不足之處，即便是活潑的性格外向者也一樣。

認可自己的不足

我們希望自己擁有某件東西，但事實上卻沒有——接受這一事實最迅速有效的方式，就是**認可**那種缺失。許多人希望自己能跨越這一步，這可以視為否認：如果你只是假裝自己並不介意一個精力不是很充沛的身體，或沒有巧妙應對的能力，你私底下可能會快要發瘋——會對自己吹毛求疵，或覺得自己有嚴重的缺陷。而且，你可能會不斷期望自己與眾不同。

我們天生就有一種情感，可以幫助我們好好度過一生。沒有超強的精力的確會讓人有些失望，但如果你讓自己意識到這種缺失，就不會再悲哀，而會在現有的基礎上，享受你**確實**擁有的有效精力。

較慢的節奏

有時候我會想，性格內向者是因應古代情境而創造出來的人。我有一個裝滿了浪漫又詞藻華麗的信件的鞋盒，那是我的祖父母在一八九六到一八九九年約會期間寫給對方的信件。

我的祖父是一名橋梁承包商，他建造的橋梁遍及美國中西部。在他與未婚妻分隔兩地的時候，他總是在傍晚寄出一封信，講述自己的一天——他的商務會議，以及他透過火車窗所看到的景物。而她也會在薄薄的、有香草味的信紙上用藍墨水寫下優美的字跡，寫她所演奏的音樂、她一起喝茶的朋友，以及她休憩的花園美景。生活的節奏很慢很慢。

信中掉落的一張名片，喚起了我對上個世紀的祖母的回憶，上面寫著：我會在每星期天下午兩點到四點收信。

在那令人愉悦的時代，社會禮節可以幫助估計人們的節奏。一段時間用來四處遊訪，然後一段時間閉門謝客。這對性格內向者來說真的很完美。

8-4 折衷選擇

拿回控制生活節奏的力量

即便是精力最為充沛的性格外向者，也無法做完所有的事情。對每個人來說，折衷選擇是很重要的事，我們都不得不進行交換或妥協。特別是性格內向者更必須學會調整，因為他們有限的精力讓他們得減少活動。如果你能學會輕鬆地進行折衷選擇，將能幫助你感覺更能控制自己的生活節奏，並能讓你在忙亂的事情中保持一種平衡。它可以讓你不再感覺自己像是個被逼迫的受害者。從「我不能」轉變為「我可以做這件事情，但是我得去做那件事情」。你可以選擇生活中一些美味的餐點（一小點這個和一小點那個），而不會覺得是被剝奪了某些權利。

像攝取卡路里那樣選擇活動

比如說，如果我決定將在週末參加社交活動，那麼我這一星期就不再安排其他的社交活動。下個星期，如果我的日程安排中已經有兩次午餐約會，那麼我就不會再安排其他的。我將參加活動這件事，想像成攝取卡路里。如果我下週末要去參加一次特別高級的晚宴，我會在那個星期減少外出的活動，為那重要的場合保存精力。如果我在週六要參加我外孫的生日宴會，但又有女性朋友邀請我週日共進午餐，我就會考慮一個折衷的辦法。我可能安排與朋友只是吃些甜點或只是去看看她們。或者，我可能決定稍微晚一些去參加生日宴會，而且盡量只是旁觀而不是盡情參與；或者，我可能主動去為他們拍照。在不可同時兼得的兩者之間加以平衡，讓你能控制自己的生活節奏；你可以如你所願地行動快一些或慢一些。

8-5 按部就班：一隻鳥接著一隻鳥地寫

當你停止理性思考，並提供一定的空間時，你就能找回自己的直覺。

——安・拉莫特（Anne Lamott）

一本書的啟發

在一本有趣的寫作進階指南《寫作課：一隻鳥接著一隻鳥寫就對了！》（*Bird by Bird*，野人出版）中，作者安．拉莫特憶起童年哥哥寫了一份關於鳥兒的報告的往事。他有三個月的時間寫作，但因為一些事情的耽擱，直到截止日前一天才動筆。「他坐在餐桌前，周圍散置著作業簿、鉛筆和一本本未打開的鳥類書籍。他面對眼前的艱鉅任務，不知如何著手，簡直快哭出來了。後來我父親在他身旁坐下，把手放在他肩上說，『小子，一隻鳥接著一隻鳥。只要一隻鳥接著一隻鳥，按部就班地寫。』」

我記得當我一九九四年閱讀這本書時，這句話對我的影響有多大。我在想，如果我一天寫一頁，到年底，我就能寫出一本書了。一頁接一頁地寫，一隻鳥接一隻鳥地寫，這似乎很有可能。

將大任務分解成一個個小任務

透過將任務分解成極小的步子，幾乎任何事情都可以完成。S.A.R.K.（Susan Ariel Rainbow Kennedy）是一名擅長奇思異想的作家，她的讀者都是些有創造性的人。在她的《創造力指南：如何解放你的創造性思維》（*A Creative Companion: How to Free Your Creative Spirit*）中，她指出：「微小的改變就是讓我們一小步、一小步地朝某個方向前進。」（她肯定也是一名性格內向者，因為她主張多打幾個盹。）小步子最好的作用是：它們馬上就減小了人們的壓力。它們使我們不斷前進。當性格內向者面對一個困難的任務時，他們馬上會考慮將要耗費多少的精力。逐步靠近的方法可以立刻減少他們對沒有足夠精力的擔憂。微小的改變給了我們必要的鼓勵，這樣，我們的大腦就不會停止工作，我們臉上也不會浮現第一章曾提過的那種呆滯的表情。而最有趣的事情是——一旦你走了幾小步，你就真的想再多走幾步。

除了小，還要具體可行

我的一位性格內向的個案杜茹，有好幾年的時間都弄不明白為什麼自己選擇的對象總是不適合，終於決定要開始重新約會。但她一想到要跟新的對象約會，就覺得恐懼、壓力很大。我們討論了「一隻鳥接著一隻鳥」的策略。在她做出決定後的第一個星期，杜茹選了份《洛杉磯週報》（*L.A.Weekly*）。在這種報紙上，一般會列舉洛杉磯所有的「重大事情」，包括單身族的活動。她圈出一些感興趣的活動。第二個星期，她去了一間書店，尋找約會指南。《傻瓜約會指南》（*Dating for Dummies*）吸引了她的注意，她買下那本書。第三週，杜茹報名參加了山岳協會為單身族舉辦的徒步旅行。我們約定，如果她願意，她可以開始與某人交談——或者，她也可以只是徒步旅行；也許第四週她就會與另一位徒步旅行者談話。找工作、找房子、做修理工作、參加聚會、裝飾——事實上，任何的活動都可以分解成**切實可行的小步子**。

假設你不得不為你的家研究房屋貸款的資訊（大多數人都不會喜歡的一項任務），讓我告訴你，你可以如何將它分解成容易操作的部分。一旦你打定這個主意，你就可以修改具體的方式以配合你個人的情況。你可以著手開始的第一個微小步驟是什麼呢？

謹慎地思考。

- 將這個項目的名稱「房屋貸款」寫在檔案夾上。

- 想一想你可以去哪裡尋找資訊：圖書館、網路或貸款經紀人。
- 打電話給一位最近辦過貸款的朋友，聽聽他的意見。
- 確定你打算結束這個任務、寬大但現實的最後期限。

關鍵是要保持逐步前進，並提醒自己你能完成。例如，決定為這件事情連續五天每天都打一通電話。把事情分解成小步驟，是性格內向者進行工作的最好方法。

以下是另一個例子。我的房子需要保持整潔，因為我生活跟工作都在同一處。我的辦公室在樓上，所以每一次我上樓或下樓的時候，都會順帶拿一些東西。我將我的項鍊拿到樓上大廳的櫃子裡。稍後，如果我進臥室，我就去那兒拿。當天晚上或第二天早上，我就將它放進珠寶盒裡。用這種方式，我們保持屋內的整潔，而我也不會覺得要忙這忙那的壓力太大。**任何事情**我都按部就班地做。我瞭解自己的生活節奏。

別忘了獎勵自己

現在是最精采的時候了。縱容一下自己。在你確定好該項任務需要多少步驟之後，喝幾杯香甜的氣泡酒，點上蠟燭聽聽音樂，或是看一場足球比賽。在完成一些步驟之後，可以看你最喜愛的老電影（卡萊·葛倫〔Cary Grant〕主演的任何電影我都很喜歡）。在完成二十個步驟後，吃點鬆軟的小甜餅，感覺棒極了。在你結束整個項目後，為自己買一本一直都想買的書。在本書中，自始至終我都在強調，重要的是要找到你自己的生活節奏。使用這種小步驟的策略，設定好最適合你的節奏。

8-6 個人優先考慮事項

在想像中你能緊緊抓住的任何事物，最終都能夠為你所擁有。

——威廉．詹姆斯（William James，美國心理學家）

確定行動的方向

當你學會欣賞自己的個性並能夠安排適當的步調時，你就可以進入下一步——確定優先考慮的事項。在詹姆斯．費迪曼（James Fadiman）的《讓生命自由》（*Unlimit Your Life*）中，他指出：「讓我們從最初的地方開始吧。確定目標意味著為你的生活確定行動的方向。」對性格內向者來說，這是一個非常重要、有決定性意義的任務，因為我們需要管理我們的精力，並將它用於最有意義、對我們最有價值的事情上。確認優先考慮的事項可以幫助我們達成目標——從日常生活各方面最小的決定到重要的生活選擇，如選擇職業、伴侶或決定要養多少個孩子等。

它對你的意義何在？

大多數性格內向者關注事情的意義所在。想一想你的生活中有哪些領域，以及有哪些東西對你很重要。生活的意義就在於什麼使你充滿活力、什麼讓你急切地想要一大早起床就趕快去做。它可能是甲，也可能是乙。我有一位在電影業工作的個案帕姆，她在電影公司眾多的組織架構中，選擇了居中協調的位置——擔任行政祕書。她說：「我得尋找一些目標。我不想只是到我的新辦公室整天打字而已。我開始設想如何使整個辦公室運轉得更為流暢。我將我的想法告訴了我的老闆，而他讓我負責重新規畫各個部門。現在，我感覺好很多，因為當我離開這裡的時候，一切都將變得更有效率。」對帕姆來說，工作的意義就在於使組織的功能更完善。這使她曾向我描述過的「灰濛濛、陰暗的」體驗變成了「彩虹般、鮮亮的」體驗。

生命的意義，對我來說，就是幫助人們繼續追求生命的目標——即成長。我所有的職業——幼稚園老師、圖書館員、教練員、心理治療師和作家——都體現了這個目標：幫助人們成長。

想像死亡，寫下重要的事

弄清楚什麼對你來說具有重要的意義，一個最快的方式就是思考自己的死亡。試著簡短寫下你希望在你的訃聞中列舉的主要記載。像新聞記者那樣想像一下你的生活。什麼很傑出？什麼你最引以為豪？你最關注什麼？你生命中哪些時刻對你最有意義？

現在，請列出一些事情：你還沒有學會、沒有體驗過，或沒有完成的。寫下你在生命結束前想要完成的事情。任何事情都可以，不要限制自己。迅速寫下你腦中產生的任何想法。你可以在一個月或一年裡不斷加以調整。這個列表不會刻在你的墓碑上。記住這是**你的**列表（是你自己想要做），而不是其他人期望你做的。

以下是我的個案想出的一些例子：到人生盡頭可以自我感覺很舒服；覺得可以走自己的路，並學會充分瞭解自己；畫畫；每隔幾天為某份刊物寫點東西；買一套金工製作工具；學鋼琴；參加航海訓練班；到英國旅遊；密西西比河乘坐觀光遊輪旅遊；減少焦慮和恐懼；少批評自己一點；在經濟上感覺更寬鬆；當慈善機構志工；發展新的人際關係；吃得更好，並更加關注自己的健康……

將目標寫下來似乎會讓人氣餒。你可能會擔心：假設我沒有完成，或者它們不是正確的選擇，或者我不能想出任何事情。你或許會決定像鴕鳥那樣將頭藏進沙子裡的策略可能比較好，忘掉這個主題，盲目地希望你將實現所有想要的事物。但當你這麼做的時候，這通常意味著一件事：你沒有引導自己的生活。將頭埋進沙子裡的方式，就像**你在自己的車子旁邊跑步，卻讓其他人來駕駛你的車一樣。**

確定你真正想要的是什麼

①瞭解自己想過什麼生活的第一步，就是在以下領域寫下你的目標（可以在你有想法的時候寫一些）：

- 你的健康
- 你恢復精力的時間
- 你的家庭生活
- 你個人的成長
- 你的婚姻生活或朋友關係
- 你的職業
- 你的友誼

- 你的創造力
- 你的社交生活
- 你的精神自我
- 你的愛好或娛樂
- 你的＿＿＿＿
- 你的＿＿＿＿

②根據你的目標，確定總體上優先考慮的事項。

③寫下你為完成優先考慮的事項可以採取的一些步驟。

④列出你這個星期可以採取的四個步驟。記著讓這些步子小一些，一小步接著一小步。

⑤問自己，是哪些因素阻礙了你完成目標。

⑥你將如何跨越那些障礙？

⑦重新評估你優先考慮的事項。你仍然想做你在表中列出的所有事情呢？還是要稍微加以調整？

⑧為取得的任何一點進步而獎勵自己。

性格內向者具有的一個優勢就是我們通常都非常瞭解自己。透過考慮什麼對我們有重要的意義，以及什麼是最大的障礙，我們可以將精力集中在自己真正想做的事情上。

範例

以下是我遵循以上八步驟的一個例子：

①在健康方面，我的目標是什麼？

保持身體健康，盡可能讓自己感到精力充沛；透過充足的睡眠、營養豐富的飲食和持續的運動，來維持能量的流動。

②總體上，我優先考慮的事項是什麼？

更加關注我的身體。吃得好、規律運動，以及睡眠更充足。

③為了達到目標，我可以為自己的優先考慮事項採取哪些步驟？

一週散步四次。

避免吃我最喜愛的甜甜圈。

每天晚上至少睡七個小時。

下個月安排時間做瑜伽。

④這個星期向健康的小步邁進：

這個星期散步一次。

吃兩餐對健康有益的食物，即使它讓我很痛苦。
有一個晚上在十點鐘關掉電視。
觀看三張瑜伽錄影帶，並選擇一張喜歡的。

⑤可能的障礙：
沒時間運動。
討厭逛超市，所以晚餐缺乏有益健康的食物。
喜歡放鬆地觀賞夜間電視節目。
無法下定決心安排適合練習瑜伽的時間。

⑥下個星期可能的解決辦法：
在日曆上用有趣的標示註明運動的時間（所以我會注意到）。
和麥可確定逛超市的時間。去商店的路上哼唱一些老歌。買一本雜誌作為獎勵。
晚上十一點關電視。打開音樂並點上蠟燭。
拿出瑜伽的錄影帶，做一次瑜伽。注意自己的感覺如何。

⑦重新評估優先考慮的事情：
邊散步邊聽有聲書（這樣比較容易）。

討厭逛商店，但與麥可一起會好一點；喜歡買吃的。

當我睡得比較多時，感覺休息得較好。

喜歡瑜伽，但是還不確定自己是否想讓它成為現在優先去做的事情。再做一次，看看情況怎麼樣。

⑧獎勵：

在跟隨錄影帶做了兩次瑜伽後，買一本我一直想要的書。

祝賀自己向目標前進了一些。

在一個星期內繞湖散步四次之後，為自己買杯低脂的優格冰沙。

在三個星期都小步前進之後，可以去做一次按摩。

好了，你已經知道怎麼做了。選擇你生活中的某個面向，並確定自己的目標、優先考慮的事項、障礙和解決的辦法；然後在一兩個星期之後重新評估你優先考慮的事情。你可以只解決一個問題、兩個問題或三個問題，或是加上我沒有列出的問題，如經濟問題。你也許希望像《亂世佳人》的郝思嘉那樣，第二天再來考慮這些問題。無論你選擇什麼，請記住這個方法會是多麼有效。

8-7 循序漸進

主，請給我如種子破土而出般的堅定力量和堅強決心吧。

——里昂・華特斯（Leon R. Walters）

按照自己的感覺，重新評估

請記住，這永遠是一個不斷發展的過程。如果你失敗了也沒有關係，重新開始就可以了。重新評估是很重要的。經常思考什麼對你很重要，以及什麼對你很有意義。在你有一些進展之後，看看自己的感覺如何。如果你沒有完成列表中的一些安排，考慮一下你是否真的想做這些事。它是你認為自己應該做的事，還是**其他人**認為你應該做的事。（記住，想要最後變成成熟的人，很重要的一點就是能夠做出選擇。）它是你害怕的什麼事情嗎？（如果是，向這優先考慮的事項邁進非常微小的一步，看看你的感覺如何。）即便你很害怕，你也想做嗎？你想等以後再嘗試嗎？是恐懼之外的其他什麼因素阻止了你的行動？

確立短期的目標也有效

我的另一位個案卡洛說，她不僅用這種小步前進的方法來確立長期的目標，也用它來確立短期的目標。「我知道，每個週末我都需要對我的精力的儲備和消耗維持平衡。」她告訴我，「我真的需要理智地利用時間，所以我在星期五晚上就要確定自己的目標和優先要做的事項。我會考慮自己的感受如何，這個週末有什麼安排，以及我的家庭有什麼安排。」卡洛又繼續說道，「我自己會想，在星期一回顧這個週末時，我做的哪些事情讓我感覺很美妙？這種方式通常能幫我將問題看得長遠一些。」

「然後，我確定我們週末的目標。我總是試著將各種類型的活動包括進去。例如，我可以分別從娛樂、健身、家庭活動和恢復精力的種類中選擇一種。然後迅速寫下自己想做的事情，以免我後來變得太疲憊而無法想起這個週末想做什麼。我的筆記可能有這麼一些內容：我女兒貝絲和我幫對方塗指甲油；讓貝絲為我們選擇一個大家一起觀賞的節目；星期六晚上，所有家庭成員一起準備晚餐並收拾餐桌。我和丈夫一起來核對我們的日程安排，並對較大的差異進行協商——我們經常將一些活動換到下一個週末。這個週末，只要我能有一些休息的時間及陪貝絲玩耍的時間，我就覺得很好了。」請記住，確認你的目標和優先考慮的事項，有利於你集中精力去做生活中能帶給你最大收穫的事情。

8-8 個人界線

生活的祕訣就是在坎坷中開闢出前進的道路。

——傑克・班（Jack Penn）

既然你已經確定好了恰當的生活節奏，並知道自己想要實現的夢想是什麼，接下來就應該為自己確定合適的界線。這意味著在你的周圍劃出一個界線——比如說，如果你現在不想通電話，你可以說：「對不起，我現在不方便講電話；我過一會兒再打給你。」或者，如果你已經有太多的安排，你可以說：「我下星期很忙，但是我非常願意下下個星期跟你們聚會。」

保護自己

為什麼我們需要在自己的周圍劃出個人的界線，並豎起「停止」的標誌？

- 保護自己。
- 減少刺激。
- 給自己一些空間以恢復精力、實現責任和實現自己的目標。
- 培養步入外向世界的精力。

學會協商

像我們這樣的性格內向者常常會因為時間和精力不允許做更多的事情而有罪惡感，所以我們常常屈服於別人對我們的任何要求，完全不設立界線。又或者，我們無法精確評估自己的精力狀況，使得設立的界線要麼太死板，要麼太隨意。我們需要調整外在活動，以便我們能夠參與，但同時又不會讓它侵害到我們或使我們感到壓力太大。許多人不瞭解內向者對個人時間和空間的需要。讓一位朋友失望；或對希望你馬上就去做某一專案的老闆說「不」；或拒絕孩子的教師來電邀請妳擔任戶外教學的志工，這些對你來說都是很粗魯且很困難的事情。通常較好的辦法是另提不同的提議。告訴那個人，你不能做什麼，但你**能**做什麼。對你的朋友說：「我今天不能跟你去吃午飯，但我們下個星期一起去喝咖啡，好嗎？」向你的老闆建議：「這個下午我能完成報告的第一部分，而你可以用這幾天檢查。然後，後天我再交第二部分。」如果可以而且幫得上忙的話，另找一個人選（祖父母或某個朋友或親戚）代替你到孩子的學校去幫忙，並對老師說：「我不能參加到天文館去的戶外教學，但是約拿的祖父非常樂意參加。」

模糊的界線

活著就會有風險。

——哈洛德・麥克米倫（Harold Macmillan，英國前首相）

人生來就與父母有牢固的聯繫，所以無論發現自己處於什麼樣的家庭情境，人們常常都會去適應。如果性格內向者在一個其他家庭成員的性格都很外向的家庭情境中長大，或是在父母雖然性格內向但卻不認同內向的家庭情境中長大，孩子們就會體驗到要做一個「性格外向、擅交際的人」所帶來的巨大壓力。性格內向的孩子因為需要獨處或喜歡獨處，而可能被批評、被羞辱或被迫體驗到罪惡感。

在不認同內向的家庭情境中長大

卡拉是一位教師，她告訴我：「我的母親會走進我的房間，從我的手中奪走我正在看的書，並要我出去和家人待在一起。我根本不能自己一個人好好休息。我很納悶，為什麼大多數的時間我都覺得非常的疲憊、壓力很大。我需要和他們分開一會兒，但我的家人認為我是在逃避或退縮。」像許多性格內向者一樣，卡拉受到她父母的影響，認為自己**不應該**想要獨處，而應該想要和大家在一起。她不能理解，也沒有將自己精力的不濟與缺乏個人時間聯繫起來。

感受不到被接納的孩子，可能會走向以下其中一條道路。一是他們決定忽視自己的感受，將自己置於非常卑微的位置，並任由其他人對自己產生巨大的影響，他們不停地修正和改造自己，以達到他人的期望和需要，就像是電視影集《星際爭霸戰：銀河前哨》（*Star Trek: Deep Space Nine*）中的變形人（shape-shifter）一樣。另一個則是他們決定假裝他們的家庭根本就沒有影響到自己。成人通常認為這些應對機制是小孩子的把戲，而沒有察覺那是小孩子下意識的反應。

我在第三章討論過，右腦占優勢的性格內向者因為吸收了很多無意識的資訊，所以他們需要大量的可以發揮保護作用的研究和整理的時間。如果沒有個人的時間，他們最後可能會感到大腦中一片混亂和支離破碎。左腦占優勢的性格內向者也需要恢復精力的時間，但是即便他們未能得到休息的時間，也不會變得頭昏腦脹，但他們可能會變得非常的退縮。

需要設界線的危險信號

如果你沒有自己的安靜空間，當你壓力太大時，你在身體上或是心理上可能就會：

- 覺得心煩意亂，精力不能集中。
- 感到腦袋打結，缺乏動機。
- 覺得壓力過大、頭昏腦脹，或沒有活力。
- 覺得自己是犧牲品。
- 覺得被別人忽視，但是表現得軟弱無力、優柔寡斷。
- 容易自我批評並聽到內心裡刺耳、嚴厲的聲音。
- 有一種失控的感覺——情緒像是處在巨浪翻滾上的小舟。
- 覺得胸口發悶，並感到焦慮。

當你發現以上任何一種危險信號，請**停下來**並思考一下，捫心自問是否需要為自己設一些限制？你是否感到惶惑不安和不確信？界線模糊不清的人們，其內在的恐懼感就是：如果他們不做其他人期待的事情，就會被拋棄。當他們真的需要放手並**少做一點**事情時，他們還經常覺得自己似乎應該為其他人做**更多**的事情。有時候，他們認為其他人從他那裡要求太多，他們覺得自己像是個犧牲品。

看看自己的行為，你忘記自己的需求了嗎？你試圖做超出能力許可範圍的事情嗎？你機械地為其他人做事，而沒有想過自己是否真的能做，或真的想做嗎？開始思索你需要為自己設立怎樣的界線。

在本章的後面，我將討論創造個人界線的一些提示。確立界線是恢復正常生活的一種有效方法。

嚴格的界線

一些性格內向者對自己成長的家庭感覺非常不好，他們覺得自己受到父母虐待或是沒有得到任何關愛。在這類家庭中（通常是酗酒、疏忽，或辱罵虐待）的孩子，決定將這些東西堵在外面，就像是在自己的周圍挖一道深深的護城河。我有一位四十多歲還沒有結婚的個案，他對我說：「當我做了某些我母親不喜歡的事情時，她就會好幾天都不和我說話。我就到後院去，爬到我最喜愛的胡桃樹上。我寧願在那裡待到天黑。」當他們長大成人後，就學會了保護自己，讓自己的領地固定不變——經常逃避或退縮，這限制了他們與周圍世界互動的能力。

左腦占優勢的性格內向者（第三章提過）常常也設定嚴格的界線。他們認為理智比情感和人際關係更為重要。他們就像是《星際爭霸戰》中的史巴克（Spock），過度控制自己的感情，總是依賴邏輯思維。這樣的個體使用獨立的風格來管理自己的生活，不因任何人而改變。但是，這也會使他們錯過許多重要的事情——人們相互聯繫的「黏著劑」，也就是感情。具有嚴格界線的其他一些結果是：

- 覺得婚姻關係是一種需索或侵害。
- 感到無助和無望。
- 覺得被限制並看不到希望。
- 情感無法正常成長。

- 喜歡控制別人，可能被其他人認為是「肛門人格」（anal personality）❶。
- 表現得自我專注和吹毛求疵。
- 拒絕他人。

如果你傾向具有比較嚴格的界線，你可能會感到孤獨或容易對生活中的其他人發怒。你可能認為是**他們**在製造麻煩。而且，你可能很難將你所體驗到的孤獨和你所設立的界線聯繫起來。你可能沒有意識到自己是如此地排斥他人。

思考一下你和朋友、家人、同事是怎樣相處的。問一問你信任的一些人，他或她是否覺得你傾向對人疏遠和吹毛求疵。想想在你的童年，你是否需要退縮以感到安全。如果你確定上述特質描述了你的特徵，請不要感到絕望，有很多方法可以減少你擔心被他人侵犯或蔑視所帶來的恐懼。你可以發展一些策略來保護自己而不需要退縮。當你學會增加與其他人的相互交往，你將會發現生活是如此的豐富多彩，而且朋友越來越多；你覺得自己充滿活力、鬥志昂揚，並且對自己想在哪裡和如何消耗自己的精力更為清楚和明白。這是非常值得你做的事情。

創造個人界線的五個提示

設定界線不是件難事，只需要習慣成自然。難的是你要能常常意識到適度修改界線，以便你能設

❶ 譯注：以過分整潔、貪得無厭、吝嗇、自我懲戒、賣弄學問和頑強固執為特徵的人格類型。

定合適的界線——既不太嚴格，也不太寬鬆。以下這些提示有助於你為自己設定新的界線。

提示①：或許或許

我們最好不要以太模糊（太靈活）或太死板（太不靈活）的界線來應對周遭的世界，而是以一種保護層來發揮作用。這種保護層可以根據情境的要求，從可滲透轉變為不可滲透。就像我們的皮膚——我們的毛孔將一些東西阻在身體外面，而讓另一些東西進入。

發展更有彈性、更靈活的界線的一種方式，就是展開我們的**想像**。蘇珊．派特隆（Susan Patron）是一名兒童圖書管理員，也是著述甚豐的作家。她有一本非常有趣的童書名叫《或許是，或許不是，或許或許》（*Maybe Yes, Maybe No, Maybe Maybe*）。

作為一名性格內向者，她理解生活中的「或許或許」。我曾經聽她談過她需要離開，回到她和丈夫在沙漠中的小屋，在那裡，她可以認真思索自己想要做什麼。在她的書中，蘇珊讓最大的姊姊透過說「或許」一詞而給每一種情境都賦予一些新的變數。「或許」意味著這個世界不是截然的黑與白——它是朦朧的灰色。

性格內向者經常覺得自己在做決定時，似乎應該像性格外向者那樣，不要在感覺上浪費太多的時間，而應該基於自己的理解和衝動迅速做出決定。但是，「或許」使我們的世界更為寬廣，並讓我們在做決定時有更多的預期、觀點和選擇。「或許」另一個很有價值的益處在於，它給了性格內向者對某事慢慢做出反應的時間。對所有性格內向者來說，迅速做出反應很困難。我們通常不能（因為我們感受到的壓力太大）或不應該（因為我們需要透過我們長長的神經傳導路徑全面地思考問題）對問題做出迅速的反應。對性格外向者來說，看起來非常明顯的事情（比如說，在哪裡可以很快地吃點東西），而對頭昏腦脹、疲憊不堪的性格內向者來說，光想這些似乎就像要做出重大的決定。性格內向者需要「或許」所帶來的空間。

我記得我十多歲的時候，一個朋友和我在電話中談論時間表的問題，她說：「讓我想一想那個問題，然後再打電話給妳。」我感到非常驚訝。哇，先想一想某件事，然後再回覆也是可行的。這讓我留下了非常深刻的印象。因為我經常對自己想要做的事情沒有明確的認識。當我周圍都是其他人的時候，我覺得精神分散、壓力很大，難以思考問題。有時候，我會在同一天排好幾場社交活動，最多曾經在一天晚上赴三場宴會。

當我遠離人們、覺得刺激較小的時候，制定計畫便容易多了。我可以花一點時間來仔細考慮適合我的是什麼。

說「好」非常有力，如果你想要做某事，就說「好」；說「不」也非常有力，如果你不想做某事，就說「不」。但如果你想考慮該怎麼回答，就說「或許」。

提示②：模糊地回答，再試一次（神奇八號球的回答）

還記得在中學時代玩過的那種柚子大小、黑色的「神奇八號球」玩具嗎？在我辦公室就有一個。你先問它一個問題，然後把球翻轉過來，一個小的三角形答案卡就會浮到球底部的圓圈透明視窗。如果這個球是偏外向的，答案會是「是的」「不是」或「別懷疑」；但如果它偏內向，回答可能就是：「現在還說不準，請集中精神再問一次。」或「現在最好別告訴你。」

有一天，它觸動了我：我的字詞回憶的過程就像那神奇八號球。我覺得自己似乎是在等待那帶著答案的三角形浮出來。我越是焦慮，我的腦海中就越是一片空白，我就得等待越長的時間。由此，我知道「有耐心」是多麼的重要。我幾乎可以感覺到那些字詞其實就要進入我的意識中了。我的大腦需要一點時間來截獲一些字詞，並將它們與相關的資訊聯繫起來。現在，我可以放鬆了。練習這種停頓和等待，而那些字詞就會在你腦中出現。學會信任你的大腦，然後，你就可以確立自己的界線了。

提示③：夜間思考

大多數性格內向者在形成一個想法或做出一個決定之前，會先吸收大量的訊息，並在許多不同的層次進行處理。他們常常喜歡等到第二天早上再做決定。現在，我們知道了為什麼會這樣。乙醯膽鹼是性格內向者使用的主要神經傳導物質，同時也幫助他們在睡眠的REM（做夢狀態）階段在長期記憶中儲存訊息。因為性格內向者比性格外向者更常使用長期記憶，他們需要徹夜考慮後再做出決定，以便從他們處理訊息的方式中獲益。

我聽過電影導演麥克．尼可斯（Mike Nichols）在接受採訪時談到這種無意識的過程。他說他學會了睡眠時思考問題，並將它稱作是「一種很好的懶惰」。

我們經常因為性格外向者能迅速回答問題而有壓力，請不要掉進這種陷阱。對某些觀點、任務或任何涉及複雜思考的問題，都要採取徹夜考慮的方式。如果我不得不做出一個決定，我會提醒自己，問題的利弊隔了一個晚上會更加清楚。有時候，我甚至想像，對於某個特別艱難的問題，我的大腦會通宵達旦地工作，而讓我從睡夢中驚醒。

給自己一點時間和空間

- 讓自己思考一下可以選擇的事情——總是會有兩個以上的選擇。
- 告訴人們：「這個問題聽起來很有意思，讓我想幾分鐘。」或「我不知道。」或「我擔心的問題是……」
- 不要為自己具有矛盾的情感而擔心——它是精神健康的標誌之一。
- 讓自己在徹夜思考後再做出決定；性格內向者的大腦在夜間思考問題。
- 讓你的答案從你的神奇八號球中浮出來。
- 不要因性格外向者能迅速提出問題的答案而覺得有壓力。
- 信任你的大腦。

提示④：試著說「好」

正如我們在前面所討論過的，性格內向者劃定嚴格的界線，通常會是在人格發展的早期，因為覺得性格內向不是件好事，所以才會這麼做。若你是如此，你應該花一點時間來平靜一下你那受過很大刺激的感情。有些人常常會第一反應就先說「不」，這可能是因為他們在兒童時期就感覺到被侵犯或壓力過大，結果，他們為了保護自己就發展了一種不假思索先說「不」的模式。他們挖了一道深深的界線並且從不跨越。但是，經常說「不」會在你和其他人之間挖出一道鴻溝。請練習說「好」。不是要放棄說「不」，而是在這裡或那裡偶爾說幾次「好」。身為成人，會具有許多優勢，其中一個就是我們可以身為一個性格內向者，並對更多的機會說「好」。我們可以接受外界很多的刺激，而不會受到傷害、不會感到羞恥或罪惡。如果某人傷害到我們，我們可以大聲地加以反擊。如果某人讓我們感到羞恥，我們可以說：「你可能很難理解，但我需要用幾分鐘的時間來做出決定。」我們可以應付入侵的人們而直接回答：「嘿，你踩到我的腳了。」說「不」，並不是獲得安全的唯一方式。說「好」，可以打開你緊緊關閉的門，並將很多美好的事物帶到你的生活之中。

控制自己不要馬上就說「不」，確實而有效的第一步就是用一個星期的時間來觀察你自己，並注意：說「不」是否是你對大多數事情所採取的第一反應。如果是這樣，停下來，做一下深呼吸，想想你的感覺是怎麼樣。你可能是焦慮、害怕或緊張，你內心的「CD唱盤」可能在演奏著「禁止進入我的領地」。

你沒必要把害怕轉變成機械式地說「不」。提醒自己你可以用一分鐘的時間來考慮做出怎樣的選擇；允許自己有一些自由呼吸的空間，你可以跟自己說：「讓我想一想這個問題。」（如果有人因為你要用一點點時間來思考問題的答案，就感到很急躁，那麼他就是你應該對著他說「不」的人。）設想一下說「好」的後果，它真的那麼讓人害怕嗎？試著說幾次「好」，並看看情況如何。記著，你可以經常根據你的需要來安排事情：「我無法在下班後就立即與你見面，但是稍晚我可以過去。」並請不要忘記，你隨時都可以改變你的想法，並且說「不」。

提示⑤：試著說「不」

如同我解釋過的，我們之中有些人說「不」說得太快了，但也有些人發現自己幾乎根本不會說「不」。在成長的過程中，我們學會了將說「不」與衝突連結在一起。衝突會使我們感到焦慮，因為它會增強我們刺激太多的感覺，所以，我們避免說「不」。但是，因為我們需要保存我們的精力，所以學會說「不」也很重要。我們需要把自己有限的精力用於最需要和最想做的事情上。如果你不設立一些界線，人們可能就不會意識到他們需要考慮我們的情況，他們會輕易就忽視掉我們的感受。

開始發展更加堅定的界線，用一星期的時間注意你對大多數事情的第一反應是不是「好」。停下來，並做一下深呼吸，問一問你自己，你真正想做的事是什麼。注意你是否感到害怕，是你的恐懼占了優勢並推動你機械性地說「好」嗎？你可能感到疑惑、有壓力及焦慮，以至於不得不馬上做出反應。在你做出回答之前，先思考一番。提醒你自己，給自己一點時間是可以的；說「我還不確定」也是可以的。考慮一下你被問及的問題究竟是什麼。考慮一下，如果你說「不」，對你會有怎麼樣的影響。說幾次「不」，並看看情況如何。心智健康的人不會因此疏遠你。如果他們真的這樣，就對他們說更多的「不」。

在你用一個星期左右的時間來注意自己的模式之後，你就完全可以在沒有任何提示的幫助下繼續進步了。練習下頁專欄中的一些策略，當你需要做出答覆時，它們可以供你馬上使用。

說「不」

- 語調愉快但堅定地說「不」，不需要道歉或說一大堆解釋。
- 優先考慮你自己的計畫：「我很想去，但是我得完成這篇文章。」
- 答謝對方：「我很感激你的邀請。你為醫院做了如此多的好事，但很遺憾我現在不能去。非常感謝你想到我。」
- 如果你必須同意，可以考慮有所限制：「我可以幫忙銷售烘烤食品，但我不能做電話行銷。」
- 要知道你沒有必要接受所有好的提議；還會有其他的好機會。
- 在一些無關緊要的事情上，偶爾不經過太多思考就說「好」和「不」。

8-9 為什麼你需要特別的關愛

一個人的首要責任就是關愛自己。

——亨利・溫克勒（Henry Winkler）

在《更好的界線》（*Better Boundaries*）中，作者珍・布萊克（Jan Black）和葛立格・伊恩（Greg Enns）指出：「形成合適的界線是一個自然的過程，最初是要你善待自我，接下來需要你逐步掌握控制自己的生活並保護它。」確定你自己的界線，意味著你決定讓誰或哪些事物進入，而將誰或哪些事物排斥在外。這是一個有意識地進行分類和整理的過程。性格內向者需要個人的靜居，時不時也需要能保護自我的藩籬。

你越能欣賞自己內向的個性並享受它，你就越能保護自我、理解自我並茁壯成長。如果你覺得身為一個性格內向者既有能力又有魅力，你就能夠確定自己的界線。

你是一個獨特的個體。過去，沒有任何的基因像你那樣組合在一起，將來也不會再有。這真是一個絕妙的想法。你是「獨一無二」的，請善待自己。

本章思考點

請記住「三個P」：

■個人節奏：

- 接受你的不足之處
- 注意你的精力的週期性
- 將事情分解成小部分

■個人優先考慮事項：

- 認識到你有多種多樣的選擇
- 選擇對你有意義的事情
- 持續評估你的選擇對你來說是否合適

■個人界線：

- 保護你內向的自我
- 透過說「好」「不」和「或許」，來確定自己的界線
- 用一些時間來考慮做出怎樣的決定

第九章

發展你的天性

- 性格內向者如果承擔了超過負荷的任務，健康就會出現警訊，甚至垮掉？
- 性格內向者該如何找出最適合自己的藏身之處？
- 急急忙忙起床或悠閒地起床，會對身體有不同的影響嗎？
- 為什麼我們的大腦對氣味的反應可以這麼快？
- 你相信嗎？只要吹口哨就可以讓你感覺活力十足。
- 為什麼性格內向者要限制早上的咖啡攝取量？

即便是在非常陌生的環境之中，獨處都將成為你的依賴和庇護所。從那裡，你能找到自己的生活之路。

里爾克（Rainer Maria Rilke）

忙忙碌碌參加一個又一個的活動，與許許多多的人交往互動——許多社會都非常重視並追求這些。但是這些活動對性格內向者來說，卻不是很適當。當我們試圖維持這些活動，我們會發現自己過度消耗自己的精力，而且很快就筋疲力竭。若沒有恰當的方式來恢復精力，我們可能會忽略自己獨特的天性及其所需要的發展。然而，為了正常工作和生活，對內向者來說極為重要的就是要創造我們所需要的環境：安排即時的休息和必要的獨處，以恢復充沛的精力。否則，生活就會變成疲憊不堪的漫長歷程。

試想發動一輛汽油已經用光的汽車的場景，讓車移動的唯一方法就是下來推車。性格內向者在生活中經常這樣試著推自己，這就是為什麼他們經常抱怨會感覺筋疲力竭的原因。在努力嘗試要像性格外向者那樣活力四射的時候，性格內向者有時會發怒（它刺激腎上腺素）、焦慮（它增加心率、血壓和血糖，並促進荷爾蒙的分泌），並使用咖啡因（它刺激閥門全開系統）或藥物（人們通常喜歡古柯鹼，它可以促進身體系統的活動）。如果性格內向者沒有意識到自己承擔了太多的任務，他們就可能會病倒，直到他們的身體因為過度焦慮和腎上腺素分泌過多而垮掉，他們才可能意識到問題的所在。

9-1 培育你的天賦

與存在於我們內心的事物相比，身外之物都只是些小問題。

——愛默生

需要好好對待的鬱金香

培育自己，意味著為自己提供個性化、特定的關心。在《慾望植物園》（*The Botany of Desire*）中，麥可．波倫（Michael Pollan）指出：「在眾花之中，鬱金香是個性格內向者。」若想讓鬱金香一年開得比一年好，前提是每年都要有儲備能量的休眠期，才會順利開花。鬱金香也需要陽光、水分和肥料，需要種植在泥土中適當的深度；種植球根時，還要將正確的那面朝上！我將在本章討論你茁壯成長所需要的獨特條件。

就像優雅的鬱金香一樣，你的天性有一點矛盾。這沒有什麼需要感到羞愧的。只要具備了適當的條件，鬱金香會比其他許多花都堅強，而且花期更長。但是，如果條件不合適，就根本不會開花。性格內向者也是這樣。

為什麼你的天性需要特別的條件？

正如我在第三章所討論過的，與我們的生理相聯繫的是神經系統中「休息—消化」的那一端，即閥門關閉系統，所以我們身體的每一個部分都會盡力幫助我們儲存能量。我們天生就會沉思和休眠；我們的大腦較少產生「感覺良好」的快樂感；我們需要更多有意識的思考移動肢體；我們傾向於表現為低血糖、低血壓、呼吸較淺、睡眠有困難、緊張性頭痛，並偶爾感到疲憊和心煩意亂。

因為我們傾向精力較為不濟，所以必須學習不時補充自己的體能。而且，我們必須透過保全自己的精力來使自己充滿活力。我常用的方法是平息外在的刺激並創造休息的時間。然而，許多性格內向者對於自己天性中隱藏不露的那一部分感到很羞愧，他們沒有為自己留下一些時間來有效地恢復精力。現在是改變的時候了。

9-2 獨處的珍貴能力

水城有麻煩了，它開始於T（trouble）而終結於C（crime）。

——阿羅德・希爾「教授」（"Professor" Harold Hill）

在二十世紀初的音樂劇《歡樂音樂妙無窮》（*The Music Man*）中，阿羅德・希爾「教授」告訴水城鎮（River City）的居民在城裡有一些「不良現象」，並勸說城鎮的居民為他們的孩子買樂隊制服和樂器。而那所謂不良現象是什麼呢？——孩子們太閒了，在無所事事、遊手好閒的情況下，男孩和女孩們很容易就變壞。

相比之下，現今相信無所事事是罪惡的根源、並催促孩子們忙著做這做那的，可謂有過之而無不及。但是，擁有思考和衡量的時間對性格內向者來說不僅很有益，而且很必要。而且，正如安東尼·史脫爾（Anthony Storr）在《孤獨》（*Solitude*）中所指出的：「有獨處的能力也是情感成熟的一種表現。」過去被認為是問題或不利之處的那些特性，實際上是心理健康的一種標誌。

9-3 充分運用你的精力

精力是我們用於創造美好生活的能源。關於如何使自己的精力保持在最佳水準，近期的研究為我們提供了很有價值的線索。管理好我們的精力的第一步，就是瞭解它處於高峰和低谷的狀況和原因。

精力就是能量

我持續談到精力問題的真正目的是什麼？所謂精力，也就是能量，是我們周圍的一切。它通常是不可見的，但是它能促使事物的發生。所有活的東西都要不斷地消耗能量。沒有任何東西能夠在不使用能量的情況下生存、移動、工作或改變。能量產生於許多的形式，包括動能、電、熱、聲、光和核能。儘管我們無法將它緊握於手中，但當太陽溫暖地照耀著我們時，我們能感受到它的能量並享受明媚的陽光，而且我們能從呼嘯的狂風中和震耳欲聾的瀑布聲中聽到它的力量。在飢餓和疲倦之後，當我們盡情享用營養的食物時，我們能感受到精力和體力在恢復。

熱力學（thermodynamics）是物理學中關於能量的一個分支。熱力學的第一定律就是能量既不會憑空消失，也不會憑空產生，它只會轉換。第二定律就是，當我們使用或轉換能量（稱之為「自由能量」）時，它變得雜亂無章（稱之為「熵」），如果沒有把能量重組，那些能量就無法使用，整個過程是一個連續的循環。結果，能量持續地從一種自由能量的狀態轉變到熵並再次循環回來。

性格外向者透過在外在世界四處活動，而將雜亂無章的能量轉變為自由的能量。性格內向者透過安靜地待著，而將雜亂無章的能量轉變成自由的能量。（當你感覺自己具有以下「能量危機」表列中的任何症狀時，它是你的能量處於雜亂無章狀態的一個信號——它是你確實可能感覺到的，就像是靜電通過你的大腦和身體。）

上蒼給了人類許多的方式將分散的能量轉變成有組織的能量：我們可以鍛鍊身體、讓自己吃營養的食物、關注自己的五官感受、練習冥想和瑜伽，做按摩推拿、度假，以及創造有利於恢復精力的環境。我們可以與家人和朋友進行聯繫，將精力集中於生活中的目標，透過信仰和靈性獲得心靈的平靜。我們天生就被賦予了多種自我發展的方式。

當精力亮紅燈

你給自己足夠的休息時間嗎？當你的精力儲備很低時，你的睡眠和飲食可能會出現一些問題，例如經常感冒、頭痛、背痛或厭食。你也可能體驗到下列的一些症狀和信號。這些危險信號是在告訴你，你處於能量危機中了。如果你體驗到以下的感覺，請用一些時間來恢復自己的精力。

- 焦慮、容易激動、容易發怒和暴躁。
- 無法正常思考、集中精力或做出決定。
- 頭腦一片混亂，好像是在糊裡糊塗地從一件事衝向另一件事。
- 覺得受限制，不清楚生活的意義是什麼。
- 失去活力、疲倦、覺得被人利用和筋疲力竭。
- 像是跟自己分離了。

9-4 點燃能量之源

能量有許多表現形式：精神的能量、警覺的能量、恢復精力的能量、保持平靜的能量、生命的能量、活躍的能量、愛的能量、感覺的能量和創造的能量，這裡提及的只是一部分。儘管我們使用許多類型的能量，性格內向者持續需要的主要有兩種：**保持平靜的能量**和**警覺的能量**。保持平靜的能量讓我們在收集想法和情感資源時，使繁忙的大腦歸於平靜。警覺的能量在我們感到疲倦和壓力太大時，給我們提供幫助。

休息十五分鐘的建議

- 閉上眼睛；放鬆身體；想一想沙灘、湖泊或陣陣的松濤聲。
- 短暫地散散步。
- 伸伸懶腰、打打呵欠；打個小盹兒。
- 喝一杯咖啡或一杯滴有幾滴檸檬汁的水。
- 凝視某個地方並且什麼也不想。

- 繃緊肌肉，然後放鬆；感覺一下兩者的差異。
- 腳抬高，並用一塊冷毛巾或熱毛巾敷額頭。
- 想一想讓你微笑的某次記憶（關於我外孫的任何事情都可以填滿這一頁）。
- 瀏覽有趣的網站。
- 打一場電腦遊戲，玩玩填字遊戲，瀏覽一本雜誌，看一本漫畫，讀一本旅遊小冊。
- 在雜誌上隨便寫上幾行字。
- 玩你孩子的某個玩具。

休息三十分鐘的建議

- 小睡一下。
- 散步。
- 閱讀雜誌上的一篇文章。
- 從網路上訂一些東西。
- 選擇風景優美的上班路線。
- 計畫給孩子或伴侶一個驚喜。
- 透過網路查詢一位老朋友。
- 打破你的常規，做一些相反的事情（有時候，我喜歡先吃甜點）。

休息兩個小時的建議

- 去逛一趟書店，瀏覽一下你以前從來沒有看過的某個書區。
- 到風景美好的地方吃一頓午餐並看一會兒書。
- 參觀博物館或歷史建築。
- 到公園、花園或其他風景優美的地方去坐一會兒，做一個白日夢。
- 徒步旅行，去看日落。
- 和你的伴侶互做腳部、背部和頸部按摩。
- 用面膜、眼部涼敷及聽柔和的音樂來放鬆。
- 做一些餅乾，帶到辦公室或送到你孩子的班上。
- 玩拼圖。
- 計畫下一次度假。
- 看一看老相片或家庭電影。
- 在你從窗戶看出去能看到的地方種一些花。
- 打高爾夫。
- 出去放風箏。

9-5 適時休息，恢復平靜

對急性子的最好治療方法就是走走遠路。

——杰奎琳・希夫（Jacqueline Schiff）

基因方面的研究顯示，當人們筋疲力竭時，性格內向者比性格外向者要花更多的時間來恢復充沛的精力。原因是什麼呢？性格內向者的神經末梢對神經傳導物質的反應較慢。換句話說，性格內向者需要更多的休息時間來恢復精力。

休息是創造能量最好的方法

作為一名性格內向者，避免讓自己變得疲憊不堪的方法就是不時地安排一些休息——即便你還沒有感覺到自己需要休息。在你的日曆上寫下這些休息和小睡。使用顏色明亮的筆寫下「休息」——每兩個小時休息十五分鐘——然後記在你的時間表上；用一兩個星期的時間來實踐，看看感覺如何。

我訪談過的一位性格內向的動畫片導演泰德說：「我過去常常要到自己無法再正常工作了才休息一陣。我似乎從來就沒有補足過睡眠。現在，我在時間表上安排了短暫的休息時間，我發現自己再也沒有像以前那樣因過分勞累而疲憊不堪了。」

如果你知道如何好好休息，那麼，休息就是創造保持平靜的能量和警覺的能量的最好方法。請看一看上一節「休息的建議」表格（328－330頁）中的一些建議。

9-6 放個小假

因為自己的節奏緩慢，性格內向者經常覺得自己似乎無法完成工作，結果，他們不允許自己多休息一會兒。當我向個案建議，用週末一天的時間穿著睡衣待在床上，除了隨便翻翻書、看電視和懶洋洋地靠著之外，其他任何事情都不做。他們通常會懷疑地看著我，並說：「在床上待**一整天**，可以嗎？」如果他們嘗試一番，並且沒有感覺到太大的罪惡感，他們經常會驚訝地發現自己感覺好很多。做一些完全不同的事情也會使你精神百倍。例如：

- 租三部老電影，在觀賞的過程中安排幾次散步休息。
- 參加一整天的音樂節活動。
- 去泡一天溫泉並享受全套的服務。
- 搭火車去另一個城鎮，吃頓午餐，再搭火車返回。
- 與一兩位朋友待上一天，大家敘敘舊。

- 到你所在的城鎮或都市的一家旅館去過一個晚上。
- 徒步去野花盛開的地方旅行、野餐並拍照。
- 開車去較遠的地方旅行，邊聽你最喜愛的 CD 邊唱歌。

9-7 呼吸的重要

你一整天都在吸氣和呼氣，但是，我敢打賭，你好幾天、好幾個星期，甚至好幾個月都沒有注意到自己的呼吸了。氧氣是生活的基本要素。它替你的肌肉傳送至關重要的補給，使你的大腦保持清醒，並維持你的幸福感而提高你的精力水準。你身體中的每一個細胞都需要它。當你呼吸的時候，氧氣進入身體，二氧化碳呼出。如果我們沒有進行足夠的深呼吸，我們的氧氣量減低而二氧化碳增加，我們血液中的酸性增加，就會導致頭昏腦脹、暈眩和焦慮。

不要對自己吹毛求疵，注意一下自己平常的呼吸方式。你的呼吸是淺還是深？（性格內向者通常是以淺淺的方式呼吸，因為他們是會使呼吸減慢的閥門關閉系統占優勢的人。）你的吸氣很有規律，還是吸氣比呼氣多？當你呼吸時，你的胸部上升嗎？你會屏住呼吸嗎？你經常嘆氣嗎？

深呼吸的快速練習

有助於健康的深呼吸開始於你的腹部（就在你的腹部最下部），而不是你的肺部。提高注意，試試以下的練習，看看你是否覺得更有精力。

在小墊子或地毯上找個舒適的地方躺下，在頭下放一塊折疊好的毛巾，在膝下放一個枕頭；將一隻手放在腹部，另外一隻手放在胸部肋骨上。現在，深深吸一口氣。哪一隻手升得較高，而哪一隻手降得較低？我們的目標是讓你放在腹部上的那隻手升得高一些。

透過練習，你將學會用你的腹部進行深呼吸，並讓它變得自動化。當你繼續吸氣的時候，你的腹部充滿空氣；呼氣時你的腹部收縮。想像你的胃是一個氣球，在你吸氣和呼氣的時候擴大或縮小。有節奏地從你的鼻子吸氣及呼氣。起初，這會有點奇怪，但隨著練習，你會變得擅長於進行腹式呼吸。從只是讓空氣充滿你的肺葉轉變到腹式呼吸，可以使你更有精力和更為平靜。你的身體將感謝你。

在一天中的任何時刻，你都可以透過深呼吸的快速練習而增加自己警覺的能量。閉上你的眼睛，用你的鼻子深深地吸入一口氣，堅持四秒鐘，用你的嘴呼氣六秒鐘。重複幾次，注意你身體的感覺。

讓自己處於陽光的一面

無論你是否相信，科學家已經發現早晨起床的方式會影響我們一天的感覺。理想的狀態是，我們在夜間進入深度睡眠，當早晨來臨的時候，我們轉入較淺的睡眠。如果我們是被刺耳的鬧鈴驚醒，用咖啡讓自己清醒，在出門前才在屋裡匆忙地收拾東西，我們會讓自己的身體一整天都處於**緊張**的狀態。如果我們早晨是非常輕鬆愉快地醒來，我們的身體便處於最佳的狀態，感到精力充沛、心情放鬆。請用幾個早晨的時間來試試以下的一些步驟，並看看你的感覺如何。

- 將鬧鐘調早一點響，以便在早晨多給自己留出一點時間。
- 用收音機柔和的音樂將自己喚醒。
- 慢慢地坐起再下床。
- 眺望窗外美麗的遠景並做深呼吸。
- 用五分鐘做一些簡單的伸展操。

9-8 創造利於發展的空間

你的神聖的領地就是你能夠不斷地發現自我的地方。

——喬瑟夫・坎伯（Joseph Campbell）

大腦中的「靜電干擾」

我經常聽人說性格內向者不關注自己周圍的環境。我認為實際情況剛好相反。他們大多數都有非常敏感的意識，所以他們自動將注意力僅僅集中在少數幾件事上，以減少感受到的刺激。為了弄清楚一整天所吸收的資訊，性格內向者需要安靜和平靜，否則，他們就沒辦法進行思考。想像你現在站在新澤西州高速公路的中央分隔島上，想要決定去哪裡度假。周圍的雜訊、疾駛的汽車、充滿壓力的環境，都讓你不可能集中精神。如果你受到的刺激太大，你的大腦無法處理資訊。我的一位個案將這稱之為她大腦中的「靜電干擾」：全都是雜訊，無法清晰接收。

你的性格越偏內向，你就越需要寧靜的環境來處理接收到的刺激並恢復精力。為什麼處理的時間如此重要？如果沒有它，你就會負荷過重的資訊。新吸收的資訊疊在前面吸收的資訊的頂端，突然，達到你的門檻，你就暫時關閉資訊的接收了。腦中的資訊相互碰撞，線路堵塞，大腦一片麻木。

內向大腦的超負荷狀態

許多人對這種現象有一些誤解。讓我來解釋一下。我為許多性格內向者做過心理諮商，他們認為自己不是非常聰明。諷刺的是，大約有六〇%智力上的天才是性格內向者（Silverman，一九九三）。真正的問題在於，他們一生都處於一種超負荷的狀態。他們認為自己的大腦中「什麼也沒有」，而實際上是大腦裡面的東西「太多」了。如果他們沒有意識到需要給自己一些時間用於研究、整理和沉思，他們可能就會覺得無法思考。或者，更糟的情況是，他們認為自己的大腦一片空白。

為什麼會發生這種情況？將你內向的大腦想像成一台巨大的銀行用電腦。一整天，它都在接受大量的存款、提款，還要處理成千上萬顧客的其他各種事務，將這個資訊存在這裡，將那個資訊存在那裡。到了夜間，銀行的職員用他們稱之為「批次處理」的方式來處理這些事務。這就是為什麼在你的銀行交易清單上，你的存款要到第二天才會在銀行帳戶餘額上呈現出來，而且是在早晨。可不是！你的存款在你的帳戶上出現了。

如果那銀行電腦在夜間不運作，會出現什麼情況呢？嚴重的積壓和壅塞。帳戶可能不正確，你的餘額可能太高或太低。你無法搞清楚任何事。人腦也是一樣。如果你沒有時間處理接收到的資訊，你的大腦就會積壓並充斥著太多的東西，你就會感到頭昏腦脹或大腦一片空白。

信任你的思考過程

性格內向者需要沒有干擾的時間和空間來整理自己的思想和情感，並考慮事情的利弊。只有經過反思，他們才能弄明白自己對某事的真正感覺是什麼，也才能接近那些自己在無意識中所攝取的資訊。「那個想法突然出現在我的腦海之中」——在個案學會給自己更多的休息時間之後，他們會這麼對我說。

在經過資訊處理之後，一些性格內向者喜歡對某位善於傾聽的人談論自己的想法和感受。他們可能不需要回饋。如果他們的確喜歡別人的回應，那通常是有助於總結他們所說的話。用這種方式，他們可以進一步認識自己的思考過程，並使之更加清楚明白。他們開始相信，自己能想出有用的觀點和解決問題的創意辦法。信任你的思考過程是非常重要的。

開闢藏身之處

當性格內向者花了太多的時間跟其他人待在一起，即使只是彼此身體的接近，都會使他們感到疲憊；在人群中，即使根本沒有與任何人談話，他們也會感到疲倦。劃出實際的空間將可給他們一個得以重組的寬闊地域。大多數性格內向者需要自己的個人空間，因為他們傾向擁有自己的「領地」。他們需要實際的一塊地方來與自己對話。這讓他們覺得可以掌控自己的精力。

用來恢復精力的空間得讓人感到安全和舒適，沒有人群、干擾、響亮的雜訊和各式各樣的要求。如果它不是具有保護性和舒適的空間，它將消耗人們的精力，而不是給予人們精力。

想像一下，什麼樣的空間能讓你感到溫暖而舒適並適合自己的發展。你需要哪種類型的環境用來沉思——對每個問題進行反覆思索、沉浸於想像、回味過去的事情？我的個案艾瑪喜歡在房裡四處漫步，為她的波士頓蕨修剪枯葉，重新布置小裝飾，欣賞走動時地毯在拋光的硬木地板上摩擦而發出的柔和聲響。當你處於放鬆狀態時，你就減少了外在的刺激，並再次恢復你充沛的精力。

另一位個案喜歡窩在一堆柔軟的羽毛枕中，專心閱讀推理小說而使自己恢復精力。我的個案大衛，他要完成帶四個孩子的繁忙家務，而且他還有一位特別外向的妻子。「只要我能離開那些事情去車庫待上一個小時，我就覺得很好了。」他說。我的一位朋友在閣樓裡做了一個很小的禪宗壁龕，她在那裡坐在褥墊上，點上蠟燭，看著富有意義的圖畫，並點著獨特的線香，陷入沉思。

當你要創造一個特別的藏身之處時，以下幾點需要考慮：

- 你想待在室外，還是室內？我的一位個案仍然渴望林中小屋。許多人喜愛在涼爽的樹蔭下懶洋洋地躺在吊床或沙發上的感覺。而其他人較喜歡舒適的家具上那柔軟的枕頭和溫暖舒適的床罩。

- 你喜歡哪種類型的光線，以及喜歡多麼明亮的光線？大量的自然光？燭光？柔和的燈光？或是較暗的光線？
- 什麼顏色能增強你的幸福感？
- 你希望完全的安靜嗎？有一點音樂？聽聽大自然的聲音？泉水的潺潺聲？記住，你可以使用耳塞、耳機等。
- 你想要寵物待在你身旁嗎？（你可以從貓那兒學習，牠可是恢復精力的專家。）

如果你沒有自己的房間，那麼，用一塊折疊的隔板、幾盆花或一個書架來創造一個空間。即便是一塊地毯的區域也可以給你一種與別人分隔開的感覺。當我的個案羅薛兒上五年級的時候，她就掛一塊毛線床單來將她和姊姊共用的臥室隔開，以試圖擁有自己的空間；到高中的時候，她仍然要求擁有自己的空間，她便搬到廚房一角的早餐廳（breakfast nook）裡。她時不時就得爬到床上（小床幾乎占據了小小的整個早餐廳），但那裡是屬於她的。而我的另一位個案是在一個小房間裡為自己安排了一處小小的閱讀室。

記住，你在不同的時間裡可能需要不同類型的空間。如果你已經在室內待了太長的時間，你可能需要室外那美好的感覺；然而，其他的時間你可能想待在溫暖而舒適的火爐邊。有很多的方法可以在這世界上創造個人的空間。

我常常建議個案，當他們覺得這個世界侵犯到自己，他們可以想像自己的周圍有一個具有保護作用的透明罩或力場。可以保護自己不受外界刺激的感覺，為他們增加了無窮的精力。

光線和溫度

性格內向者的身體與溫度升降、日夜循環的節奏似乎特別地一致。我們的系統常常比性格外向者的系統更難在早晨清醒過來（又是那閥門關閉系統在發揮作用）。我們需要自然的光線（特別是早晨明亮的陽光）來幫助我們清醒。在哈佛大學，研究者研究了光線和靈敏度之間的關係。結果發現，當人們在早晨醒來、至少有十五分鐘的時間能處在明亮的光照時，他們便會覺得一整天精力都非常充沛。自然光對所有的人都很重要，但是對性格內向者來說尤為重要，因為他們的神經系統中是精力較為缺乏的那一端占優勢。自然光可以調整一種叫作退黑激素的水準，而退黑激素對情緒、睡眠和生殖系統都有非常大的作用。光線不足會導致退黑激素聚集，從而產生壓抑和昏睡無力的感覺。在冬季，這種情況會變得非常嚴重，並成為一種病症，即「季節性情感疾患」（SAD）。

有很多方式可以增加你對光線的吸收。在家裡或工作的時候，坐在窗戶邊。為了最有效地發揮你的能力，還要注意避免螢光的光線（光線中最不自然的一種）。到室外去感受自然光以休息。如果你生活在北半球，注意使用全光譜的燈泡或模擬日光的燈。如果你的辦公室只有一個光源，請另帶一個燈具去工作。

你可能覺得有趣的是，性格內向者體溫較低並容易感到寒冷。他們的正常體溫通常平均在攝氏三十七度以下。他們的閥門關閉系統使血液從四肢流向身體內部，以幫助內部的器官消化食物，所以他們的手部和腳部只有很少的溫暖血液。如果性格內向者覺得太冷，這可能使他們更難離開房屋走到室外。同時，因為他們可能不像性格外向者那樣容易流汗（流汗是人類調節身體過熱的主要方式），所以，性格內向者在太熱時也不能好好工作生活。每一種身體運動都減慢到幾乎是爬行，思考也陷於停滯。

性格內向者感覺舒服的體溫範圍相對較窄，為了確保最大限度地發揮自己的能力，有一些好辦法是：

- 穿比較多件衣服，好根據氣溫的變化隨時增減。
- 帶一件毛衣或夾克，即便你認為不是很必要也這麼做。
- 在口袋裡放暖暖包。
- 在厚襪子裡穿一雙薄襪子，以便在腳部很暖和時可以脫下。
- 帶輕便的取暖器或扇子去上班，以平衡房間裡的溫度。每天至少開一會兒窗戶以保持空氣流通。

9-9 你的鼻子知道

與我們的其他感覺不同，我們感受嗅覺的鼻子與大腦之間的神經通路非常的短。你曾經吹過泡泡糖嗎？童年的一次記憶是否浮現在你的腦海中？我們對香味能有迅速的反應，因為它們在大腦的情緒中心和記憶中心幾乎都得到了即時的處理。

嗅覺會影響閥門關閉系統

因為嗅覺關聯著我們大多數的基礎系統，所以它也會影響我們的閥門關閉系統。當聞到喜歡的香味時，我們便進行又慢又深的呼吸，這樣，我們就吸入了更多的氧氣。如我們所見，這兩種過程提高了我們的精力水準。有證據顯示，香味也可以提高我們的注意力和學習能力。在一項研究中，兩組受試者被要求做連連看遊戲。然後，其中一組馬上聞一種香味。之後，兩組受試者被要求重新做這個遊戲。結果，聞了香味的那組以快了三〇%的速度完成了遊戲。在另一項壓力反應的研究中，讓看過壓力信號的受試者聞有香味的蘋果，結果，其α腦波增加，這顯示了一種放鬆的警覺狀態。

芳療的神奇力量

在美國境外，芳香療法被應用在多種醫療和非醫療的狀況。例如，在英國，芳香療法包括將薰衣草用於治療失眠，將茉莉用於治療焦慮。在一項研究中，當減肥者選了一種自己最喜愛的香味來聞時，他們真的更輕鬆地減輕了一些體重！在日本，一些辦公大樓裡透過通風系統散布檸檬香味以提高工作效率。

你可以藉由幾滴你反應最好的香精油來享受芳香療法的益處。滴幾滴在你的浴缸或蓮蓬頭，或在按摩推拿和修指甲的時候使用。在手帕上噴一些香水，一天聞上幾次。或點燃幾顆芳香蠟燭，讓香味充滿你的家。

試試各種香味，如香水、古龍水、辛香料和食物等，以確定它們對你的情緒和警覺感的作用如何。一旦你發現哪種最有作用，你就可以使用這種特別的香味來創造你希望的情緒。訓練你的鼻子將某一種香味與某一種情緒相聯繫。例如，每次你處於放鬆和警覺的狀態時，你就聞柑橘的香味。不久之後，在你每次聞到柑橘的香味時，它就會將你喚醒到一種警覺和放鬆的狀態。

讓人精神振作、充滿活力的香味

■振奮精神的香味：

- 薰衣草
- 天竺葵
- 新割的青草
- 玫瑰
- 檀香

・春黃菊　・香草

■使人充滿活力的香味：

・薄荷　・桉屬植物　・橙花
・綠薄荷　・柏
・柑橘屬植物（如橘子、檸檬、萊姆等）　・迷迭香

9-10 感受音樂的時刻

音樂能表現你的體驗、思想和智慧。

——查理・帕克（Charlie Parker）

音樂能增加氧氣吸入量並改變腦波

從遠古時代，音樂就在各種文化中被用來幫助轉換心情、提高情緒狀態。研究顯示，許多人發現音樂比性愛還讓人興奮。它可以讓我們充滿活力、身心放鬆，並激勵我們運動。音樂影響我們的呼吸

頻率、血壓、腸胃收縮和荷爾蒙，而這些反應又會影響我們的免疫系統。我們的心率隨著音樂的節奏而減慢或加快，它可以增加氧氣並改變我們的腦波（想一想我前面提過的放鬆時的 α 腦波）。

有幾項試驗說明，音樂的偏愛極具個人性。某人覺得緩和的音樂，對另一個人來說卻可能很刺耳。隨著時間的不同，你在音樂上的偏愛也會有變化。有時候爵士樂讓你感到放鬆，有時候它又讓你煩躁。密切關注你對各種類型音樂的不同反應，注意是否有某種特別的風格使你感到高興或悲傷、放鬆或充滿活力。如果你陷入抑鬱的狀態，嘗試找一些合適的音樂來配合你低調的心情，逐漸轉變到節奏較為歡快的曲子（如黑人福音、搖擺樂、搖滾、雷鬼、New Age，或奧爾良爵士等），你會覺得自己的憂鬱慢慢地消褪。

讓音樂助你破繭而出

因為性格內向者有時候很難從困境中解脫出來，音樂可以幫助你「破繭而出」。音樂也可以幫助你獲得愉快的感覺並放鬆心情。它可以幫助你從大腦中讓人感到很不舒服、喋喋不休的聲音和痛苦記憶中走出，它還可以幫助你改善低落的情緒。當你放鬆之後，你的儲備精力就可以轉換成有用的能量。

花一點時間走出去欣賞大自然中的聲音。大自然的音樂可以讓你耳目一新、精神百倍和心情寧靜。我喜歡聽的一張大自然聲音的 CD 是山林中暴風雨的聲音，它充滿了呼呼的風聲、嘩嘩的雨聲和閃電劃過後隆隆的雷聲。聽過之後，我覺得自己充滿了活力。或者，你可以在你的窗戶外放一個餵鳥的盤子，就可以傾聽各式各樣的吱喳鳴叫聲了。在海邊漫步、在森林中行走，或是繞著湖泊散步，集中精神傾聽大自然演奏的生動樂曲吧。

唱歌與吹口哨

研究顯示，哼唱、歌聲和口哨也能夠給予我們精力。它們可以使我們改善心情，提高意識，並減少焦慮。想一想有多少父母自然地對著他們的嬰兒輕輕哼唱吧。唱歌可以增加氧氣的吸入，並且似乎可以影響神經傳導物質，所以在淋浴或開車時唱歌，或者如果你夠認真，你可以去參加歌唱隊。注意，唱歌可以讓你感到多麼的輕鬆愉快？而且，不要忘記吹口哨，它是一種被人們逐漸忘卻的藝術——你只要縮攏你的嘴唇並吹氣，就能將它找回來了。我相信你會感覺到自己更加活力四射。

9-11 傾聽身體的聲音

一個人的心情就像是一首交響樂，血清素就像是指揮手中的指揮棒。

——詹姆斯・史塔克（James Stockard）

如我們前面所談過的，乙醯膽鹼、血清素和多巴胺是大腦在許多重要的心理和生理機能上發揮作用的神經傳導物質，它對將供給維持在最佳的水準上有著至關重要的作用。我們控制神經傳導物質的方法，除了藥物，就是保持身體健康。我們的大腦和神經傳導物質受到營養、睡眠、壓力水準和運動的影響。

食物是重要的大腦調節器

吃是人類的本性；消化，則是上帝的事情。

——查理士．柯普蘭（Charles T. Copeland）

因為神經系統組織的方式，性格內向者的新陳代謝很快，攝入的食物轉變成能量後很快就用光了。這使我們難以保持穩定的血糖值，因而我們在一天裡要有規律地吃東西，持續獲得豐富的營養來保持血糖的穩定。零食，正如其名稱所指，時不時地吃一點，可以防止心情大起大落和頭痛，以及想睡的感覺。（想一想在某次盛大的假日大餐之後，你是多麼的昏昏欲睡吧。）

在《令人驚奇的大腦》（*Your Miracle Brain*）中，受到高度推崇的作者珍．卡波兒（Jean Carper）指出：「關於大腦的工作原理，和人們可以怎樣用食物和補給品來影響思維和行為的最令人興奮的發現，來自於神經傳導物質系統活動方面的新認識。」她還指出：「基本的結論是：你的神經元吸收和釋放的神經傳導物質的類型，和它們在大腦中的最終命運，在很大程度上取決於你吃了些什麼。很顯然，這使食物成為非常重要的大腦調節器。」我猜想，當他們說「人如其食」（You are what you eat）的時候，他們不是在開玩笑的。

對神經傳導物質有重要作用的營養元素

乙醯膽鹼是性格內向者重要的神經傳導物質。它可以改善學習、記憶和運動神經的協調，它也可以保護我們免受阿茲海默症（即老年癡呆症）的煩擾。雌激素可以使乙醯膽鹼增多，所以在更年期時因為雌激素缺乏、乙醯膽鹼水準降低，女性在記憶方面常常會出現一些問題。增加乙醯膽鹼的最好食物來源是魚（鮭魚、鯡魚、鯖魚、沙丁魚等）、蛋黃（優良的來源）、小麥胚芽、肝臟、肉、奶、乳酪、青花菜、包心菜、花椰菜和卵磷脂。

血清素可以幫助我們恢復平靜。它的關鍵成分是胺基酸色胺酸（amino acid tryptophan），它透過攝入碳水化合物而形成。碳水化合物包含在食物中，如澱粉、精製穀物、豆類、蔬菜和多種水果。它們來自於兩種形式——快速釋放和緩慢釋放，而且，它們以不同的方式影響你的血糖和血清素。星河巧克力棒（Milky Way）是快速釋放的碳水化合物，它快速地分解，提高你的血糖並增加血清素，你的精力水準很快升高然後又快速降低。你可能在吃了某種東西之後馬上感到精力充沛，然而一小時後，你感到自己的ＩＱ似乎又降了五十點。低脂乳酪是緩慢釋放的碳水化合物，它逐步地分解，就像是緩釋膠囊那樣逐漸提高你的血糖和血清素。在一天中恰當的時間內，食用緩慢釋放的碳水化合物可以使你心情平靜，因為那時候血清素正逐漸地被釋放出來。在傍晚的時候食用緩慢釋放的碳水化合物，可以幫助你處於平靜的狀態；而在睡前吃一點則可以幫助你的睡眠。

多巴胺可以提高你的靈敏度，並使你感到不會很餓。它的關鍵成分是氨基酸酪氨酸（amino acid tyrosine），當你食用蛋白質時，它釋放到血液之中。蛋白質很快就使大腦充滿活力並使我們產生飽足感，所以聰明的吃法是在每餐的開始時就吃一些。魚、肉、蛋、乳製品、花生醬、某些豆類和堅果都富含蛋白質。蛋白質也來自瘦肉或脂肪。你只需要進食少量的瘦肉類型的蛋白質，就可以維持一天的靈敏度。

對於水只有三個字：**多喝水**。你身體的每一個部分都需要水來維持機能。你的身體中至少有六〇%都是水，而且體液也建立在水的基礎上。你整天都在流失水分，而且，如果你脫水了，你的精力就會消退。所以，要保持小口小口地喝水。營養學家建議，一天要喝八杯水。你的身體會從中受益，而且你可以讓你所有的細胞都保持美好和「豐潤」。

保持必要的睡眠

醫學和哲學博士威廉．狄曼（William Dement）是史丹佛大學醫藥學院睡眠障礙醫療中心的主任。他指出：「相當多的美國人（很可能還是大多數），每一天都因睡眠問題而引起官能障礙。」缺乏睡眠會使人容易發怒和犯錯、感覺遲鈍、注意力減退。最重要的是，它妨礙了REM睡眠，即我們做夢的狀態。在REM睡眠階段，我們將日常的資訊儲存到長期記憶之中。如果沒有獲得足夠的睡眠，我們在這一重要機能上就會產生巨大的損失。然後，性格內向者的恐懼，即他們的大腦一片空白，真的就變成現實了。

性格內向者有睡眠問題的一個原因是，他們的大腦非常的活躍。他們流向大腦受到刺激的區域的血流量比性格外向者多，而且他們還會持續受到各式各樣的刺激——來自內心世界和外在世界的刺激。他們無法讓自己的大腦停止工作，無法將周圍的世界關閉在外，也無法讓內在的聲音平息下來。這經常使他們很難平靜下來、放鬆，並達到專家說的他們所需要的七、八個小時的睡眠時間。

以下是一些有助於我們抓住瞌睡蟲的提示：

- 性格內向者通常對咖啡因非常敏感，所以在早晨要限制喝咖啡的量。

- 在你的臥室窗戶安裝不透明的窗簾，用耳塞來阻斷雜訊。
- 將電視機搬出臥室。
- 創造舒適的就寢方式，每天在同樣的時間睡覺跟起床。
- 保持臥室的涼爽。
- 如果你無法入睡，就深呼吸，並告訴自己你是在幫助你的身體。

保持勻稱的身材

性格內向者比性格外向者更習慣久坐，他們沒有大量運動的動機，多半不喜歡鍛鍊身體。但是，找到一種方式來保持身材的勻稱非常重要。運動的一個重要原因是可以增加大腦的含氧量。較多的氧氣可以讓你的神經傳導物質和記憶發揮得較好。而且，如果肌肉有一點緊張，你的身體也會更加健康，並有較好的耐力和彈性。最後，運動可以讓你的心肺更加有力，並提高你整個人的精力水準，你會感到精力更加充沛。關於運動，我的建議是找到一種或幾種你喜歡的運動方式，並在你的日曆上寫下你與自己約定的「健身日」。然後像Nike的廣告詞說的那樣：「做就對了」（Just Do It）。我發現，一些性格內向者喜歡團體活動，但是大多數更喜歡個人的運動。瑜伽、體操、游泳、武術、適度的舉重、跳舞、溜冰、騎自行車或滑著輪上有霓虹燈的滑板車等，都是非常有益健康的運動。我喜歡邊散步邊聽有聲書，而性格內向的英語教授曼尼則喜歡帶著兩隻小狗散步，牠們看起來就像兩顆小毛球在人行道上滾動。其他個案喜歡划船或打高爾夫。

要調節好自己的節奏。一週進行三次三十分鐘的運動，比兩個星期進行一次幾個小時的運動要好。重要的是要堅持下去，因為我們太容易停止運動了。不幸的是，很多人都會發生。因為大多數性格內向者無法像性格外向者那樣從運動中得到那麼多的精力，而且從運動中得到的快樂也較少，他們一旦停下來就很難再開始。記住你為什麼要運動，你是想要改善你的身體和大腦的狀況。當你完成了一次運動，就獎勵自己一次——一本新書、沖一次熱水澡、打一場電腦遊戲或看一場電影。

9-12 多交一些朋友

性格內向者經常覺得跟人很疏遠，有時候還會覺得很孤單。如我所解釋過的，這有許多複雜的生理和心理原因。但是，有一個原因我們不能忽視：我們有許多人只有較小的朋友圈。內向者不像性格外向者那樣將自己認識的幾乎每一個人都視作自己的朋友，而相信所有真正的友誼都必須是「深厚」而「富有意義的」。但是，將更多的熟人看作是自己的朋友，並認可那些令人滿意的關係既可以深，也可以淺，這將使你感到這個世界更為友善。同時，擁有更多的朋友也會增加我們生活中的樂趣。

要有多種多樣的朋友的另外一個原因，就是可以獲得充足的**支持**。如果某一個朋友無法提供幫助，搬家了，或死亡了，或由於某種原因友誼結束了，我們可以不要有太多的情緒障礙而離開。當我們年老的時候，這會顯得特別的真實。我們需要有人一起談論我們喜愛或認為有意義的話題。我們需要有能幾個小時無所不談的朋友，也需要只談一些事情的朋友。我們需要一起談論書的朋友和交換想法的朋友，我們可以安靜共處的朋友，我們可以在他們面前隨心所欲地表現自己的朋友，可以一起去做一些事情的朋友——如旅遊、逛街、看電影等。我們需要各種年齡階段的朋友，從小孩到年長的都需要。我們需要性格內向的朋友，也需要性格外向的朋友。我們需要那些能瞭解性格內向者的朋友。

如何經營你的朋友圈

向你性格外向的朋友解釋自己內向的性格，這可以避免傷害彼此的感情。告訴對方，你有精力的時候會打電話給他們或發電子郵件，但如果他們幾個星期都沒有你的消息也不要主觀地猜疑。

- 向你性格內向的朋友解釋內向的性格，因為他們對自己的個性可能並沒有太多的瞭解。
- 安排與某位朋友每兩個星期共進一次午餐。
- 偶爾請一個朋友來聚聚，要清楚表明開始和結束的時間。
- 離開那些有害無益的所謂的朋友。

9-13 精神上的成長

我們不是要追求超凡脫俗，而只是希望有精神的存在。

——賈桂林・史莫（Jacquelyn Small）

對許多性格內向者來說，精神的成長是很重要的事。我們的個性傾向喜愛和平和誠實，所以許多信仰的教義反映了我們所重視的事物。而且，我們中的許多人想要理解生活的意義。我們可以從一些小處來看待生活。精神上的信仰可以幫助我們擁有更長遠的目標，並使我們的內在世界與更寬廣的人類世界相平衡。信仰可以減少壓力，因為它給予我們實用的引導並告訴我們如何實現更完美的生活。相信自己擁有很多機會的感覺可以幫助我們改善壓抑和無助，並給予我們充沛的精力。精神上的信仰還有另外的益處，就是讓我們能夠在有組織的環境中體驗友情和歸屬感。

心靈的活動可以提供樂觀、良好應對的方式、和平的感覺和一種整體上的幸福感。如果你現在沒有進行任何心靈上或信仰上的活動，但你認為值得一試，或者你想擴展一種萌芽中的興趣或增加你的投入程度，那麼可以嘗試以下的一些活動：參觀一個教堂或猶太教堂並考慮加入；每天早晨閱讀一篇禱告或當你望著窗外時簡短地祈禱一次；參加教堂唱詩班；參加講解世界宗教的課程班；每天為某人做一件好事並不要告訴任何人；在晚餐前全家握住手並禱告。閱讀M. J. 萊恩（M.J.Ryan）的《感恩的態度》（*Attitudes of Gratitude*），它提醒我們要善於發現生活中點點滴滴的美好。觀察生活中特別的時刻，每天寫下你感激的三件事；過節時主動購買玩具分送別人家的孩子，加入公益團體、成為其中的大哥哥或大姊姊，或在暑假送貧困的孩子去參加露營。這只是奉獻出你的時間、錢財和精力的多樣方式中的一些。你自己檢查一下，看看你是否因這些活動而感覺充實許多。

在《成功的生態學》（*The Biology of Success*）中，鮑伯博士指出：「科學的研究（不是趣聞）現在顯示，禱告對健康有很好的作用。美國國家衛生研究院發現，科學期刊裡關於精神的三百項研究中，七五％的研究顯示，信仰和禱告對健康有積極的作用。」如果你想要培養某部分的性格，藉此充分預備生活所需，你可以在生活中建立一些修養身心的習慣。

9-14 陳述自己的目標

我們都必須決定如何去實現自己的價值，而不是計算我們價值幾何。

——弗登堡（Edgar Z. Friedenberg）

是什麼讓你的生命賦予了意義？你想要如何使自己與眾不同？每個人生來就有自己的生活目標。想到自己沒有目標或無法想出一個目標，這可能會讓你感到驚慌失措——但你其實是有目標的，而且你能夠想出自己的目標。許多性格內向者想知道自己在這個世界上生存的原因（不一定是要拯救世界），它幫助他們將自己內在的力量指向最能使自己滿足的事情。明確的目標為我們提供了前進的方向，從而為生命賦予了意義並使我們充滿活力。它有助於我們規畫自己的生活，感覺更有動力和更為滿足。

因為性格內向者可能不會像性格外向者那樣，有那麼多的精力去參加「外界」的活動，所以對他們來說，特別重要的是要集中精力做那些對他們最有意義的事情。而且，因為他們非常容易因生活中每天的需要而感到壓力太大，他們可能不會去想自己真正想要的是什麼。

也許你已經非常確定自己的目標。如果還沒有，而且你想要建立並向人們宣布自己的目標，那麼請跟著以下的指導，會非常有用。記著，你的目標不一定是固定不變的；它可以隨著時間的推移而改變。

陳述目標時的五個問題

以下是你開始陳述自己的目標時的五個問題，（如果你想到了其他相關的問題，那很好，也可以使用。）迅速地寫下你的回答，盡量抓住第一個冒出來的想法。重視突然出現在你腦海中的想法。（它也有助於回頭去參照你在第八章所設立的目標和優先考慮的事項。）

不要自尋煩惱。如果想讓自己活得快樂一些，那麼就好好想一想，有哪些事情特別能讓你覺得幸福快樂。然後用一小段文字寫下你的想法。把它放個幾天，然後再次審視。記住，你所寫的東西並不是刻在石頭裡；你隨時都可以擴充或修改。

1. 生活中的什麼事情對我最重要？
2. 我想為這個世界奉獻些什麼？
3. 在這一生中，我希望（　　）
4. 我如何實現這些目標？
5. 在自己的人生旅途中，誰是我想與之相伴的人？

案例：我的目標

以下是我的目標。（這只是舉例，而不是正確的答案。）

我的生活目標是每日清醒地活著，選擇做那些能促進我自己和別人成長的事情。我希望我的工作能為人們提供更加瞭解自己的方式，讓他們對自己的人之本性有更多的熱情和欣賞。我想創造富有意義的關係，建立在相互依存、樂趣和成長之上。我希望我留給他人的記憶是有趣、感人，以及有智慧的。

試著寫一下吧。它不一定要很完美、很深刻，也不一定要包括以上所有問題的回答。（你可能注意到我的例子中也沒有。）它只是為你而「量身訂做的」，你以後隨時都可以進行修改和更新。有目標的陳述有助於你將自己的精力指向對你最重要的事情上，並有助於你使自己的生活建立在自己的價值和才能之上。它有助於使你感到充滿活力。

9-15 讓你的天性自由發展

幸福不是旅途的終點，而是我們旅途的過程。

——瑪格莉特・朗貝克（Margaret Lee Runbeck）

想像你是本章開頭提到的鬱金香，將自己看作是一朵充滿活力、優雅、堅強、鮮豔和神奇的花朵。你需要特別的關注，**只有你自己才能提供的關注**。瞭解到在你的餘生，你得非常仔細地維護自己的環境。在某種程度上，這件事情非常困難，但從另一方面來看，有力量照顧好自己，也是非常棒的事情。如果你偶爾未能好好照顧自己，請重讀這一章，並回到「培育花卉的園丁」的模式。無論何時，只要你需要，你都可以做到。

本章思考點

如果你規律地做了全部或部分改善精力的工作，那麼，你就能夠從容應對生活之路上的任何障礙了。好好照顧自己，讓自己更加堅強、快樂，更能夠接納內向的自己。你將感到自己不那麼像離水之魚了。

- 培育你獨特的天性。
- 注意有哪些事情讓你精神百倍，哪些事情讓你疲憊不堪。
- 當你體驗到幸福感和寧靜時，你處在正確的軌道上。感覺易怒和疲倦是你需要改變行為策略的信號。
- 微小的變化會帶來不同凡響的結果。
- 明智地運用你的精力。

第十章

接納新觀點：將你的光芒灑向四方

- 為什麼小孩子喜歡堆積木？為什麼當最後積木崩倒並散落一地，小孩反而會更興奮？
- 嘗試去餐館點一道從來沒有想過要嘗試的菜，如果真這麼做，你會有什麼感覺？
- 為什麼性格內向者不喜歡出門？為什麼他們總是會焦慮，怕忘了帶重要的東西？
- 為什麼性格內向者在講話時容易被性格外向者認為優柔寡斷、猶豫不決？
- 為什麼性格內向者常常心裡面會傳來吹毛求疵的聲音，指責自己做得不夠好？
- 網路會讓性格內向者找到安全拓展人際關係的平台，還是反而會讓人際關係更為疏遠？

> 害怕不可避免。而讓害怕徹頭徹尾地控制你則又另當別論。
>
> 凱瑟琳．培德森（Katherine Paterson）

你已經認同自己是一個性格內向者，而且你能用自己的方式舒適地生活。現在，你是該再次感受一點不舒服了——當然，我們絕對有非常好的理由。停留在熟悉的環境讓人感覺很舒服，但現實不可能永遠如此。在現實生活中，有許多我們不得不做的事，而它們都需要一些**外向的技能**。例如，如果你想找一份新工作、為你的孩子換一位內科醫生，或交新朋友，你就需要一些外向的技能。如果我沒有衝破內向的藩籬，我就無法寫出這本書。因為我得咬緊牙關四處打電話、走出家門與人們面談，以及在群體面前講話。

為了實現我們的目標和夢想，我們時常都需要表現得外向一些。我們不得不努力走出自己那舒適的小圈子。但在事情做完之後，我們就可以迅速回到原來的生活軌道。

性格外向者就像燈塔，將能量灑向外界。他們的注意力遠離自我，不停地掃描著外在世界。在那裡，性格外向者獲得充沛的精力，並從多巴胺的活動中獲得快樂感。對性格內向者來說，情況就不同了。我們就像燈籠，柔和的光線照著內在。我們的注意力總是集中在自己的內心世界。當我們步入真實的世界，我們要以不同的方式來處理事情。我們需要減少我們內在的光，另起火苗，將自己的光芒灑向外界。

性格外向者大步流星地投身於外在世界，大膽的態度中顯露出充分的信心。他們健談、開放、主動性強，並且對任何事情都躍躍一試。正如他們需要從性格內向者那裡學習一些技能一樣，我們也需要學習外向者的一些技能。

在本章，我將為你建議一些策略，使你盡可能輕鬆而又愉悅地實現外傾。你將學會採納「外向態度」的一些方式，那是生活中較為輕鬆、較為無憂無慮和自信的方式。慢慢、一點一點地，你就可以按照對你有利的原則，將它付諸實踐。

10-1 對舒適圈的錯誤認識

我們才剛以為已經組好了一份舒適的生活，馬上就會發現還有一部分的我們找不到合適的地方安身。

——蓋爾·希伊（Gail Sheehy）

從幼年時期開始，我們就在熟悉的事物之中尋找安全感。所有孩子都會用一個絨毛玩具來幫助自己應對不熟悉的感覺。玩具上的磨損讓他們想起家的溫暖，可以平息他們的恐懼和焦慮。成年以後，我們繼續尋找熟悉的感覺，因為它可以幫助我們調節壓力太大的感覺。性格內向者比性格外向者更容易從熟悉的事物中注意並找到安全感。吸收外界新的資訊則需要消耗精力。

走出舒適圈，累積經驗、與人相處

性格內向者可能幻想，如果自己永遠都無所憂慮，那才是真正的幸福。但是，那種幻想有其局限。無論你如何仔細地建構自己的生活，你仍然會經歷障礙、挑戰、困難和不愉快，所以你需要應對的能力。這需要嘗試新做法並要忍耐自己不大適應的陌生感覺。

而且，成長意味著會感受到一些新的東西。與世隔絕的生活固然可以保護你免受不愉快的侵襲，卻也限制了你累積經驗和與人相處，而這兩者都可以幫助你並為你帶來你想都沒有想過、或曾經認為是不可能的快樂。

人格要經常運用才會有力量

保持太舒服的狀態導致我們失去了人格中的某些面向，就像肌肉不活動的時候就不會獲得力量一樣，我們的人格如果沒有經常運用也不會有力量。而且，如果沒有新的資訊和挑戰，你就會充滿厭倦或沮喪，害怕被拋棄、被拒絕或失望的感覺也會增加，除非積極的外在經驗提醒你，這些恐懼不會總是存在於現實生活之中。

作為一個性格內向者，你需要提醒自己：儘管在你向外活動時你的精力很快就會被用光，但是你也從中獲得了新的觀點、結識了新的朋友並獲得新的經驗。這個世界是個讓人激動的地方。與性格外向者不一樣，你不能將自己的光輝隨意地灑向四周。但是，你可以將自己「外傾的」精力集中指向自己願意的地方。

10-2 獲得自信

性格源自你一而再、再而三的嘗試。

——詹姆斯・密契納（James Michener）

性格內向者需要感受到：**即使在不適合我們天性的地方，我們也能依靠自己的能力來處理周遭的事情。**在難纏的同事面前站得住腳、去商店退貨、爭取晉升、向你孩子的學校提出意見，或加入讀書俱樂部等，都是充滿挑戰性的事。但是，挑戰也意味著要去征服，對自己充滿信心是一個好的開始。記著，你可以像性格外向者那樣發出光芒，然後在活動後減少光量，並回到自己溫暖的「燈籠」。當你向外活動時，要注意照顧好自己並適當休息。你的付出終將有所回報。

將自信建立在自己是誰，而不是成就上

許多性格內向者待在他們舒適的小圈子裡，因為他們無法確定自己是否能在「外向的世界」裡應付自如。當他們走出去時，他們常常會感到壓力太大並忘了自己的能力。他們可能將自己與性格外向者做比較，並認定自己有缺陷。他們只好退縮以免感覺自己很糟糕。性格內向者也會受到我們文化中主流的觀點影響，即我們個人的價值在於我們做了什麼——而不是我們是誰。

在《活出自信》（*Confidence: Finding It and Living It*）中，心理學博士安吉麗思（Barbara De Angelis）指出：「當你將自信建立於**自己是誰**，而不是你**做到了什麼**，你就創造了一些沒有任何人或任何環境能夠從你那兒拿走的東西。」這對性格內向者非常重要，因為我們的許多能力在外向的世界中並沒有受到重視。

「自信」是一個常常被人誤解的辭彙。人們是以一種外向的方式來思考它：做事很快、有充沛的精力和獲得相當多的成就。如果這是正確的，那麼就只有像奧林匹克冠軍之類的人物才會有內在的安全感。大自然並沒有將宇宙設計成那樣，否則大多數人都會被冷落了。再想想那些似乎處在各行各業

的頂尖人物或成就非凡的人，他們也有可能會陷入自我毀滅，例如吸毒和酗酒。而且，如果你的自信是建立在你擅長的事情上，那麼你就更難嘗試新的事情了。著手嘗試新鮮事，你得一切從頭開始，並經歷學習的曲折和笨拙的嘗試。只把自信建立在已獲得的成就上，將會限制你擴展和把握新興趣的能力。

西恩的錯誤認知

讓我們來看看西恩，一位二十剛出頭的案主。「我的大腦反應非常快，其他人根本跟不上我，而且，我還意識到，當我還非常小的時候，我的智力就勝過大多數成人了。」在我們第一次面談時他這麼告訴我，「我就像卡通裡的大野狼（Wile E.Coyote）；我可以在眾人之間遊刃有餘。」一些人聽到西恩的夸夸其談，就誤以為他很有自信。事實上，西恩容易受到驚嚇、容易衝動，也缺乏主動性。他對自己幾乎沒有什麼自信，而且他的「自信」是建立在他的「敏捷」之上，並將這種「敏捷」與知識和智力相提並論。在他的職業生涯中，西恩難以跟權威的專家融洽相處，他的工作陷於一種停頓的狀態。他做了很多，卻沒有多大進展。

如果你只有在參與一種你做得很好的活動時才會覺得有自信，那麼，當你不參加那些活動的時候，會出現什麼情況呢？如果你只有在為人父母時才能對自己的能力有安全感，那麼，當你的孩子不需要你的時候，你又該怎麼辦呢？或者，如果你從事於一種給人協助的職業，那麼，當你沒有給予其他人什麼東西時，你對自己的感覺又如何？比如說，如果你因為生病了，無法完成任何事情，你現在就沒有價值了嗎？

建立在成就上的自信，和建立在你內在特質上的自信是不同的。這就是為什麼達到某個具體的目標（比如說從學校畢業、買了一輛特別棒的車、獲得一次破格晉升，或在銀行裡有一定數量的存款）會讓你感覺很好，但這種很好的感覺會迅速地煙消雲散。研究顯示，從一次很大的晉升中得到的滿足感最多只能持續六個月。為了體驗到自信，我們需要一些始終伴隨著我們的東西。自信應該來自於我們的**內在**，而不是來自於我們在**外在**所做的事情。

自信是一種內在的保證

自信仰賴於一種內在的保證。它是你與自己做的一種約定，即為了達成目標去學習或做你需要去做的任何事情。它是你在學習新技能的時候，做出決定、保持旺盛的求知欲、容忍錯誤及善待自己的能力。沒有人能夠從你那裡將你的堅毅或任何類似的特質帶走。

內向者的內在能力

性格內向者特別需要思考他們內在的能力，因為他們不像性格外向者有那麼多外在的成就可以依賴。與西恩不同，他們甚至不能欺騙自己，讓自己覺得很有自信。以下是他們確實具備的一些優勢：長期高度集中注意力的能力、堅持不懈、能考慮到多方面的因素、善於接受新資訊、努力做好工作、沉思、以富於想像的方式創新。我要補充的是，這些只是給人深刻印象的一部分特質。通常，如果我告訴個案，我從他們身上看到的一些特質，他們都非常驚訝。「我從來沒有想過我的那些特點是有價值的。」他們通常會這麼說。

設立自信帳戶

那麼，你可以怎樣增強你內向性格的自信呢？你只需要一些觀察的技能。設想你為自信建立了一個銀行帳戶。無論何時，當你採取某種行動，使你往目標或優先考慮的事情邁進一步時，都存入一筆金額。想像你存了一些「自信的錢幣」到你的帳戶。更好的做法是做一個自信的筆記，記錄你的「存款」有多少。當你很害怕，但無論如何還是打了一通很艱難的電話時，就存入了一筆錢。無論何時，當你信任並重視你的情緒時，就再往你的帳戶存入一些錢。如果某人批評你，你能夠客觀地考慮他的回饋，而沒有過於重視（他們是對的；我那麼做是錯誤的）或輕視（他們的評價沒什麼；我是對的），那麼，也存一些錢進你的帳戶。當你想好如何應對那些批評，「我能夠理解你的想法，但是我認為你誤解我了；我的意思是……」你可以再存入一筆錢。當你希望做好某事的時候，請放入更多自信的錢。如果你受到挫折了（你沒有得到你真的非常想要的新工作），允許自己用幾天的時間來體驗悲傷和沮喪。提醒自己，那只是一個工作而已，當你寄出另外一份履歷時，再往你的帳戶上存入大大的一筆錢。

擺脫固有的模式

我面談過的許多個案，他們焦慮的時候會感到很緊張。他們的身體變得緊繃，就像是樂隊定音鼓上繃著的羊皮。告訴他們停止焦慮根本沒有用；批評他們也是，只會使他們更緊張。所以，我建議他們用與平常相反的方式來嘗試。例如，當我們的身體感到緊張時，我們通常會試圖使自己放鬆，但常常沒什麼用。所以，我們可以改變這種模式。刻意繃緊整個身體，然後，隨著一聲長長的嘆氣再放鬆。現在，像一隻金色獵犬在熾熱的夏日跑過灑水車那樣抖動自己的身體。抖、抖、抖，想像水珠在你的身邊飛濺。你現在感覺怎麼樣？

設想如果你真的在每一次展示了自信的態度時都存入了錢，你對自己會有怎樣的感覺。很快，你將建立一個大額的帳戶。

現在，當你以外傾的方式出去時，你可以看一看你的筆記或想像你那巨額的「存款」。那筆巨額的「存款」可以永遠地提醒你：你有能力追求自己想要的東西，你能夠依賴自己。你充滿活力。如果你需要，你可以尋求幫助，而且，在你經歷了一次障礙或挫折之後，你可以重新振作。

10-3 一件就夠了

當你發現自己騎的是一匹瀕死的馬，最好的策略就是從馬上跳下來。

——達科他族（Dakota）諺語

一般來說，性格外向者不會浪費太多的時間固守常規，他們甚至還沒有稍加思索，就已經起身離開。但是，對性格內向者來說，擺脫常規就像是去爬喜馬拉雅山。因為他們知道，離開他們慣常的路線將耗費額外的精力，他們不會因為身體的移動而獲得快樂感的獎勵，所以保持穩定不動更容易一些。這樣在面對熟悉的事物時，只需要較少的精力。另一方面，如果性格內向者與外界聯繫的時間不夠多，他們會以為自己比其他人有更多的問題，從而會強化他們固有的「自己一定有些問題」的想法。他們會感到更為羞愧，然後更加與世隔絕。性格內向者通常沒有意識到，生活中不可避免會有壓力和緊張，每個人都以這樣或那樣的方式在奮戰。

做一件不同的事，啟動改變

那麼，如果性格內向者已經習慣於固守成規，他該做些什麼？你也許會感到驚奇，但是真的，只要做**一件**不同的事情，就可以幫助你實現你所希望得到的改變。這就像是將一塊石頭扔入池水之中，蕩起的陣陣漣漪竟全然改變了之前的一池寧靜。可以嘗試以下的方法：

- 準確描述你想改變的模式。
- 採用不同的方式來完成其中的**任何**一個部分。
- 嘗試一下你在另外的情境中成功使用過的解決辦法。
- 進行逆向思考。想一想你如果怎樣做，會使這個問題變得更糟。新的解決辦法就可能產生了。
- 將注意力集中於你想要發生的，而不是已經發生的事情上。

• 祝賀自己取得的成功。擺脫常規去做某事，會獲得一些自由。

以下是一個實際例子：我的個案艾力克斯每天下班回家就看電視，但是他想改變這個模式，希望一個星期至少出去玩一次。（一）因為對他來說一旦安坐家中，就很難讓自己再走出去，所以我建議他下班後直接去家以外的某個地方——看場電影或參觀博物館，與同事去喝咖啡，或是去逛購物中心。（二）然後，我要求他想像，如果他之後三個星期都不出去，他會有什麼樣的感覺。（三）這通常是一個讓人感到驚奇的激勵。它驅逐了恐懼。突然，他可以想到許多自己想去的地方了。隨後，我鼓勵他設想自己在高爾夫練習場打一桶球，或是去他原本計畫以外的另一個有趣的地方，例如天文館、書店或夜間藝展。我要求他在一頁命名為「週末活動」的紙上，迅速地將所有的這些想法寫下來，並放在工作的地方或汽車裡，以便他能夠隨時記起自己的選擇。（四）事實上他去了圖書館看書，而且過得很開心。

改變準備程序，降低焦慮感

許多性格內向者在轉變的過程中感到很焦慮，他們將這種轉變的過程想成是一個不確定的體驗。當他們離開自己的家，他們變得特別焦慮。他們會想著哪裡會出問題，他們知道這會消耗更多的精力。而且，他們擔心自己是否有足夠的能力應對不熟悉的環境。他們還常擔心自己會忘記帶可能要用到的東西。例如，我性格內向的個案荷莉告訴我，當她準備好要出門時，她經常找不到自己的鑰匙和PDA，或者，她會忘記各種重要的東西並不得不衝回家去好幾次。所有的這些事情都讓她非常地焦慮。荷莉和我討論如何才能改變這種狀況。

我要求她在準備離家出門時，注意自己做過的所有步驟。當她隔週再來時，她談論了自己做錯的所有事情。我請她回想是否曾經有過哪幾次出門的過程似乎較為流暢。她告訴我，她每次去健身房是怎樣準備的：「我在屋子裡走一圈；拿了健身要穿的衣服、隨身聽、水杯，還有其他的道具，然後放進健身包並擺在前門邊的皮包旁。接著要做的事就是檢查這個包並帶出門。」我問她，其他情況是否也可以用上這些步驟。然後，她想了一個主意，在前門附近闢出一個「整裝待發區」。

「在我準備出發的前一天晚上，我可以在房子裡四處看看，收拾我需要的東西」，然後告訴孩子們不要動那些東西。她認為這可以減輕她對遺忘重要東西的焦慮。最後，我要求她想像自己以一種精神非常放鬆的狀態出門，並提醒自己已經帶齊了需要的一切。荷莉回報，在之後的幾個星期，她發現了更多方法可以縮短她的「準備」，而且她對離家外出不再感覺那麼疲憊了。

如果性格內向者在做出門的任何例行準備工作時改變一下方式，就會提高他們的自主意識。這可以防止他們自動進入焦慮的狀態。

10-4 讓娛樂與生活同在

性格外向者通常被認為愛好娛樂，在外界四處活動對他們來說是一種享受。另一方面，性格內向者通常過於嚴肅認真。如果是在孩童階段，性格內向者可能因為表現得傻裡傻氣而被批評，所以他們就不再展示自己的那一面。同樣的，因為性格內向者的自我意識很強並且不喜歡受到別人的關注，他們可能將開玩笑、娛樂跟感覺很愚蠢、刺激太大和筋疲力竭等連結起來。然而，玩耍和積極主動其實能增加我們的活力，與人們建立親密的關係，使生活更有意義，並能開闊我們的眼界。缺乏生活的樂趣，我們會變得過於嚴肅和感情淡漠。

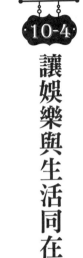

遊戲能降低緊張，開創新思維

遊戲意味著給自己一個任何事情都可能發生的空間。注意孩子堆積木的方式，他們努力地堆著，直到那些積木倒落在地，以各種不同的模式散落一地。孩子們興奮極了，因為一些新的情況發生了。嬰幼兒研究顯示，父母和嬰兒形成親密的親子關係的最重要的一種方式，就是遊戲。遊戲是將人們連結在一起的黏著劑；遊戲也可以減少緊張。它可以透過在各種觀點之間創造新的聯繫而放鬆你的思維，而且它可以清理我們大腦中的糟粕積垢。

當我發表演講時，我開始先是感謝那個團體的邀請，然後，我說：「請等一分鐘，老花眼了，你們知道的。」然後，我打開皮包搜索一番，戴上我的 Groucho 眼鏡。當我望向觀眾時，大多數人都在微笑或大笑。我們的精神提高了一些，而且我們感覺到一種團體凝聚力。

跳出常規

儘管性格內向者需要娛樂，但是一個可以率意而行的環境也會讓人覺得有危險，因為它意味著不確定。然而生活就是一種不確定，而且生活中的許多東西也正是來自那種不確定。許多事情產生於意外的發現。走一條新的路線，你可能就遇見了你未來的伴侶。外傾需要那些讓自己變得快樂的能力，以及欣賞生活中的意外的能力。

我發現大多數性格內向者都有頑皮的一面，即便他們自己沒有意識到。戲謔的態度可以幫助性格內向者減少恐懼和精力流失。為了幫你抓住你那頑皮的一面，請將你心底總是想做的五件事情寫下來——那些超出你的常規的事情。跳出常規，想一想。

以下是一些建議：

- 在餐館，點一份你以前從來沒有嘗試過的菜，比如說蝸牛（我指的是食用蝸牛！）。
- 星期六，在床上待到很晚才起床，或非常早起床，只要是與平常不一樣就行。
- 欣賞你從來沒有看過的古老音樂劇：《萬花嬉春》（*Singin' in the Rain*）、《歡樂音樂妙無窮》、《奧克拉荷馬》（*Oklahoma*）或《長腿叔叔》（*Daddy Longlegs*）。
- 閉上眼睛，將一枚硬幣扔進噴水池中，並許一個願。

- 和家人或一群親密的朋友玩遊戲，如「國王遊戲」「比手劃腳」或猜字謎。
- 在腦中走一趟尼泊爾、大溪地、俄羅斯或亞馬遜河的旅遊。想像那裡的氣味、感覺、景色和聲音。想一想在那裡可能會吃到的奇怪食物。烤蛇怎麼樣？想像它嘗起來味道如何。
- 做一件你在孩提時總是希望去做，但因當時太小、你的父母不允許或你不能負擔而未能做的事。對我來說，就是擁有一間自己的玩具屋。用這個經驗去創造你希望自己擁有的事物。

用幽默的方式來做日常的事

你可以找一些幽默的方式來做日常的事情。我有一隻粉紅色的鋼筆，當我用它寫字時，它的頂端就會閃閃發光。我還有一隻能搖動的橙色蘿蔔筆。讓我一直都覺得很驚奇的是人們的反應（即便是嚴肅的人們），當他們看到我那古怪的鋼筆時，都會突然變得活躍起來。他們總是會大笑並詢問我的筆。這為我的生活增加了趣味和活力——而且，我認為，也為他們的生活增加了趣味和活力。

花點時間娛樂，不要讓生活總是那麼嚴肅古板。欣賞你的優勢的同時，也要心悅誠服地接納自己的不足。欣賞自己從前沒有留意過的那一面。

10-5 面對外向世界的七個策略

你必須經常做那些你以為自己不能做的事情。

——埃莉諾・羅斯福

透過增強你的信心，打破你的常規，以及學會放鬆娛樂，你將讓自己做好準備面對外在世界。以下的七個策略將使你的冒險更有所得。

策略①：想說就說

性格外向者喜歡跟人談話（所以聽得也就比性格內向者多）。性格外向者不喜歡長時間傾聽，如果性格內向者講話慢吞吞或猶豫不決時，性格外向者可能就不再想聽他們講話了。因為性格內向者那柔軟的聲音和看到一個問題的兩面性的能力，反而讓一些性格外向者要不就認為他們非常聰明，要不就認為他們優柔寡斷、軟弱無力。如果你多年來都覺得自己在講話時被別人忽視或不受重視，或者如果你認為需要花太多的努力才能吸引人們的注意，這可能會使你對於表達自己的想法感到非常氣餒。這也可能讓你感到被孤立。令人驚異的是，一些簡單的技巧就可以帶來很大的差異。連續三個星期，在你覺得精力非常充沛的時候，每個星期嘗試練習兩次。記著，你只是需要偶爾進入性格外向者的圈子，來點高談闊論。

走出家門，與一兩位陌生人談話。抓住你身旁某個看起來很友善的人，談一點有關你們所在位置的話題。「楓樹上那些鮮紅的樹葉實在是非常漂亮，對嗎？」「這兒的服務真的是太慢了。」「我就喜歡這家麵包店裡的蜂蜜小麥麵包。」注意比你平常說得快一些、聲音響一些。說簡短的句子，只說一件事情。然後，就去做你要做的任何事情，例如買東西、找個位子坐下或排到隊伍中間。看一看情況會怎樣。注意你是否覺得有點激動不安。對許多性格內向者來說，只是對陌生人講話這件事就已經是很大的刺激了。提醒自己，你可以感到很激動，但還是要說一些簡短的話，想像你自己到時很輕鬆就能說出口。

注意你說話的對象是否很容易地就加入談話，並又對你說了些什麼。如果他們沒有說什麼，那麼，只要想他們也許不太舒服，不要太主觀地解釋這種情況。如果是另一種情況，他們跟隨你的話題開始閒聊，則提醒你自己，簡短、愉快的交談有助於我們和其他人產生聯繫。這種體驗會誘使你想要多消耗一點精力接觸其他人。

在你練習與陌生人進行簡短交談後，便是集中火力完成較大任務的時候了——做些讓你感到有點氣餒的事，比如說讓你覺得很恐怖的退貨（性格內向者通常都很討厭退貨）。如果退貨對你來說不算太恐怖，那麼就試試其他的事情——如要求電信業者更正帳單中的錯誤，或與清潔公司為地毯清潔問題討價還價。選擇一個可能引起高度焦慮的任務。性格內向者通常很害怕這些事情所需要的快節奏，它們無法預測後果，需要當下做出決定，而且在每一次言語的來回之間，都有可能發生衝突。許多性格內向者最後會感到非常的焦慮和難過，但不要把自己嚇退了。

當你準備好要冒險的時候，先演習一下你想說的話——比如：「我想退掉這件毛衣。很遺憾，它不大適合我女兒。這是我的收據。」在經歷過一些實際的操練之後，你就熟悉此道了。

研究顯示，如果人們說話很快、音調較高，而且避免說俚語，會給人們留下很聰明的印象。無論你是在教室與孩子的教師講話、在辦公室會議上與同事講話或是在家庭聚會上講話，注意以堅定、有力和清楚的嗓音說出一些簡短、果斷的句子，並與別人進行直接的眼神交流。如果你處於團體之中，經常做一些堅定、簡短並有聯繫的評論如：「我想補充……」或「正如吉米所說，我認為……」當你完成自己的任務之後，經常用一些小東西來獎勵一下自己。

展現快樂的面容

微笑可以提高你的內在感受，改善你的情緒。活動你的面部肌肉可以對各種神經傳導物質產生影響，指引血液在大腦中的流向。請試一試這個簡單的實驗。首先，揚起你的眉毛並咧開嘴笑，露出你的牙齒並保持這個姿勢三十秒鐘。你心中出現了什麼想法或情感體驗？現在，緊皺雙眉、咬緊牙關，保持這種姿勢三十秒。現在，又是什麼想法或情感體驗湧現心頭？如果你看起來較高興，你也就可能感覺較高興。所以，如果在必要的時候，不妨假裝得高興一些，直到你的神經傳導物質感受到這種快樂。

策略②：迅速平息內心的怒火

破產已經近在咫尺，但是換個思路，我的心就恢復了平靜；很快的，我會窮到不用一直提心吊膽地防賊了。

——吉娜・羅絲斐（Gina Rothfels）

讓人心煩意亂的事情每天都會發生：開車的時候遇到塞車；一場重要的會議你遲到了；電腦突然當機；你被老闆批評；你想不起顧客的姓名；你灑了些什麼在你最心愛的襯衫上……這樣的事情數不勝數。

生活中這些讓人惱怒的事情通常會讓性格內向者非常沮喪，而且這種沮喪的程度比性格外向者更為嚴重。因為他們對自己的內心世界較為敏感，所以對壓力的反應也更迅速、更強烈。當他們內在的不安上升後，就很難讓他們鎮定下來。（因為性格外向者對自己的內心世界關注較少，所以壞消息在他們那兒常常就像是鴨子背上滾落的水珠一樣，非常容易就滑掉了。）

神經科學告訴我們，較好的方式是：當問題出現的時候，馬上就採取反應，而不是等問題積聚後才來處理。在《高能量生活方式》中，心理學博士羅勃・庫柏提出了一種方法，可以讓人在任何情境下都能冷靜下來。我將他的方法改編成我稱之為「快速平靜的方法」。不像其他應對壓力的技巧那麼繁瑣，它只有五個步驟、只需要幾分鐘的時間，而且你在任何地方都可以練習。

快速平靜的方法

①保持正常的呼吸：當你感到有壓力時，你常常會屏住呼吸。如果你不打破這種局面並開始正常呼吸，你就會感到焦慮、憤怒和沮喪。呼吸可以增加運往大腦和肌肉的血液和氧氣，這樣就會減少緊張並增加你的幸福感。

②保持眼神平靜但機警：在家裡的鏡子前做這個練習。改變你的表情，面帶微笑，使表情放鬆、機警，專注地注視某個地方。試著表現這樣一種表情：陶醉在欣賞音樂或觀看孩子們遊戲。對你自己說：「我現在處於機警的狀態，我的身體很平靜。」跟隨你的指引，你的神經化學將隨之改變，從而使你精神振奮。

③消除你的緊張：在壓力下，我們容易精力衰竭或心情緊張。注意你的姿勢及你身體的哪些部位很緊張。你的肩膀緊繃嗎？你的胃部不舒服嗎？你的牙關咬得緊緊的嗎？將你的重量分配到兩隻腳上。輕輕地跳一跳，以確保你這麼做了。現在，設想有人輕輕地從你的頭部將你往上提。往上長高一吋了。敞開你的胸並挺高。想像有一股讓人放鬆的翡翠色液體流經你的血管，很溫暖、很舒適，並帶走了你所有的緊張。

④注意問題的不同之處：當我們處於有意識和警覺的狀態時，我們意識到所有的情況都有不同之處。然而，我們的大腦喜歡將經驗集中在一起再做出判斷，並對問題提出初步的解決辦法，以減少我們的焦慮。所以，不要馬上將這次發生的事情歸入熟悉的範疇——例如，「噢，我的妻子又批評我了」，而是用一點點時間注意這次的情況有哪些不同。「我的妻子是在關心我。她的聲音聽起來不像是批評；也許她只是試圖透過她的評論來幫助我。」現在，你就可以對問題

做出恰當的反應了。

⑤喚醒你的聰明才智：因為我們所有的聰明才智都存在於我們的內心，所以請依靠你內心的聰明才智。承認你在面對一個問題，讓你的聰明才智提醒你：你曾在其他時間成功處理過類似的情況。回憶你當時的感覺，並進入那種情感狀態。這就像是在**試穿自信的外衣**。你越是依賴你的聰明才智，就越能夠相信在你需要時它就出現在你的身旁。（而且，請記住，如果你忽視一個問題或否定它的存在，它是不會自動消失的，而且通常還會越來越糟。）

策略③：對自己寬容一點，不要作繭自縛

性格外向者不會回顧他們說過的所有的話。事實上，他們常常不會對自己說的話稍加思考，這也正是他們許多人都表現得無憂無慮的部分原因。另一方面，性格內向者總是不停評價自己所說的話。在他們的大腦中，控制言語表達和言語理解的布洛卡區有著活躍的內在聲音。它位於大腦中負責對反應進行評估，並對過去、現在和將來進行比較的區域的神經傳導路徑上。有時候，內心的這種聲音還會變得吹毛求疵。

性格外向者內心裡可能也有吹毛求疵的聲音，但那較常集中於他們**做**了些什麼，而不是他們說了些什麼。性格內向者內心的聲音常常是專注於他們說了些什麼，而這會產生讓人感覺遺憾的作用，使他們降低說話的音調。你曾意識到自己內心的聲音嗎？它是鼓勵的？還是讓人沮喪的？如果性格內向者在冒險進入外向的世界後覺得很糟糕，通常是他們頭腦中的聲音成為問題的根源，而不是實際發生的事情。

我的個案巴瑞就給了我一個好例子。他告訴我，在他發言之後，他感到自己非常的尷尬和愚蠢。當我問他聽眾的反應怎麼樣時，他承認人們喜歡他的發言，而且他也得到了挺多的讚美之詞。但他仍然會覺得很糟糕，因為當時聽眾中有一位女士問他，他曾提及的某本書的書名，但那個書名從他的頭腦中飛走了。當我們回顧他的體驗時，他意識到是他頭腦中的聲音使他難以回憶。他需要讓那個批評的聲音停下來。

想一想你頭腦中那問罪似的聲音。在你走出自我進入外向的世界之前和之後，它們說了些什麼？那些聲音聽起來像誰？如果那些資訊是：「你應該與眾不同，你應該更加外向一些。」你認為誰會這麼說？你的母親？你的父親？你的姐姐？你的祖母？你高中時代的男朋友？如果那聲音是在說：「這對你來說應該不困難。」那又是誰？儘管你頭腦中的聲音似乎很像你自己，但它們更可能是來自於過去希望你以某種方式行動的某人。而你知道嗎？他們的貶低性評論來自於讓他們感覺不舒服的事情，而不是來自於你。

不幸的是，我們頭腦中的聲音會影響到我們在緊張、忙亂、充滿花言巧語的現實世界中的應對能力。因為我們本身不願意冒險離開自己的舒適圈，而且每一秒鐘都在消耗著精力，那批評的聲音讓我們更加疲憊和沮喪。

為了重新認識你內心的聲音，我建議你為自己找一張小時候的可愛相片。坐下來用至少五分鐘的時間看著它。對於孩子，特別是性格內向的孩子，這個世界通常就像是一個巨大、讓人感到害怕的地方。寫下小孩子進入外向的世界時需要的五件事情。例如：

- 他需要牽著一隻手。
- 他需要友好的、充滿鼓勵的聲音。
- 他需要被提醒有時候會感覺不舒服。
- 他需要瞭解撫慰自己的方法。
- 他需要瞭解那些感覺總是會成為過去。

他不需要的是批評。

下一次，當你又感到尷尬、不舒服的時候，試著不要評價自己說了些什麼。只要讓你內心那批評的聲音停下來。確認你不會去聽。想像你自己是一個孩子，並告訴自己你所說的都很好。

策略④：帶齊必需品

許多性格內向者比性格外向者對自己所處的環境，以及任何可能讓人不高興、不舒服的事情都更為敏感。室外環境特別具有挑戰性，因為他們可能會因為一些刺激而感覺得不到保護或受到攻擊。一旦覺得受到刺激，精力的消耗就會像塞子拔開後水不停地流走一樣。加上他們對食物的新陳代謝也比性格外向者要快一些，這意味著他們的血糖非常容易就會降低。在這種情況下，性格內向者在以偏於外向的方式行動之前，先儲備一些能量就顯得非常重要。如果他們的生理需要都得到了滿足，他們的應對能力就能提高。請看「性格內向者的必需品」表中的一些項目，它們可以讓外出更為容易一些。

讓走向外在世界的過程盡可能地愉快和舒適一些。穿上柔軟而舒適的鞋子。穿上幾層衣服，以便你可以根據天氣的變化而增減。在遠足途中多體會自然美麗的景色，使之如餘音繞梁般美妙。到公園散步或去藝術展覽館走走。（當我去我們學院時，我總是在一個街區外就將車停妥，以便步行穿越美麗的住宅區。）

如果你不是真的那麼需要被找到，就關上手機或呼叫器。在你的包包裡放一小本振奮精神的詩歌、格言或諺語，在排隊或工作休息的空檔可以讀上一些。只要做得到，盡可能依照你的需要調整光線。在人群中，設想你的身邊有保護罩或盾牌。如果你能好好照顧自己，你就可以用更長的時間表現得外向一些。

性格內向者的必需品

帶上你需要的東西，減少外界的侵襲，有時候這可能會得出精力充沛和疲憊不堪的天壤之別。以下的一些東西，也許你可以放在你的背包、錢包、公事包或汽車裡：

- 耳塞，用以阻擋大街上的雜訊。
- 零食（堅果、能量棒，和其他富含蛋白質的零食）。當你覺得血糖下降時，這些東西都可以讓它恢復到正常水準。
- 瓶裝水。記著經常喝點水。

- 隨身聽，用音樂撫慰自己。
- 一張卡片，在上面寫上一些話，如「今天我將放鬆心情並欣賞發生的一切」。
- 有清新香味的棉球。當旁邊有讓你感到不舒服的氣味時，就聞一聞那棉球。（八月，在紐約的大街上，這特別有用！）
- 暈車藥。電影或意外的活動有時候會引起頭暈。
- 一把雨傘或陽傘。如果強烈的陽光讓你心煩意亂，就可以使用。童傘不像大傘那麼煩人，而且也能隔開一些喧鬧的人群。許多人評價說，在陽光充足的日子裡打傘散步是非常好的主意。
- 防曬油、護手霜和唇膏。許多性格內向者都是敏感性肌膚。
- 一個使用電池的風扇、一個小的噴水壺，或者，兩者相結合當然更好了。（它的好處就是可以引起大家的交談。在炎熱的天氣下，排在長長的隊伍之中或是坐著觀看棒球運動時，分享我的瓶子裡噴出的液體，使我擁有了很多的好朋友。）
- 寬簷的帽子和太陽眼鏡。
- 毛衣或毯子。
- 可攜式暖手器。
- 禦寒耳罩或色彩鮮豔的滑雪頭飾帶。如果凌厲的寒風讓你的耳朵不舒服，可以用上。

策略⑤：恢復充沛的精力

向外活動非常浪費精力。性格外向者的「能量箱」裝滿了葡萄糖和腎上腺素，所以，毫不奇怪他們不想在家裡待太長的時間。另一方面，性格內向者的精力可能大大低於最適宜的水準。一旦你意識到這種精力的降低，就做下面的練習來提高你的精力水準。

你即將開始一趟充滿幻想的旅程。你可以用一個關鍵詞作為開始。想一想與放鬆的休息相聯繫的一個詞，例如：夏威夷、花園、沙灘、池塘、森林。在頭腦中想像那個地方，然後用上你的五感，它看起來、聞起來、聽起來、嘗起來、感覺起來如何？

我的個案凱莉用的是峽谷這個詞。她那一小片開墾的土地有苔蘚、有小草、有野花，環繞著成蔭的綠樹。小鳥婉轉地唱著歌，空氣清新無比。她想像自己躺在一條小溪邊的草叢中，將腳伸進清涼的溪水裡。溫暖的陽光照耀著她。凱莉能感覺到自己的身體非常放鬆而且充沛的精力又回來了。

在一天裡，閉上眼睛想幾次你選中的關鍵詞。想像你就在**那裡**。去感覺你的關鍵詞。練習這個技巧，直到你能夠想著某個詞彙就能馬上將自己送到那兒去。這是快速、而且很容易恢復精力的辦法。

以下是快速恢復精力的其他方法：

- 在手腕上澆一些冷水。或冷熱交替，各十秒鐘。
- 將一個小噴霧器裝上水並擠一些檸檬汁進去。時而用它噴一下你的臉。
- 站立，彎腰使你的手臂盡量接觸地面，眼睛望著膝蓋。放鬆地呼吸幾秒鐘，慢慢站起來。
- 站立，下頷微收，頭向前伸，輕輕地點頭。在點頭的過程中休息。一天重複幾次。

- 關燈，在黑暗中坐幾分鐘。
- 望向窗外，看外面的人們，讓你的思緒自由飄飛。
- 坐下，閉眼，頭向後傾，想想過去一次有趣的經歷。
- 買一個熱敷的（或冰敷的）護頸，放進微波爐（或冰箱），在你感到緊張的身體的任何部位敷上五分鐘。

策略⑥：留在生活中陽光的一面

笑對自己的付出，這不會讓你浪費什麼。

——瑪麗・沃吉普（Mary Waldrip）

當你步入外向的世界，不要忘了自己的幽默感。幽默是我們保持遠見、減少壓力並使我們的身體堅強有力、增加每日生活中的樂趣，以及和其他人保持聯繫最迅速的方式。因為性格內向者傾向於向內注意自己的體驗，他們的視野有時便相對狹窄。有時候，他們以為那些讓人憤怒的事情全都發生在自己身上。他們設想著，如果自己的性格適當地外向一些，一切都會好起來。**幽默幫助我們走出狹小的自我，並從更寬廣的角度來看待自己的生活**。這就像是從山頂觀望你的生活，確認重大的標誌是很容易的事情。**幽默可以減少焦慮**。它提醒我們，問題都將成為過去。它使我們不會為一些小事而心煩意亂，而將精力用於應對一些真正重大的問題——如關乎生死之類的大事。別忘了，你的精力有限，所以不要為一些小事抱怨而浪費任何的精力。阿諾德・葛拉素（Arnold Glasow）說：「笑是沒有任何副作用的鎮靜劑。」

精確的表達

辭典中對笑的定義是「氣流從打開的聲門呼出，振動聲帶而產生的有節奏的突發性反射作用，常常伴隨牙齒外露和一定的面部表情。」這聽起來不是很好笑嗎？

我的個案艾莉絲告訴我，幽默感是怎麼幫助她的。「每當一些讓人心情非常沮喪的事情發生了，例如有次到了冰天雪地的芝加哥，但我的行李卻還沒有到，我就一直在想：『哇噢，只好等了，我會等到淩晨兩點鐘然後告訴朋友，我還站在這幾乎要把人凍僵的機場，沒帶什麼行李，裡面只穿著一條加州棉的緊身長褲。』」諷刺的是，許多美妙的體驗卻從更糟糕的事情裡得到。艾莉絲繼續說道：「就在那一次，有個傢伙走過來說，他來芝加哥參加一個冰淇淋會議，他的公司會在攤位派發夾克，而他有多的，問我想要一件嗎？我說當然。他便從包裡拉出一件巨大的夾克，上面印有黑白花紋的乳牛的頭。乳牛目光陰沉地瞪望著外面。你幾乎可以聽見它在哞哞叫。在去旅館的路上，我那件印著乳牛的夾克讓許多陌生人哈哈大笑。真是不可思議，在這樣心情不好的狀態還能大笑。結果我整個週末都穿著那件印有乳牛的夾克，有很多人都因為它而開始和我聊天。」

當嬰兒大約十週大的時候，他們會開始笑，而在之後的六個星期，他們大約每個小時咯咯地輕聲笑一次。到他們四歲的時候，他們每四分鐘就會咯咯地笑一次。但是，當我們成年之後，一些可悲的事情發生了。我們一天平均只笑十五次（許多成年人甚至會更少）。我們失去了天生具有的減壓的一些重要能力。

記得你在一陣舒心的大笑之後所感受到的愉快嗎？一次盡情的大笑可以讓你的臉部、肩膀、橫膈膜和胃部的肌肉都得到很好的運動。你的呼吸加快，當氧氣經過你的血液時，你的血壓和心率暫時性地升高。研究者推測，笑像慢跑一樣，可以釋放腦內啡。而腦內啡使人產生高水準的機警並減少疼痛。研究顯示，笑可以減少壓力並增強免疫力。在一項研究中，讓受試者先觀看滑稽可笑的錄影帶，然後要求他們解決難度逐漸增加的數學問題。觀看滑稽可笑的錄影帶減少了受試者的壓力，但有趣的是，**這只對那些習慣於經常大笑的人如此**。這似乎說明了，為了從生理上得到笑帶來的益處，你需要讓你的幽默中樞運轉正常。

另外一項研究發現，那些報告說自己經常運用幽默來應對壓力的人們，其保護自己不受疾病侵擾的抗體能力較高。而且，另外一項研究發現，幽默感很強的人們，在暴露於壓力時，其免疫反應並沒有下降。甚至是那些只是偶爾使用幽默的人們，他們在觀看風趣的錄影帶後，唾液中的抗體能力也較高了。

笑的益處

笑聲可以拉近人們之間的距離。

——維克・博吉（Victor Borge）

■除了有趣，笑還可以：

- 增加幸福感。
- 增加社交互動的樂趣。
- 增加氧氣、腦內啡、抗體，並使疼痛的閾限升高。
- 減少壓力。
- 減少焦慮、不安、沮喪、失望和憤怒。

我丈夫麥可的幾個工作都為我們提供了旅遊的機會。不幸的是，培養我們應對旅行中遇到災難的才幹，似乎是附加的獎勵。我們稱之為「黑雲翻滾帶來的災禍」。一次，我們在美國聯合航空公司的班機上剛剛繫好安全帶，感謝我們的幸運星，沒有什麼問題。然而，就在那個時候，飛行員透過擴音器不帶任何感情地說：「我們將延遲起飛，因為一群蜜蜂攻擊我們的後機輪。我們希望當蜂王離開後，其餘的蜂群將飛走。我們將隨時通知大家事情的進展。」我茫然地望著麥可：「你認為他是在開玩笑嗎？」麥可迎視著我呆滯的眼神。機長沒有開玩笑，這是我們該幽默的時候了。「沒有人會相信居然會發生這樣的事情。」我們說著，笑了起來。

以下的一些方法有助於將更多的笑聲帶到你的生活中：

- 下一次你與家人開車旅行時，收聽一些幽默作家，如比爾·寇斯比（Bill Cosby）、保羅·萊瑟（Paul Reiser）、包可華（Art Buchwald）或大衛·巴里（Dave Barry）的有聲書。
- 剪一些漫畫、笑話或有趣的諺語，貼在你的家裡或辦公室的四周。
- 記得對其他人講的笑話和有趣的故事都笑一笑。
- 誇張地對待發生的某些事情。當個案不停抱怨並表現得非常無助時，我常常誇張地重述他們說過的話。「噢，上帝，這聽起來糟糕透了。在這世界上我還能做些什麼？」我不是想要取笑他們，但是，有時候這種方式有助於將問題看得長遠一些，而且我們都會為之一笑。在一陣盡情的笑聲之後，解決問題的辦法就比較容易找到了。
- 在緊張的情境中也適時幽默一下。有一個現在已經很有名的故事是，當雷根總統被一個刺客槍擊並送進醫院時，他對妻子南西說：「親愛的，我本該彎腰躲避的。」

笑到最後

一隻鳥停在一隻烏龜的背上。烏龜正在哭。鳥問：「你怎麼啦？」

「我是個失敗者。」烏龜說。

「為什麼？」

「我動作這麼慢。」烏龜說。

「你本來就慢，你是一隻烏龜，烏龜就是慢。」

「我希望我能快一點。」烏龜說。

「為什麼？」

「兔子總是嘲笑我。」

「你估計你可以活幾年？」

「一百五十年。」烏龜說。

「——那麼，兔子呢？」

「五年吧。」烏龜說。

鳥從烏龜的背上跳開。

「喔，這麼想吧，你有一百四十五年的時間可以笑到最後。」

我要指出，並不是所有的幽默都有益於健康。嘲笑、譏諷、譏笑和鄙視源於恐懼、憤怒或忌妒，而且，它們會給人帶來傷害。如果某人對你發表了有敵意的意見，不要對著他笑——這只會鼓勵他們。最好是說一些話，如：「哎喲，這真是風趣又尖銳。請等一下，讓我把箭從我的胸口拔下。」然後在繼續談話時改變話題，或問其他人問題。如果你發現自己在諷刺挖苦別人，想一想為什麼面對你所諷刺挖苦的人時，你會怒火中燒。在某人極度抑鬱的情況下，或正沉浸在失去愛人的悲哀之中時，不要使用幽默。在此類情境中，幽默有時候會遭到拒絕。辨別什麼會觸怒別人並非那麼容易，即便是對親密的朋友或親人。

然而，幽默有助於我們應對悲慘的情境。有個獲獎節目《瑪莉・泰勒・摩爾秀》（*Mary Tyler Moore Show*），講的就是主角瑪莉去參加小丑查克斯（Chuckles，字面意思即為「格格地笑」）的葬禮——他在馬戲遊行時穿著花生的戲服，結果卻被一頭大象給踩死。那個節目是黑色幽默被搬上螢幕的最好例子。

策略⑦：將你的光芒灑向外界

儘管性格內向者在人群中會感到不舒服，但諷刺的是，他們通常也渴望一種歸屬感。他們常常以兩種極端的觀念看待人與人之間的關係，妨礙了他們建立自己的交友圈。他們可能認為人們要不就是所有的時間都全部投入在社交活動，要不就是完全孤立。但是你並不一定要為了享有更多的友情而成為交際花。無論你是已婚、單身、要供養全家，或即將退休，你都可以擁有更多的人際關係。我的許多性格內向的個案，他們想結識更多的人，卻通常會說同樣的一句話：「我不知道怎麼開始。」

以下有一個方法：在一張白紙中央，用彩色筆寫下你的姓名，並畫一個圈將它圈起來。現在，畫出你近期的社交網路，用彩筆區別不同的群體。藍色可以表示你最好的朋友，紅色可以表示你的家人，橙色可以表示你在工作認識的朋友，而紫色可以表示任何其他的群體。想想在你一生中，你與之交往的人和群體。注意那些你曾經喜歡，但現在卻從你的生活中消失了的人。追憶往事，是否有一件你喜歡的事（比如拍照）是你願意重新開始的，若是，就將它加到你的列表中來。綠色是個表示新建立的關係的好選擇，因為它象徵著成長。

思考一下下列的陳述，看一看是否有哪一項適合你。如果有，就開始考慮怎樣將它組合進你的網路之中。也許已經存在於你的網路中的人能夠給你一些幫助。

- 我願意與更多相處起來很愉快的人成為好朋友。
- 我願意加入或開始組織一個有著共同的興趣、價值觀、背景、職業、愛好、精神信仰或政治觀點的團體。
- 我願意透過加入一個有著不同的背景、興趣或觀念的團體來豐富我的生活經驗。
- 我願意參與一個提供支持和幫助成員的團體，比如說為新近退休人員提供服務的團體。
- 我願意積極參與一些社區團體，比如說圖書館之友、學生家長會、社會福利組織，或地方博物館的嚮導志工。
- 我寧願加入一個既定的團體。
- 我不想加入任何團體。我寧可只擴大我的交友圈。

現在，對性格內向者來說是比較棘手的部分了：克服自己的恐懼、焦慮和抵抗。「我將感到不舒服和焦慮。」「我沒有那麼多的精力。」「我可能會受到傷害和被拒絕。」「結果我將承擔所有的責任。」這些是性格內向者普遍具有的擔憂。

消除這些緊張的心情，試著弄清楚它們背後潛在的想法是什麼。例如，你擔心被人拒絕、感到尷尬或受到傷害嗎？或只是恐懼新的和不熟悉的事物。然後，提醒你自己，恐懼的東西並不存在也並沒有預示什麼，它們只是一些你賦予了它某些具體含義而造成的生理反應而已。我們擔心的大多數事情從來都沒有發生。最後，**下定決心無論如何都要讓自己高興起來。**

幫助你大膽前進的四個策略

①選擇一個你願意保持的聯繫或你想要在其中發展更多社交活動的團體，然後前進一步。例如，去參加一次單身聚會、參加一個騷莎（Salsa）舞蹈班、參加地方保護老樹委員會的會議、邀請一位朋友、去參加讀書會或志願擔任孩子學校的家長會委員。開始時，步子小一些，並為你取得的任何進步而恭喜自己。

②與一位朋友定期每週約會一次或打一次電話。一個好主意是，可以透過請對方訂出一個固定的時間而將這種關係確定下來。如果這位朋友不願意，就邀請另一位朋友。

③邀請兩位以上的朋友來討論一個大家都感興趣的話題。

④記住，羅馬不是一天就建成的，所以外向的嘗試中不可避免會遭遇失敗。這是預料中事。如果你在一個新團體或新認識的人那裡嘗試了幾次，卻似乎都不是很順利，那麼，選擇離開並嘗試

另外的聯繫。沒有人適合所有的情況。最終，你將發現你喜歡的人和組織，並感到自己歸屬於其中而受到激勵。

社群網路對內向者有益

此外，請記住，社群網路也是性格內向者與朋友和家人保持聯繫，以及與新朋友建立關係的好去處。雖然，目前有許多可怕的預言，說電腦如何導致人際關係的疏遠、減少人際的互動、減少社群歸屬感，但實際上網路似乎增加了性格內向者的人際交往。它也使那些生病、孤獨、生活在地球另一邊，或不能親自碰面的人們在一個穩定的平台上相互交流。而且，當你發送電子郵件給某人，在你點擊「傳送」或「回覆」的按鈕前，你可以給自己充分的時間來思考你想說些什麼。並對所有你想修改的地方都進行修改。

我一直訝異我進行研究的領域內，許多著名的作者或研究者會透過電子郵件發訊息給我並表示願意提供幫助。這使我感覺到更多人與人之間的親近，而不是疏遠。陌生人總是比我想像的更關心人和給予積極的回應。通常，我認為他們比面對面還更友好些，因為他們覺得安全和擁有控制權。

你可以透過網路加入聊天室，與擁有共同興趣的人們一起聊天，可以閱讀公布欄尋找各種組織的資訊等。無論你相不相信，我所在的研究所的幾位心理分析師和我的一些個案，都是在網路上的（收費）交友網站上找到了自己的伴侶。

值得注意的是，英國心理協會一九九八年的一項關於網路成癮的研究發現，經常上網的人大多數是三十歲左右、性格內向者，男性和女性都有，而且他們都有抑鬱的傾向。所以，如果你待在網路上的時間比在其他地方度過的時間都要久，如果朋友或親人抱怨你在電腦前面待的時間太長，而且你感到憂鬱，那麼就要考慮去找醫生診斷一下。運用心理分析和藥物治療相結合，憂鬱是非常容易治癒的。

10-6 指引你回家的路

最重要的是：做真實的自己……

——莎士比亞

如果你知道自己有一整串的策略可以運用，而且如果你知道自己努力離家外出的時間有限，那麼，考慮去節奏較快的外界闖蕩一下就容易多了。你練習新技能的努力和勇氣會為你帶來新的朋友、選擇職業的機會、浪漫的故事、別人的認可，以及——當中最重要的——對你自己內在的優勢和力量所擁有堅定而實在的感覺。這個世界將獲益於你所做出的一切。即使在家度過悠閒時光，也會感到加倍的生氣蓬勃，因為你不會再感覺那麼多的孤獨或罪惡，也不會再逃避生活。這是你理應有的心靈的寧靜。

本章思考點

- 有時候你需要鍛鍊你的社交能力。
- 外傾不可能總是讓你感覺很舒服。
- 學習那些有助於外傾的策略，並付諸實踐！
- 做一個自信的性格內向者。
- 相信外向的世界將獲益於你的貢獻。

尾聲

在自然萬物中，總會有些東西讓你覺得不可思議。

——亞里斯多德

我希望本書能幫助你理解：**作為一位性格內向者如何在外向的世界中生存**。我相信，透過接納你內向的個性，你將更關愛自己，並減輕因自己是一個性格內向者而可能具有的罪惡或困窘的心情。當性格內向者覺得做自己很舒適並能走自己想走的路時，這個世界將更美好。發揮你的優勢，讓生活中遇到的每一個人都更快樂。告訴你的朋友、家人和同事，性格內向大有可取之處。

我非常樂意收到你的來信。

我的地址是：Marti Laney, P.O. Box 8993, Calabasas, California 91372 USA

我的電子郵件信箱是：martilaney@sbcglobal.net

歡迎造訪我的網站：www.theintrovertadvantage.com

內向心理學【25週年暢銷經典版】
享受一個人的空間，安靜地發揮影響力，內向者也能在外向的世界嶄露鋒芒！
The Introvert Advantage: How to Thrive in an Extrovert World

作　　者　瑪蒂·蘭妮（Marti Olsen Laney）
譯　　者　楊秀君
封面設計　兒日
內頁排版　黃雅藍
行銷企劃　林瑀、陳慧敏
行銷統籌　駱漢琦
業務發行　邱紹溢
營運顧問　郭其彬
責任編輯　溫芳蘭
總 編 輯　李亞南
出　　版　漫遊者文化事業股份有限公司
地　　址　台北市松山區復興北路331號4樓
電　　話　(02) 2715-2022
傳　　真　(02) 2715-2021
服務信箱　service@azothbooks.com
網路書店　www.azothbooks.com
臉　　書　www.facebook.com/azothbooks.read
營運統籌　大雁文化事業股份有限公司
地　　址　台北市松山區復興北路333號11樓之4
劃撥帳號　50022001
戶　　名　漫遊者文化事業股份有限公司
三版01刷　2018年8月
三版16刷(1)　2022年3月
定　　價　台幣380元

ISBN　978-986-489-284-6

國家圖書館出版品預行編目 (CIP) 資料

內向心理學：享受一個人的空間，安靜地發揮影響力，內向者也能在外向的世界嶄露鋒芒! /
瑪蒂·蘭妮（Marti Olsen Laney）著；楊秀君譯. --
三版. -- 臺北市：漫遊者文化出版：
大雁出版基地發行, 2018.08
　面；　公分
譯自：The introvert advantage : how to thrive in an extrovert world
ISBN 978-986-489-284-6（平裝）
1. 內向性格 2. 生活指導 3. 人際關係
173.761　　　　107011006

你是內向還是外向？

快速測驗

〔表A〕

- 喜歡處於各式各樣的事情之中。
- 喜歡多樣性，討厭千篇一律。
- 認識很多人，並將他們視為自己的朋友。
- 喜歡聊天，即便談話對象是陌生人。
- 活動後覺得精力充沛，並渴望參加更多的活動。
- 說話或做事時不需要先想一想。
- 通常是精神飽滿、勁頭十足的。
- 喜歡說話而不願傾聽。

〔表B〕

- 休息時，喜歡獨自一人或與少數幾個親密的朋友在一起。
- 只將關係較深的人視為朋友。
- 在外出活動(即便是喜歡的活動)之後，需要休息。
- 通常是一位傾聽者；但在談論對自己來說重要的話題時，能侃侃而談。
- 看起來是平靜的、沉默寡言的，並喜歡觀察事物。
- 在說話或做事前傾向於先想一想。
- 在群體中或壓力大的時候感到頭腦變得一片空白。
- 不喜歡匆忙行事。

｜表A｜，性格外向者

｜表B｜，性格內向者

性格內向者的乙醯膽鹼路徑

性格內向者的大腦有較高程度的內在活動和思考，主要被既長又慢的乙醯膽鹼神經傳導路徑所支配，引發閥門關閉（副交感神經）系統：

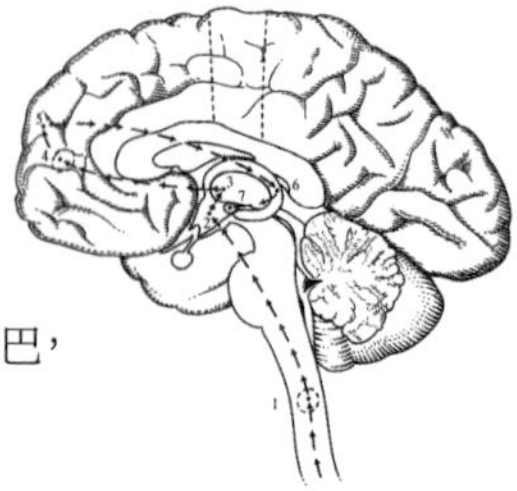

長長的乙醯膽鹼神經傳導路徑占優勢，使性格內向者：

- 可能需要思考後才開始發言，這會使其他人感到迷惑。
- 記憶力很好，但要用很長的時間來恢復記憶。
- 會忘記他們非常瞭解的事情，例如解釋工作時可能結結巴巴，或暫時遺忘想要表達的字詞。
- 當他們明明才剛想到什麼事情，就可能以為已經告訴過別人了。
- 在徹夜思考後，對睡覺前所思考的觀點、想法和情感比較清楚。
- 可能要透過書寫或談論，才能夠清楚意識到自己的想法。

性格外向者的多巴胺路徑

性格外向者大腦的內在活動較少。它審視外在世界，收集資訊，被較短而迅速的多巴胺神經傳導路徑所支配，引發閥門全開（交感神經）系統：

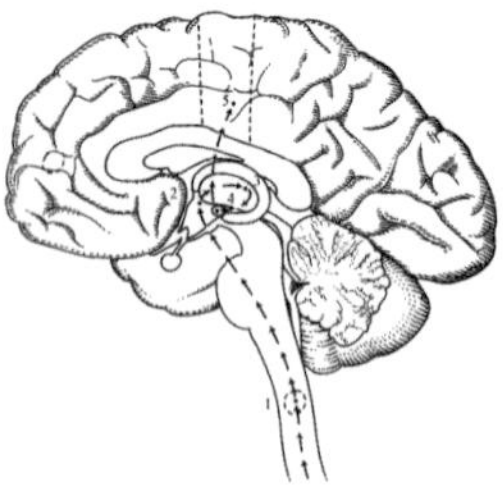

短的多巴胺神經傳導路徑占優勢，使性格外向者：

- 妙語如珠，講話的時候比聽講的時候多。
- 有很好的短期記憶，可以迅速思考問題。
- 在定期考試或有壓力的情境下做得很出色。
- 在參與討論、體驗新穎的事物和經驗時感到活力十足。
- 非常容易並流暢地進行社交聊天。

面對外向世界的七個求生術

策略一：想說就說

走出家門，試著與陌生人攀談。練習退貨、要求電信業者更正帳單中的錯誤，或與清潔公司為地毯清潔問題討價還價。

策略二：迅速平息內心的怒火

練習「快速平靜的方法」：保持正常的呼吸、保持眼神平靜但機警、消除你的緊張、注意問題的不同之處、喚醒你的聰明才智。

策略三：對自己寬容一點

試著不要評價自己說了些什麼。只要讓內心批評的聲音停下來。確認你不會去聽。想像自己是一個孩子，並告訴自己你所說的都很好。

策略四：帶齊必需品

參考「性格內向者的必需品」表中的一些項目，如：耳塞、零食、暖手器、瓶裝水……讓你的生理需求都得到滿足，讓外出更容易一些，並協助你提升應對外界的能力。

策略五：恢復充沛的精力

練習用冥想恢復精力。用一個關鍵詞作為開始，想一想與休息相關的一個詞，展開一趟充滿幻想的放鬆之旅。

策略六：保持正面心態

保持你的幽默感。幽默能幫助我們走出狹小的自我，並從更寬廣的角度來看待自己的生活。

策略七：將你的光芒灑向外界

克服建立交友圈的恐懼、焦慮和抵抗，試著弄清楚這些情緒背後潛在的想法。試著建立新的人際關係。

「性格內向者」自我評估問卷

正確請填○，錯誤請填╳

將打○的題數相加（○即得一分），然後對照表末的分數說明，看看你是內向者，還是外向者

(　　)當我需要休息時，我寧願獨自一人或只與一兩位親近的朋友在一起。

(　　)當我執行一項計畫時，喜歡擁有較長不受打擾的時間，而非零散瑣碎的片段時間。

(　　)在講話之前，有時候我需要先複述一遍。我偶爾還會為自己寫張便條，以免遺忘。

(　　)通常我更喜歡傾聽而不喜歡談論。

(　　)人們有時認為我是安靜的、神祕的、疏遠的或平靜的。

(　　)我寧可與一個或少數幾個關係親密的朋友一起分享特別的事情，多過去開慶祝會。

(　　)我通常需要在經過思考之後再做出反應或講話。

(　　)我常常注意到許多人不能注意到的細節。

(　　)如果有兩個人剛打完架，我會感到氣氛非常緊張。

(　　)如果我說我將做某件事情，我總是會去做。

(　　)執行計畫時，如果有截止日期或有壓力，我會感到焦慮。

(　　)如果事情太多，我會變得頭昏腦脹。

(　　)在決定加入某個活動之前，我喜歡先觀察一會兒。

(　　)我與朋友保有持久的關係。

(　　)我不喜歡打擾別人，也不喜歡被別人打擾。

(　　)當我獲得較多的資訊之後，我需要花一些時間來整理。

(　　)我不喜歡太刺激的環境。我不理解人們為什麼想去看恐怖電影或是去遊樂場玩雲霄飛車。

(　　)我有時對氣味、味道、食物、天氣、雜訊等，有強烈的反應。

(　　)我是富於創造性並／或富於想像的人。

(　　)即便我玩得很開心，在社交活動後也會覺得筋疲力竭。

(　　)我寧願由別人介紹我，而不願由我去介紹別人。

(問卷續下頁)

(　　)如果我在人群或活動中待的時間太長，我會變得不高興、容易發牢騷。

(　　)在新環境中，我常常感到不舒服。

(　　)我喜歡人們來我家玩，但我不喜歡他們待的時間過長。

(　　)我經常害怕回電話。

(　　)當我意外遇見某人或意外被要求發表意見時，我發現我的大腦有時候會變得一片空白。

(　　)我說話的速度很慢或不時停頓，特別是在我感到疲倦或是試圖在思考的同時發言時。

(　　)我不會將偶然認識的人視為朋友。

(　　)我感到我似乎難以向其他人展示我的工作或我的想法，除非他們已經完全弄明白。

(　　)其他人可能讓我吃驚地發現他們所認識的我，遠比我認識的自己更聰明。

結果分析：

21—30分：你是性格極度內向者。對你來說，瞭解如何保持充沛的精力，以及瞭解自己的大腦如何處理訊息，是非常重要的。你透過自己的思想、印象、希望和價值觀與生活連結。你並非完全任由外在環境的擺布。本書將幫助你運用內在的力量，來創造自己的人生之路。

11—20分：介於外向與內向之間，你就像雙手都能夠靈活運用的人，性格既內向又外向。你可能在需要獨處與想要外出之間進行痛苦的抉擇，因此注意一下自己在什麼時間以及怎樣的情況下能保持充沛的精力，是非常有益的。你透過自己的思想、感覺，以及其他人的標準來判斷自己。這給了你廣闊的視野，但有時候你可能為了兼顧問題的兩面而左右為難。要學會評價自己的個性，以便保持精力充沛且平衡。

1—10分：你是性格較外向者。你根據其他人的價值和現實來判斷自己。在現實允許的狀況下，你力求變化，當人到中年，身體漸漸反應遲緩，你會驚訝地發現自己居然想從社交活動中退出，以便休息一會兒，或感到需要為自己留出一些時間，卻不知道可以做點什麼。你可以找些方法幫助自己釐清：當你需要獨處時，什麼是最值得做的？要做到這一點，得透過學習更多的內省技能，來平衡你對外活動的技能。

內向者求生術・工具懶人包

內向者的「社交求生策略」

策略一：想像自己是海葵

當我在聚會上尋找座位時，我總是有「我是海葵」的感覺。找個位子坐下，固定在我的「岩石」上，我只要友好地稍微笑一笑，人們通常就會停下來愉快地與我交談。

策略二：「好像……」

採取「我將假裝會做，直到真的會做」的態度。對陌生人微笑，看著人們，並對他們保持好奇心。你的舉止越是「好像」很有把握，你就會變得越自信。

策略三：運用裝飾品

我有一位性格內向的朋友，當她去參加聚會時，會戴上她的陶瓷項鍊，上面有很小的畫像，會激起人們的好奇心。人們會問她：你從哪裡得到這條項鍊？談話就開始了。

策略四：友善的面孔

學習一下微笑的藝術。首先是笑不露齒。在你覺得與某人在一起比較舒服時，微笑時可以露出一點點牙齒。

策略五：隨意的閒談

每個人都可以學會隨意的閒談。隨意的閒談由四個部分組成：開始（開放式、中立的問題）、延續（詢問觀點或評價）、過渡（引導回先前的話題）和結束（友善告知離開）。

策略六：應急策略

深呼吸、離開、到洗手間休息、四處走走……告訴自己，你很快就沒事了。

策略七：今天暫時停止

意識到否定的話語在你的腦海中盤旋，試著想像腦中那批評你的「法官」的樣子。首先，告訴他：「別說話。」然後，轉移注意力去想一些愉快的事情。